Nicole Staudinger

VON JETZT
AUF GLÜCK

Wiederfinden,
was so nah liegt

KNAUR

Besuchen Sie uns im Internet:
www.knaur.de

Aus Verantwortung für die Umwelt hat sich die
Verlagsgruppe Droemer Knaur zu einer nachhaltigen Buchproduktion verpflichtet.
Der bewusste Umgang mit unseren Ressourcen, der Schutz unseres Klimas und
der Natur gehören zu unseren obersten Unternehmenszielen.
Gemeinsam mit unseren Partnern und Lieferanten setzen wir uns für
eine klimaneutrale Buchproduktion ein, die den Erwerb von Klimazertifikaten
zur Kompensation des CO_2-Ausstoßes einschließt.
Weitere Informationen finden Sie unter: www.klimaneutralerverlag.de

Originalausgabe Februar 2021
Knaur Verlag
Ein Imprint der Verlagsgruppe
Droemer Knaur GmbH & Co. KG, München
Alle Rechte vorbehalten. Das Werk darf – auch teilweise – nur mit
Genehmigung des Verlags wiedergegeben werden.
Dieses Werk wurde vermittelt durch die AVA international GmbH
Autoren- und Verlagsagentur, München (www.ava-international.de).
Redaktion: Nina Schnackenbeck
Covergestaltung: Isabella Materne
Coverabbildung: © Marcus Höhn
Satz: Adobe InDesign im Verlag
Druck und Bindung: CPI books GmbH, Leck
ISBN 978-3-426-79093-9

2 4 5 3 1

INHALT

Für meine Zauberwesen und meine Mama!

Seht ihr, da ist das Glück wieder!

EINLEITUNG

Glück ist …

Als gäbe es nicht schon genügend Bücher auf der Welt, die sich dem Thema »Glück« widmen, oder? Und trotzdem halten Sie gerade das schätzungsweise siebenmillionste in der Hand. Ich glaube, ich kann behaupten, dass wir das alle wollen. Wir wollen alle glücklich sein. Wir wollen alle ein glückliches Leben führen. Ich inklusive. Leider nimmt das Leben aber oft Wendungen, die wir so nicht geplant haben, und in diesen seinen Kurven kann uns das Glück verloren gehen.

Oder aber unsere Bedürfnisse ändern sich in seinem Lauf. Das, was uns bisher glücklich gemacht hat, reicht plötzlich nicht mehr aus. Weil sich die Fragen an das Leben geändert haben und der eigene Blickwinkel plötzlich ein neuer ist.

Oder aber das Glück geht auf Reisen, weil unsere Lebensumstände so fremdbestimmt sind, dass wir es nicht sehen können …

Kurzum: Es gibt viele Möglichkeiten, die einen vom Zustand »glücklich« zu »unglücklich« katapultieren können. Ziemlich viele davon kenne ich.

Und so habe ich mich gefragt:

Kann man sich Glück selbst machen oder muss man warten, bis es vorbeikommt? Kann man sich das Leben so gestalten, dass das Glück Lust hat, vorbeizuschauen? Und wenn es das tut, erkenne ich es dann überhaupt? Wer definiert eigentlich, was Glück ist?

Gibt es Menschen, die das Glück geradezu anziehen, und solche, die eher als Pechvögel durch die Welt flattern? Oder ist es vielleicht doch möglich, auch in den schwierigsten Phasen des Lebens glücklich zu sein?

Ist ein Melancholiker immer unglücklicher als der Optimist? Oder lässt sich Glück gar nicht mit nur einem Maß messen? Ich bringe keine besonderen fachlichen Qualifikationen mit, um mich diesem Thema widmen zu können. Ich bin keine Glücksforscherin oder Soziologin, geschweige denn Therapeutin. Aber ich bin eine glückliche Frau, und das, obwohl ich im Leben schon die ein oder andere schlimme und ganz schlimme Phase durchmachen musste. Oder eben gerade, *weil*.

Glücklichsein bedeutet für mich nicht, dass ich den ganzen Tag wie ein grinsendes Honigkuchenpferd durch die Gegend laufe.

Wenn Sie mich jetzt, zu Beginn dieses Buches, fragen: »Was ist für dich Glück?«, dann wäre meine Antwort:
Dass ich mich auf einen Montag genauso freuen kann wie auf einen Samstag.
Ich weiß aber aus der Erfahrung heraus, dass das Bücherschreiben, also das Hinsetzen und mit Ihnen gemeinsam, liebe Leserinnen, auf die Suche zu gehen, am Ende zu ganz neuen Definitionen führen wird.

Vielleicht überlegen auch Sie mal, so aus dem Bauch heraus: Was ist Glück für *Sie?* Rein intuitiv:

~~~~~~

Und auf einer Skala von 1 bis 10, wobei 10 das Optimale ist: Wo würden Sie aus dem Stand heraus Ihr eigenes Glücklichsein einordnen?

~~~~~~

Und dann fragen wir alle uns: Was hindert mich (zurzeit) daran, auf der Glücksskala weiter oben zu stehen?

~~~~~~

Auf all diese Punkte gehen wir später noch ein.

Oder ist Glück gar kein Dauerzustand? Ist es eine Momentaufnahme und der Dauerzustand ist vielmehr Zufriedenheit?
Auch als nicht akademische Hobby-Beobachterin kann ich jetzt schon wagen zu behaupten, dass sich Glück oft in den unterschiedlichsten Facetten zeigt.
Und genau die schauen wir uns an.
Wie immer möchte ich Ihnen nichts Endgültiges präsentieren.
Ich meine, wir reden über Glück. Wie endgültig können die »Lösungen« da schon sein, die man präsentiert bekommt?
Daher nutzen Sie gerne Ihren eigenen Kopf. Der ist ja praktischerweise rund angelegt, sodass man beim Denken auch mal problemlos die Richtung ändern kann, falls man auf eine »Glückssackgasse« stößt, die aber vielleicht gar keine ist, sondern ein Wendehammer.
Ich schreibe Ihnen am Ende eines jeden Kapitels meine entsprechende Glücksformel auf, und Sie schauen mal, ob Sie diese teilen können oder aber, ob Sie zu einer ganz anderen Schlussfolgerung kommen.
Und sollten Sie sogar gerade in diesem Moment, in dem Sie das Buch in Händen halten, in einer Lebensphase stecken, in der Sie sich als nicht ganz so glücklich empfinden, hilft Ihnen dieses Werk vielleicht, in welcher Form auch immer. Und wenn es nur zum Beschweren von schönen Erinnerungsbildern ist.

Als ich das Glück
verloren glaubte ...

… war ich 32 Jahre alt. Davor meinte ich, es mit 30 schon mal verschusselt zu haben, das musste ich zwei Jahre später dann relativieren. Mit 30 verkündete man mir, dass ich am schwarzen Hautkrebs erkrankt sei, da war mein Jüngster noch kein Jahr alt und mein Ältester keine vier.

24 Monate später tätschelte eine sehr nette Ärztin meine Hand und sagte:

»Es tut mir so leid, aber es ist Brustkrebs. Und dazu noch ein hochaggressiver. Wenn Sie das überleben wollen, müssen wir *jetzt* handeln.«

Wie das »Handeln« aussah, beschreibe ich bereits in meinen anderen Büchern, daher hier nur kurz auf den Punkt:

Chemotherapie. Mastektomie. Bestrahlung. Eierstockentnahme und zehn Jahre Hormontherapie. Unzählige Operationen. BRCA-Trägerin.

In dieser Zeit lernte ich, dass ich besser dastehe, wenn ich in *jeder* Situation das Glück suche, und zwar in wirklich jeder. Und ich kann Ihnen sagen: Gefunden habe ich es tatsächlich immer.

Ja, manchmal auf den zweiten, manchmal auf den vierzigsten Blick.

Aber es war immer da.

Manchmal zeigte es sich auf die ungeahnteste Weise, jedes Mal verschieden, ab und an musste ich das Wort »Glück« ganz neu definieren.

Einige dieser »Glück-Seh-Techniken« hat mir vielleicht der liebe Gott schon mit auf den Weg gegeben, womöglich in dem Moment, als er meine Schwester ein paar Wochen vor meiner Geburt zu sich rief.

Andere habe ich während meines Lebenswegs erlernt, oder besser: war gezwungen, sie zu erlernen.

Als mein kleiner Sohn vor drei Jahren ungebremst vom Dreimeterbrett mit dem Kopf auf den Boden aufschlug, lernte ich erneut. Nämlich: dass manchmal alles nichts hilft und man auch den Schmerz zulassen muss. Weit, weit weg vom Glück ... (Es geht ihm heute wieder prima!)

Das Leben wandte sich mir wieder zu. Zumindest kurzfristig.

Denn dann kamen die Langzeitfolgen einer Krebstherapie ans Tageslicht, wie eine gescheiterte Ehe oder der erst jetzt bemerkbare Verlust der Weiblichkeit. Auch das kriegt man hin. Auch hier helfen Techniken.

All diese »Glücks-Techniken« habe ich nicht nur während dieser meiner Erkrankung und ihrer Nachwehen angewandt, die versuche ich auch heute noch bei mir, meinen Kindern und meinen Seminarteilnehmerinnen durchzusetzen.

Und so, meine Damen, fing ich an, mich mit dem Thema »Glück« intensiv auseinanderzusetzen, weil ich das Gefühl hatte, ich könnte da 'ne Menge zu sagen. Meine Recherche wäre quasi am Ende und ich müsste nur noch runterschreiben.

Oh, wie sollte ich mich irren. Denn während der Schreibphase legte ein kleiner, böser Virus die ganze Welt lahm. Neben Tour-Absagen und unzähligen Stornierungen ploppten Existenzängste und weitere persönliche Schicksalsschläge auf, die mir das Schreiben dieses Buches, nennen wir es mal »erschwert« haben.

Aber: Ich kann mit Stolz behaupten, das Werk, das Sie eben gerade jetzt in den Händen halten, ist krisenerprobt und live getestet!

Und spätestens auf den zweiten Blick bin ich wohl immer noch eine glückliche Frau, und wenn es mir jetzt noch gelingt, *Sie* zu einer ebensolchen zu machen, ja, dann ... dann sind wir quasi alle im »Von jetzt auf Glück«-Modus angelangt.

Wie funktioniert dieses Buch?

Wobei »funktionieren« vielleicht der falsche Ausdruck ist. Nennen wir es besser: Wo setzt dieses Buch an?
Ich möchte Ihnen gerne zeigen: Es ist alles da! Alles, was wir brauchen, ist da! Es benötigt nur manchmal einen zweiten Blick oder einen anderen Ansatz.
Die »Suche« nach dem Glück kann eine frustrierende Angelegenheit sein, denn jetzt mal ehrlich: Wer hat es denn je leibhaftig gesehen und kann uns sagen, in welcher Form und Art es daherkommt?
Richtig: niemand.
Demzufolge kann auch niemand abstreiten, dass es die ganze Zeit *da* ist und wir nur hinschauen müssen.
»Perspektivwechsel« ist das Stichwort und genau darum geht's in diesem Buch.

Sie alle haben Ihren eigenen ganz individuellen Werkzeugkoffer fürs Leben.
Und den kramen wir jetzt mal raus und reichern ihn mit neuen Werkzeugen an. Mit »Glück-Seh-Tools« sozusagen.
Ich wähle hier übrigens ganz bewusst diese eher maskuline Bezeichnung und nicht »Schmuckkästchen« oder »Schminktäschchen«.
Auch wenn wir Ladys sind, haben wir doch Werkzeug. Zeug eben fürs Leben, das uns hilft, unseren Rucksack zu tragen.
Denn wenn ich eines weiß, liebe Damen, dann das: Sie tragen alle einen.
So Gott will, ist er leicht und gut zu handeln. Vielleicht ist er aber auch wirklich richtig schwer und macht Ihnen beim Vorankommen arg zu schaffen.

Wenn Sie keinen Ballast abwerfen können (vielleicht werden Sie das aber während Ihrer Lesephase schaffen), dann bleibt nur, den Rucksack zu tragen. Mit allem, was darin ist.

Und dafür gibt's eben Werkzeuge. Ganz viele davon haben Sie schon, das weiß ich. Vielleicht sind sie ein bisschen verstaubt oder eingerostet, aber sie sind da.

Zu Beginn der Inventur Ihres Werkzeugkoffers würde ich Sie bitten, sich einmal kurz zu überlegen:

- Was habe ich kürzlich gut gemeistert?
- Welches Problem habe ich gelöst?
- Und wie bin ich dabei vorgegangen?

Denn genauso »arbeitet« dieses Buch.

Ich erzähle Ihnen, was ich so erlebt habe, was ich daraus gelernt habe und wie mir das heute zum Glück verhilft.

Sie schauen, ob Sie das genauso oder ganz anders sehen oder ob Sie noch einen neuen Aspekt entdeckt haben, den ich vielleicht übersehen habe.

Wir geben also jeder erlebten Situation auch im Nachgang noch die Möglichkeit, für irgendwas gut zu sein. (Stammleserinnen erinnern sich an meine Oma, die ich in der »Stehaufqueen« zitiert habe: »Wer weiß, wofür es gut ist?«)

Und dann, wenn alles so läuft, wie ich mir das vorstelle, gehen Sie hier mit frisch polierten oder neu erstandenen Werkzeugen raus, die Ihnen dabei helfen, Ihren ganz individuellen Weg zum Glück zu finden. Mal »müssen« wir handeln, um zum Glück zu finden, manchmal reicht ein neuer Gedanke oder ein wertvoller Perspektivwechsel.

Wir starten leichten Fußes und ich freue mich, wenn Sie sich auf die Reise einlassen!

1
ANFANGEN, AUCH WENN ES WEHTUT

Weniger ist mehr

Laut Duden ist Glück eine angenehme und freudige Gemüts-verfassung, ein Zustand innerer Befriedigung und Hochstimmung.

Bei dem Ereignis, von dem ich Ihnen jetzt erzählen will, war (und bin) ich allerdings von dieser Definition meilenweit entfernt. Und trotzdem gehört es in dieses Buch.

Es war mitten in der Chemotherapie, als mich das familiäre Zentrum für Brust- und Eierstockkrebs anrief. (Zum Hintergrund: Die Brustkrebsart, die ich hatte, dazu mein niedriges Alter, führte dazu, dass mir meine Ärzte zu einem Gentest rieten. Es ging in erster Linie um die Feststellung der BRCA(BReast-CAncer)-Mutation, die vor ein paar Jahren durch Angelina Jolie an die Öffentlichkeit kam. Ich wollte sichergehen, nicht »Besitzerin« des Gens zu sein, weil ich Sorge hatte, dass mich das Thema sonst auch nach überstandener Erkrankung nie wieder loslassen würde. Dazu kam: Ich war mir ziemlich sicher, dass ich das Gen nicht besaß, denn in unserer Familie war ich wissentlich die erste Frau, die an Brustkrebs erkrankt war. Ich wollte, dass meine Geschichte eine Laune der Natur und kein ewiges Mahnmal sein würde.

Ich sollte (mal wieder) lernen, dass es im Leben leider so gar nicht darum geht, was ich mir wünsche …

»Frau Staudinger, Sie sind Trägerin des BRCA2-Gens. Selbst nach überstandener Therapie liegt Ihr Wiedererkrankungsrisiko darum bei um die 80 Prozent«, eröffnete mir meine sehr fähige Ärztin nach Auswertung meines Gentests bei ebenjenem Telefongespräch.

»Okay, das ist mir zu hoch. Was kann ich tun?«

»Es gibt zwei Dinge, die wir Ihnen empfehlen würden, um Ihr individuelles Wiedererkrankungsrisiko zu minimieren: Wir würden Ihr Brustdrüsengewebe entfernen und mit spätestens vierzig Jahren Ihre Eierstöcke entnehmen.«

»Okay, machen wir.«

»Nehmen Sie sich Zeit für Ihre Antwort und besprechen Sie das auch mit Ihrem Mann.«

»Brauch ich nicht. Machen wir! Wann? Jetzt?«

»Nein. Sie müssen erst mal die Behandlung hinter sich bringen. Nach der Chemotherapie würden wir die Operation der Brüste vornehmen. Es ist eine große, schwere OP. Und bitte seien Sie sich im Klaren: Sie haben dann kein Gefühl mehr in den Brüsten. Sie sind leblos, kalt und taub, und das für immer. Das ist keine Entscheidung, die Sie jetzt treffen müssen. Und mit den Eierstöcken haben Sie noch Zeit.«

»Wie hoch ist das Risiko, wenn ich das alles machen lasse?«

»Durch das entfernte Drüsengewebe liegt es dann bei 12 Prozent, nach Entfernung der Eierstöcke bei 10. Das ist nur ganz knapp über dem Erkrankungsrisiko einer Nicht-BRCA-Trägerin.«

»Dann ist es beschlossene Sache. Und mit den Eierstöcken warten wir auch nicht. Die sollen raus, sobald ich dazu in der körperlichen Verfassung bin. Ich habe ja bereits zwei Kinder.«

Dieses Gespräch fand nach der dritten (von sechzehn) Chemotherapie-Sitzung statt. Ich habe meine Meinung nicht mehr geändert und ich habe im Übrigen auch nie meinen Mann oder sonst wen um seine oder ihre Meinung gebeten.

Es soll nicht nach zu viel Pathos klingen. Aber es gibt Dinge, die von Frau getan werden müssen, und die Entscheidung dazu muss sie ganz allein für sich treffen.

Jetzt werden Sie, vielleicht zu Recht, fragen: Und du hast nie an deiner Entscheidung gezweifelt? Ist dir die nicht unglaublich schwergefallen?

Nein. Habe ich nie. Und nein, ist es nicht. Und das, obwohl meine Brüste in ihrer Lebenszeit alles mitgenommen haben, was für Brüste so vorgesehen ist.

Als junge Frau dienten sie, sagen wir mal, als »Lockmittel«. Ich hatte eine große, schöne, weibliche Brust. Dass Männer diese meist zuerst sahen, fand ich immer blöd, lernte aber früh, es einfach anzunehmen. Ebenso, dass mir dieser Umstand in jeglichen Vertriebsjobs eher förderlich als hinderlich war.

(Liebe Leserin, ich verweise hier stark auf mein Buch »Männer sind auch nur Menschen«: Ich mache die Regeln nicht, aber ich will mitspielen!)

Dann bekamen die zwei die schönste Aufgabe, die es gibt: Sie ernährten zwei Babys. Wobei, ich will ehrlich zu Ihnen sein, denn es klingt so verklärt: Ich habe jeweils nur zwei Wochen gestillt, weil die ohnehin schon große Brust zu explodieren drohte und das leider große Schmerzen mit sich brachte. Aber auf diese zwei Wochen Stillzeit bestehe ich!

Na ja, und dann, nach Lockmittel und Nahrungsquelle, dann wurden sie auch schon zur tödlichen Bedrohung.

Mir kam es so vor, als hätten sie jede Rolle mal übernommen, ihre Schuldigkeit getan, als sei es einfach an der Zeit, zu gehen.

So viel zur Theorie. Wie ich sie damals empfunden habe.

Aber wie ist das in der Praxis? Wenn der Mastektomie-Termin immer näher rückt und du im Prinzip so gar keine Ahnung hast, was da wirklich auf dich zukommt?

Ich glaube, mein großer Vorteil war wirklich, dass ich schon betroffen *war*.

Es gibt auch Frauen, die so ein Gentest-Ergebnis in einer gesunden Lebensphase erreicht.

Dann nämlich, wenn beispielsweise die Mama an Brustkrebs erkrankt und einen Gentest machen lässt, der positiv ausfällt. In diesem Fall hätte auch die junge, noch gesunde (!) Tochter die Möglichkeit, sich testen zu lassen. Außerdem hätte das den Vorteil, dass sie dann in ein sehr enges Früherkennungsprogramm käme.

Noch mal zur Erinnerung: Wir reden hier über hochmoralische Entscheidungen, die keine einfachen Antworten kennen und letztlich jede Frau für sich treffen muss.

Ich für meinen Teil bin also dankbar, dass ich die Entscheidung mitten im Sturm treffen durfte. Denn wegen dieses Sturms hatte ich für Angst und Zweifel keine Kapazitäten mehr, weil ich schon so voll davon war aufgrund der akuten Erkrankung. Als sei mein Pensum aufgebraucht gewesen.

Die Operation fand drei Wochen nach meiner letzten Chemo statt, sie war angesetzt zwischen Weihnachten und Neujahr und ich weiß noch wie heute, dass wir vier den Tag davor zu meinen Eltern ins Bergische fuhren und Spaß auf dem Schlitten hatten.

Auf Facebook postete ich damals: »Und weil die OP erst morgen ist, reicht es auch, sich morgen den Kopf zu zerbrechen.« Ich danke dem Universum noch heute für diese Sichtweise. Denn, bitte, wem hilft es, sich und seine Umwelt schon einen Tag vorher in Trauer zu stürzen?

So lenkten wir uns ab, tranken warmen Apfelsaft mit (ordentlich!!) Schuss drin und schoben den Berg so lange von uns weg, bis er dann wirklich vor uns aufragte.

»Ich besteige die Berge erst dann, wenn sie da sind«, ist die von mir in Shows oder Interviews am häufigsten zitierte Stehauf-Möglichkeit (aus der »Stehaufqueen«) und sie ist genau in dieser Zeit entstanden.

Dieses Buch hier, das Sie gerade lesen, geht nun im Prinzip einen Schritt weiter. Es beleuchtet nämlich, wie wir nach dem Aufstehen, nach dem Berappeln wieder glücklich werden.

Denn von Glück war mitten auf dem Berg tatsächlich wenig zu spüren.

Für den Start war die beste Bergsteigergehilfin der Welt an meiner Seite, nämlich meine Freundin Geri. Sie holte mich morgens früh um sechs Uhr zu Hause ab und fuhr mich ins Krankenhaus. Ich wollte nicht, dass das einer aus meiner Familie macht, diese Belastung wollte ich niemandem zumuten.

Geri blieb, bis ich in den OP geschoben wurde, und dieses Da-Sein, das werde ich ihr nie vergessen. Ich bin mir sicher, sie wird den Anblick von mir im OP-Hemd auch nicht vergessen.

Ja, auch hier haben wir gelacht. Ich dank der Happy-Pille, Geri eben, weil sie mich kennt und weiß, was ich brauche. Dass sie nach unserem Abschied in Tränen aufgelöst war, erzählte sie mir erst Jahre später.

Auf die Schmerzen, die akute Zeit danach will ich jetzt gar nicht eingehen, denn das hat in einem Glücksbuch recht wenig zu suchen.

Wobei, so ganz stimmt das nicht, denn auch in dieser Phase begleitete mich das Gefühl tiefer Dankbarkeit, überhaupt so eine Option zu haben. Dass die Forschung so weit ist, ich von guten Ärzten umgeben und – trotz Chemotherapie – in der körperlichen Verfassung war, eine Mastektomie durchzustehen. Und doch möchte ich lieber auf das Danach eingehen. Was hat das alles mit mir als Frau gemacht?

Am Ende meines ersten Buches »Brüste umständehalber abzugeben«, in dem ich wie in einer Art Tagebuch den Weg verarbeite, schreibe ich: »Ich fühle mich auch ohne Brüste nicht weniger weiblich.«

Das würde ich heute so vermutlich nicht mehr schreiben. Oder sagen wir mal, heute vielleicht schon *wieder,* aber der Weg dahin war hart.

Direkt nach der Operation blieb mir zum Verarbeiten keine Zeit. Es ging gleich weiter in die Bestrahlung, danach wurden die Eierstöcke entfernt und das erste Mal Luftholen war erst Monate später möglich. Dann setzten aber auch schon die ersten Schmerzen wegen der Kapselfibrose ein. Und auch hier war also nur Raum für »Es ist, wie es ist«.

Der Tag der Annahme lag noch Monate in der Zukunft. Als ich dachte, ich sei emotional schon drüber hinweg. Jaaa, denkste! Die Seele braucht für den Heilungsprozess ein bisschen länger als der Körper. Als ob ich das nicht schon längst gewusst hätte, erwischte es mich am Tag X noch mal mit voller Wucht.

Ein gutes halbes Jahr nach der Operation, nach den Schmerzen und ohne Verbände, kam ich aus der Dusche und mich traf der Anblick im Spiegel mit voller Wucht. So hatte ich mir das mit 33 Jahren nicht vorgestellt. Wie ein Flickenteppich. Ein tauber, gefühlloser, unschöner Flickenteppich. So habe ich mich damals gesehen.

Die rein objektive Wahrnehmung mag vielleicht eine andere gewesen sein, denn das Ergebnis war »gut«. Die Ärzte waren begeistert, die Heilung verlief völlig problemlos und auch die Narben waren »schön«. Wusste ich. Wusste ich alles. War ich auch dankbar für. Und optimistisch und zuversichtlich auch. Half mir nur alles in dem Moment so rein gar nicht.

Denn in diesem Moment sah ich nur eine junge, gezeichnete – und zwar für *immer* gezeichnete – Frau vor mir, die jeden gottverdammten Tag daran erinnert wird, was sie hinter sich hat.

Wie soll man denn so abschließen können?

Wie sollte ich mich jemals wieder meinem Mann öffnen können?

Das erschien mir an diesem Morgen als völlig aussichtslos.

Das Einzige, was mir in diesem Moment zurück in die Spur half, war etwas, was im Alltagsgebrauch aus meiner Sicht zu Unrecht verpönt ist.

Etwas, was auch gerne als negativ abgestempelt wird und beim bloßen Aussprechen schon Verachtung mitschwingen lässt: Selbstmitleid.

Schauen wir uns das Wort doch nur mal genau an:
SELBST MIT LEID.
Warum nur wird es als etwas Schlechtes wahrgenommen?
Ich kann Ihnen jedenfalls sagen, dass ein gewisses Maß an Selbstmitleid meinen Weg zurück zum Glück ebnete.
Als ich vor dem Spiegel stand und den Tränen einfach mal ihren Raum gelassen habe. Ich war da nicht die toughe, starke Frau, die ja alles sooo easy wegsteckt. Da war von der selbstbewussten Schlagfertigkeitsqueen mal so gar nichts mehr zu sehen. Stattdessen stand da ein Häufchen Elend, mit Narben übersät.
Und jetzt stellen Sie sich mal vor, Sie würden so Ihre Freundin im Badezimmer überraschen. Wie würden Sie reagieren? Im besten Fall nehmen Sie sie in den Arm und sagen: »Lass es raus, Schatz! Du hast allen Grund zu weinen. Du hast einen wirklich schlimmen Weg hinter dir und der hat Spuren hinterlassen.«
Nur eine ziemlich beknackte Freundin würde sagen: »Ey, jetzt komm! Stell dich mal nicht so an. Du mit deiner Heulerei. Das führt doch zu nix. Du bist doch wieder gesund. Jetzt guck nach vorne und reiß dich zusammen!«
So eine Freundin würden Sie doch dorthin schicken, wo der Pfeffer wächst, oder nicht?
Streng genommen wäre ich dann jetzt auf Madagaskar, denn in exakt diesem Wortlaut habe *ich* oft mit mir gesprochen.
Erst als ich mich selbst in den Arm genommen habe, mich selbst bemitleidet habe, konnte ich wieder den Blick heben und die andere Seite sehen. Aber dafür brauchte es das Tal der Tränen.
Es war ein langer Prozess, die Gefühle »Trauer« und »Angst« ganz offiziell mit in mein Repertoire aufzunehmen. Aber sie sind nun mal da. Ob ich das will oder nicht. Und sie fordern ihren Raum. Ob ich das will oder nicht.

Dieser eine Tag, an dem ich weinend vor dem Spiegel stand, war wichtig für mich, um all das zu erkennen, was ich mit den Brüsten verloren hatte.

Wenn Sie also mal das Buch »Brüste umständehalber abzugeben« lesen und Sie treffen zum Schluss auf die Stelle, an der ich schreibe, dass die OP »nichts« mit mir als Frau gemacht habe, dann dürfen Sie gerne laut auflachen.

Es gibt aus meiner Sicht aber auch nicht den *einen* Moment der Annahme. Es mag den Schlüsselmoment geben, aber das Annehmen ist mitunter ein lebenslanger Prozess.

Es ist nicht so, als verbrächte man einen Tag lang im Tal der Tränen und dann ist man an Schmitz Backes vorbei. Es ist ein Werdegang, den ich bis heute gehe.

Und auf dem begleitet mich manchmal das Selbstmitleid. Dieses ist weniger geworden und der Dankbarkeit gewichen, denn das Selbstmitleid ändert ja die Sachlage nicht: Die Brüste sind weg, da kann ich weinen, wie ich will.

Aber durch diese Herangehensweise, die andere Selbstansprache, aber auch die Unvoreingenommenheit diesem Gefühl gegenüber, haben sich mir neue Perspektiven eröffnet, die wiederum zum Handeln aufgerufen haben.

Und wir werden im Laufe des Buches immer mehr erkennen, dass genau das der springende Punkt für die Suche nach dem Glück ist.

**In meinen Werkzeugkoffer für den
Weg zum Glück packe ich:**

• Hab ruhig auch mal mit dir selbst Mitleid

Wie ist das mit Ihnen?
Hatten Sie schon mal Mitleid mit sich selbst?
Und wenn nicht, fällt Ihnen vielleicht eine Situation ein, in der es helfen könnte?

Einatmen und ausatmen

Oooh, welch Erkenntnis, werden Sie jetzt vielleicht denken. Ja, zugegeben, die Kapitelüberschrift klingt nicht besonders sexy und weltumwälzend, aber ich finde, sie bringt es am ehesten auf den Punkt. Unser Körper ist von ganz allein so angelegt, dass er ein- und ausatmet. Das ist ein Reflex. Der erste Schrei des Lebens zeigt den frischgebackenen Eltern, der Hebamme und dem Arzt: Es lebt! Es atmet!

Haben Sie schon mal darüber nachgedacht, dass uns Reflexe wie dieser etwas sagen wollen?

Vielleicht wurde, wer auch immer sich das ausgedacht hat, die Evolution oder Frau Gott (für mich ist die Annahme, dass Gott eine Lady sein könnte, irgendwie tröstlich. Ich sehe sie vor meinem inneren Auge auf die katholische Kirche blicken und lachend sagen: »Kommt ihr mir mal nach oben!«), hier der Grundstein für das Leben, das Glück gelegt. Vielleicht ist letztlich alles genau hierauf zurückzuführen. Für mich steht das Ein- und Ausatmen für alle fest zusammengehörenden Gegensätze im Leben.

Das eine kann nicht ohne das andere sein. Streng genommen gäbe es ohne das heiße Wasser kein kaltes. Ohne Hell kein Dunkel und ohne Trauer kein Glück. Kein Tag ohne Nacht, und wie gern tanken wir im hellen Sommer auf nach einem klirrend kalten Winter.

Wie verwirrend empfinde ich die Frage nach der Lieblingsjahreszeit! Alles zu seiner Zeit. Wir vergleichen den Mond auch nicht mit der Sonne. Beide scheinen, wenn ihre Zeit ist.

Und leichter gelingt mir die Suche nach Glück, wenn ich mir der Kraft der Gegensätze bewusst bin.

Das klingt jetzt vielleicht sehr philosophisch. Und vielleicht lässt es sich auch anhand einer großen Philosophin unserer Zeit besser verbildlichen. Pippi Langstrumpf, die man heute mit Ritalin zupumpen würde, war ja streng genommen eine Schulschwänzerin. Zumindest so lange, bis sie von Annika hörte, dass es Ferien gibt. Von diesem Moment an wollte sie zur Schule gehen.

Denn: Wie soll ein Mensch, der immer frei hat, die Ferien genießen können? Er kennt sie doch gar nicht. Erst ein Schulbesuch mit all seinen Pflichten und Regelmäßigkeiten zeigt die Vorteile der Freizeit.

Ich weiß es nicht, ich kann nur für mich sprechen und sagen: Ja, für mich sind sie ein wesentlicher Bestandteil von Glück.

Sie erleben mich entweder bühnentauglich aufgestylt oder im Verwahrlosungszustand auf dem Land. Ich finde beides toll. Alles zu seiner Zeit. Selbiges gilt für den Frischluftfaktor. Ich kann mein Zuhause nur wirklich dann genießen, wenn ich zwischendurch an der frischen Luft bin.

Einatmen. Ausatmen.

Meine Kinder nötige ich zu Spaziergängen, wenn wir eine längere Autofahrt vor uns haben.

Einatmen. Ausatmen.

Oder schauen Sie sich die Weihnachtstage an! Ich weiß nicht, wie die bei Ihnen aussehen, aber bei uns sind sie nicht von einer besonderen Sportlichkeit geprägt. Wobei, das hängt natürlich ein bisschen ab von der Definition. Wenn wir mit Sport den Wechsel zwischen Ess- und Couchtisch bezeichnen, dann sind wir sogar olympisch veranlagt.

Solange diese Definition sich aber noch nicht durchgesetzt hat, würde ich unsere Festtage eher als, nun ja, wie sag ich es am besten, vielleicht »gefräßig« bezeichnen.

Drei Tage essen und faulenzen kann man doch nur dann genießen, wenn ein Ende in Sicht ist. Ich kenne eigentlich niemanden, der nach den Feiertagen nicht »Jetzt bin ich aber froh, dass die Völlerei vorbei ist!« sagt.

Einatmen. Ausatmen.

Wer immer nur Sonne hat, der sehnt sich irgendwann nach Regen, der einem diesen Schön-Wetter-Stress abnimmt und einen Tag unter der Decke erlaubt. Wer von Ihnen Naturlocken hat, sehnt sich garantiert nach glatten Haaren und umgekehrt. Nach dem Sport folgt die Regeneration und auf das Leberwurstbrot natürlich, gottgegeben, die Schokolade.

Einatmen. Ausatmen.

Sind Sie also in Ihrem Alltag gerade etwas eingefahren, dann könnte es sein, dass Ihnen die Abwechslung fehlt. Vielleicht hilft es, sich ganz bewusst ein paar Gegensätze einzubauen.

In meinen Werkzeugkoffer für den Weg zum Glück packe ich:

• die Erkenntnis: Gegensätze ziehen sich an
• Probier's mal mit Abwechslung

Wenn also die Gegensätze in unserem Leben wichtig sind, bleibt die Frage: Wie können wir sie leben? Ich vermute, Ihr Chef lässt sich nicht darauf ein, wenn Sie mittwochs sagen:
»Ach, du, im krassen Gegensatz zu gestern komme ich heute einfach mal nicht. Das ist wichtig für mein Glücksempfinden.« Wobei, versuchen Sie es doch mal! Und im Zweifel schieben Sie es auf mich.

Aber wir können auch im Kleinen anfangen.

Wenn Sie wissen, dass Sie den Tag im Büro auf dem Stuhl verbringen, könnten Sie zum Beispiel eine Haltestelle vorher aussteigen, um noch ein bisschen Bewegung zu bekommen. Wenn Sie abends normalerweise lange ins Handy schauen, nehmen Sie doch zur Abwechslung mal ein Buch in die Hand.

Die Möglichkeiten, ganz gezielt Gegensätze in unser Leben einzubauen, sind vielfältig und oftmals ganz leicht.

Und: Was haben Sie zu verlieren?

Einfach schwimmen

Vielleicht werden meine Söhne irgendwann einen natürlichen Zugang zur Ordnung finden. Nicht, wenn sie nach mir kommen. Aber ihre Bedürfnisse können sich ändern. Denn das tun sie bei uns allen, eigentlich ein Leben lang. Als Baby haben wir ganz andere Bedürfnisse, als wir sie jetzt im Erwachsenenalter haben. Die Schwierigkeit liegt darin, dass wir in gewisse Dinge einfach so hineingeraten und hoffen und beten, sie mögen ein Leben lang halten und genauso weitergehen. Ungeachtet der Möglichkeit, dass sich die Bedürfnisse (sowohl die der Gegenseite als aber ja auch die eigenen) ändern könnten.

Wie in einer Ehe, zum Beispiel.

»Bis dass der Tod uns scheidet«, »In guten wie in schlechten Zeiten« haben mein (Ex-)Mann und ich uns im Jahre 2005 aus vollem Herzen versprochen.

Und auch wenn die Ehe nicht bis heute gehalten hat, so gelten diese Versprechen nach wie vor, wenn auch auf einer anderen Ebene.

Sie mögen mir verzeihen, dass ich nicht auf allzu Privates eingehe, weil es letztlich nur meine Sicht der Dinge zeigt, aber ich verdeutliche das Gemeinte (wie so oft) gerne mit einem Bild, das mir vor mein inneres Auge kommt.

Mein Mann und ich sind viele Jahre im gemeinsamen Gewässer geschwommen. Entspannt und friedlich, Hand in Hand waren wir unterwegs. Wir hatten das gleiche Ziel und schwammen ohne große Wellen oder Unwegsamkeit locker nebeneinanderher. Das Wasser, das Leben, war gut für uns.

Im Laufe der Jahre kamen die ersten Veränderungen. Der eine sah von seiner Warte aus andere Dinge. Nicht, weil er bessere Augen oder eine größere Aufmerksamkeitsgabe hat, sondern einfach, weil seine Perspektive, seine Wahrnehmung und auch sein Interesse andere (geworden) waren. Das konnte der andere schlicht und ergreifend nicht sehen, weil er das Wasser, das Schwimmen darin, einfach anders wahrnahm, sich auf etwas anderes konzentrierte.

Vielleicht hätten wir durch Gespräche, durch ein kurzes Antippen, durch Sätze wie »Schau mal, was da Schönes ist! Findest du das nicht auch wahnsinnig inspirierend?« dem entgegenwirken können, was kommen sollte. Vielleicht. Vielleicht war das eine verpasste Chance.

Die zwei schwammen nicht lange allein in ihrem Gewässer, relativ schnell kamen zwei kleine Zauberwesen hinzu, auf die es jetzt aufzupassen galt. Und wie war das schön! Das Schwimmen, das Hüpfen im Wasser. Nahezu perfekt.

Doch auf einmal, ganz ohne Ankündigung, gerieten die beiden in einen Strudel. Der war nicht abzusehen, man konnte sich nicht auf ihn vorbereiten. Sie gerieten beide in diesen Strudel, wenn auch jeder auf seine Art und Weise.

Die Partner verloren sich darin. Sie wurden getrennt.

Und sie merkten das, hatten aber keine Kraft, wieder zueinanderzufinden, weil jeder erst mal selbst in dem Strudel um sein Überleben kämpfen musste. Während der eine zu ertrinken drohte, hatte der andere keine Chance, an ihn dranzukommen. Er musste hilflos von außen zusehen. Und dabei selbst weiterkämpfen.

Durch das Umherwirbeln hat sich für die Schwimmenden die ganze Welt auf den Kopf gestellt. Sie sahen Dinge, von deren Existenz sie vorher gar nicht gewusst hatten. Sie nahmen plötzlich alles anders wahr.

Und so schlimm dieser Strudel auch war, sie eigneten sich Techniken an, wie man ihn am besten durchstehen konnte. Aber diese Techniken waren bei beiden verschieden, weil jeder den Strudel ganz individuell empfunden hat, weil jeder ganz eigene Möglichkeiten und Kräfte hatte, um mit ihm zurechtzukommen.

Am Ende landete einer von ihnen im Meer, der andere blieb im See. Sie hielten sich nicht mehr an der Hand. Die letzte Verbindung zwischen ihnen waren die Zauberwesen. Über sie behielten die Schwimmenden sich im Blick.

Die große Frage, die am Ende im Raum steht, ist: Schwimmt der eine zum anderen zurück? Will man überhaupt in das andere Gewässer zurückkehren oder ist man durch diese aufwühlende, umwirbelnde Erfahrung so geprägt, dass man es schlicht nicht mehr ertragen kann, da, wo man vorher war? Ist es so, dass man diese Veränderung jetzt braucht, um zu überleben?

Wichtig ist: Es gibt kein richtiges und kein falsches Gewässer. Das ist wie mit Süß- und Salzwasser: Beides toll, aber der eine Fisch kann im anderen nicht leben. Jedes der beiden Gewässer ist für den jeweiligen Schwimmer das jeweils richtige. Er könnte vielleicht wieder zurückfinden, indem er sich wahnsinnig veränderte und über die eigenen Grenzen ginge, aber das würde enorm viel, *zu* viel Kraft kosten. Denn diese Kraft hat der Strudel aufgebraucht. Wir benötigen ihren Rest für die Zauberwesen und uns selbst.

Jetzt schwimmen diese zwei Menschen also allein. Aber sie bleiben für immer verbunden, winken sich in tiefer Freundschaft aus der Ferne zu und sind so unglaublich dankbar für all das, was sie gemeinsam erleben durften. Niemals kämen sie auf die Idee, die gemeinsame Zeit mieszureden oder eine vergangene Entscheidung zu verteufeln. Mindestens darum nicht, weil es die zwei Zauberwesen sonst nicht geben würde.

Die Gewissheit, dass sie nie mehr im gleichen Wasser schwimmen werden, setzt eine Trauer von ungeahnter Größe frei. Doch gleichzeitig befreit sie dieses Wissen auch. Weil sie sich jetzt ganz auf ihren Weg konzentrieren können. Sie schwimmen weiter, jeder in seinem Gewässer.

Irgendwie hat das Bild oder die Geschichte kein richtiges Happy End, finden Sie, und passt auf den ersten Blick nicht in ein

»Glücksbuch«? Wie gut, dass wir hier gemeinsam immer einen zweiten Blick wagen.

Natürlich wäre die »Bis an ihr Lebensende«-Nummer passender. Die beiden hätten es nach einem solchen Strudel doch auch wirklich verdient.

Aber, meine Damen, wann läuft es denn schon mal perfekt? Oder mindestens so, wie wir es geplant haben? Also, da bin ich ganz ehrlich, bei mir so gut wie nie.

Und ich sage gleich: Diese Geschichte endet hier. Es folgt kein »Und dann traf ich den Mann, der mich jetzt glücklich macht«. Nee!

Weil ich es sehr unfair finde, mein Glück in die Hände eines anderen Menschen beziehungsweise Mannes zu legen. Für mein Glück bin ich ganz allein verantwortlich.

Nichtsdestotrotz, wenn eine Ehe mit zwei Kindern nach 15 Jahren auseinandergeht, so ist das eine fiese Sache. Für alle Beteiligten.

Manchmal muss es eben ganz schön ruckeln, bevor es sich wieder einrenkt.

Und, glauben Sie mir, es hat ordentlich geruckelt …

Was mir geholfen hat?

1. Weinen

Ach, Kinders, was habe ich geweint. Oft ganze Nächte durch. Darüber, dass unsere gemeinsame Zeit zu Ende war. Darüber, dass meine Kinder eine Trennung mitmachen müssen. Dass ich allein im Bett liege und keine starken Arme um mich habe. Dass ich meinen Kaffee morgens allein trinke. Über all das verlorene Gewohnte, das die letzten 18 Jahre zu meinem Leben gehört hat.

Eine gute Freundin sagte einst: »Was sich nicht ausdrückt, drückt sich fest.« Und ich meine, durch dieses Weinen ein Ventil geöffnet zu haben.

Aber das Weinen, das gesteht die Umwelt demjenigen, der sich getrennt hat, oft nicht zu. »Sie hat es ja so gewollt.«
Ja, natürlich. Hat sie. Und trotzdem habe ich doch das Recht, traurig zu sein über das Ende dieses Abschnitts. Ganz allein für mich. Und so weinte ich also die Nächte durch oder beim Laufen oder hinterm Steuer.
Hat der Seele geholfen, der Optik leider nicht. Den Begriff »Tränensäcke« hebe ich auf eine ganz neue Ebene.
Was soll's, wenn's hilft! Nur: Habe ich das rein subjektiv so empfunden oder hilft Weinen tatsächlich?
Es gibt die Theorie, dass Weinen Stress abbaut. So richtig belegt ist das durch Studien aber nicht. Allerdings habe ich durch das Buch der wunderbaren Julia Fischer (»Die Medizin der Gefühle«) herausgefunden, dass es einem nachweislich beim Weinen besser geht, wenn liebe Menschen um einen herum sind, die einen trösten. Ein schöner Nebeneffekt also.
Ladys, beim nächsten Mädelsabend wird dann mal kräftig 'ne Runde gemeinsam geheult, oder?

Es spielt aber noch ein anderer Aspekt eine große Rolle.
Haben Sie schon mal den Drang zu weinen unterdrückt? Weil Sie in einem ungeschützten Rahmen waren, in dem Sie nicht zeigen wollten oder gar durften, wie traurig oder getroffen Sie sind? Vielleicht sogar im Büro, vor dem cholerischen Chef?
Wie doof ist dieses Gefühl! Wenn man merkt, wie die Tränen hochsteigen, sich sammeln und jedes Blinzeln das Fass zum Überlaufen bringen könnte. Und tatsächlich ist es so, dass das zu häufige Unterdrücken von Tränen unser Stresslevel im Körper ansteigen lässt, was zu Bluthochdruck und Magenproblemen bis hin zu Angstzuständen und Herzerkrankungen führen kann.
Kurzum: Das Tränenzurückhalten ist gar keine einfache und auch keine gesunde Kiste.
Und wenn wir es ungehemmt dürfen, also das Weinen, dann

heißt es doch auch, dass wir im weitesten Sinne zu uns selbst stehen.

Den Gefühlen freien Lauf lassen zu dürfen tut einfach gut.

Es löst nur leider keine Probleme. Aber das macht tatsächlich kaum ein Werkzeug, das wir uns anschauen und dessen Funktionsweise wir untersuchen.

Dennoch hilft das Weinen für den Moment und kann uns dabei helfen, neue Denkweisen auszuprobieren, eine neue Haltung anzunehmen. Und die wiederum bringt uns dann, wenn es gut läuft, ins Tun. Und *das* löst dann endlich auch die Probleme.

2. Laufen

Auf das Thema werden wir an anderer Stelle noch genauer eingehen, aber hier sei gesagt: In dieser Phase war Laufen oder Walken, letztlich geht es um die Bewegung an der frischen Luft, mein Anker.

3. Alleinsein

Schon als Kind war ich gern und oft mit mir allein. Manchmal sogar auf meiner eigenen Geburtstagsparty. Da wollte ich mich dann von jetzt auf gleich zurückziehen. Oft vor allem dann, wenn mir die Spiele allzu sportlich wurden …

Ich habe sehr gern Menschen um mich, aber nur für eine gewisse Zeit, bis zu einem gewissen Grad, und dann brauche ich Ruhe. Ruhe am Ohr. Ruhe für mich.

Und irgendwie hat mir dies in der Trennungszeit gut geholfen. Ich wollte regelrecht neu lernen, mit mir allein zu sein. Mich selbst zu ertragen. Mit *mir* gern Zeit zu verbringen.

Und sooo einfach ist das gar nicht, sag ich Ihnen. Erst recht nicht, wenn man einigermaßen reflektiert an die Sache rangeht. Mir ging es in diesen »Allein-Phasen« ja nicht um die Schuldsuche oder ums Grübeln.

Wir wissen alle, dass zu einer nicht mehr funktionierenden Ehe (mindestens) zwei Menschen gehören, und ganz ehrlich: Ich möchte mit mir auch nicht verheiratet sein. Mir ging es also eher darum, beim Alleinsein zu mir zu kommen, Ruhe zu haben und niemanden antreiben zu müssen.

Und diese Ruhe an der Seele, ja, die hat mich glücklich gemacht.

Daher füge ich als eine Glücksmöglichkeit das Alleinsein ein. Klingt vielleicht paradox, weil uns Beziehungen nachweislich gesund machen. Aber es müssen eben *gute* Beziehungen sein, die wir pflegen. Die wiederum finden nicht zwangsläufig in einer Partnerschaft statt.

Und vielleicht müssen wir zwischen »Alleinsein« und »Einsamkeit« unterscheiden. Das Gefühl der Einsamkeit ist wirklich ein ganz schreckliches und steht auf dem Weg zum Glück ganz fies im Weg. Aber einsam, das waren weder mein Ex-Mann noch ich nach der Trennung. Einsamkeit bedeutet für mich, niemanden zu haben, bei dem ich auch nachts um vier Uhr auf der Matte stehen kann und der mich einfach unter seine Decke holt.

Alleinsein aber bedeutet, auch ohne andere Menschen permanent um einen herum zufrieden und ausgefüllt sein zu können, etwas mit sich anfangen zu können.

Alleinsein ist für mich die Kunst, mein Glück in mir zu finden. Und das setzt leider voraus, dass man sich selbst mag. »Leider« deswegen, weil das für uns Frauen mal so gar nicht leicht ist. Hier stoßen wir zum ersten Mal auf das Thema »Selbstbild«, das wir uns in diesem Buch immer mal wieder anschauen werden.

Auch wenn ich das Alleinsein schon vorher für mich entdeckt hatte, habe ich es im Rahmen der Trennung noch mal neu definiert. Und: Ich liiiiebe es. Es macht mich wirklich richtig glücklich. In genau diesem Moment befinde ich mich beispielsweise in Schreibklausur. In einem anderen Land. Nicht weit von zu Hause. In einer Wohnung. Ganz für mich allein.

Wie ist das bei Ihnen?

Haben Sie Alleinsein schon als Möglichkeit zum Glück probiert?

Und wenn es nur eine Runde allein im Wald ist.

JETZT SIE!
Übung »Selbstbild« Teil 1

Ich würde gern an dieser Stelle, noch recht zu Anfang des Buches, mit Ihnen eine kleine Übung zum Selbstbild machen. Weil es soo wichtig ist und wir besser früher als später damit starten.

Bitte nehmen Sie sich dazu ein Blatt Papier. Oder wissen Sie was? Nehmen Sie sich ein Notizbuch. Ja, schon von Beginn an. Hätte ich vielleicht vorher sagen sollen. Fällt mir aber jetzt erst ein.

Wie toll wäre es, wenn Sie, während Sie dieses Buch lesen, Ihr eigenes Glücksbuch schrieben?! Dann dient das hier als Denkansatz und Ihr eigenes als individuelles Nachschlagewerk. Und mailen Sie mir gerne ein Foto Ihres »Glücksbuches« zu. Das würde mich freuen! Oder markieren Sie mich in den einschlägigen sozialen Netzwerken.

Die Überschrift für diese erste Übung ist:

»Wer mich nicht mag,
muss wohl noch an sich arbeiten«

Darunter zeichnen Sie eine Tabelle mit drei Spalten, die jeweils eine der folgenden drei Betitelungen anführt:

Was kann ich so richtig gut?

Was kann ich nicht soo gut?

Überraschung!

Das müssen Sie nicht jetzt ausfüllen, lassen Sie sich Zeit!

Wann immer Ihnen etwas einfällt, schreiben Sie es auf.

Und bitte denken Sie in alle Richtungen. Es geht mir nicht darum, wie gut Sie mit PowerPoint umgehen können (aber wenn Sie es können: aufschreiben, bitte!), es geht mir mehr um das, was Sie als Frau auszeichnet.
Denken Sie auch gerne mit Freundinnen zusammen darüber nach und füllen aus.
Und bevor Sie jetzt ganz hektisch werden: Keine Sorge, auf die dritte Spalte, »Überraschung«, kommen wir später noch genauer zu sprechen.

4. Loslassen

Glück ist … zu erkennen, wenn etwas vorbei ist. Meine Oma sagte immer: »Alles hätt sing Zick« – Alles hat seine Zeit.
Trägt eine beendete Ehe zum Glück bei? Ich hoffe, für *Sie* nicht! Für mich war es leider so. Was heißt »leider«? Ich muss Ihnen als Frau nicht erklären, wie viele Gewissensbisse man hat, wenn man eine solche Entscheidung trifft. Aber das Entscheidungtreffen als solches, das Aussprechen, dieses Für-sich-Einstehen, das führte mich nicht direkt, aber irgendwann doch wieder zum Glück zurück.
Aber ich fände es ganz und gar schrecklich, wenn ich auch nur einen Tag der gemeinsamen Zeit mit meinem (Ex-)Mann bereuen würde.
Und das, meine Damen, das habe *ich* doch in der Hand.
Wie schaue ich auf die Zeit? Was vom Erlebten nehme ich mit, was bewahre ich, was will ich vielleicht einfach vergessen oder stehen lassen. Aber da alles bereits unwiderruflich geschehen und nicht mehr in meinem Wirkungskreis ist, lohnt das nachträgliche Grübeln nicht.
Letztlich bedeutet Loslassen auch, eine Entscheidung zu treffen.
Wie wichtig das wiederum fürs Glück ist, werden wir später noch erfahren.

5. Freunde

Sowohl mein Mann als auch ich, wir fielen in dieser Hinsicht weich. Denn weil es eben keinen Streit gab, wurde auch der gemeinsame Freundeskreis nicht gezwungen, Partei zu ergreifen und sich für einen von uns beiden zu entscheiden.

In meinen Werkzeugkoffer für den Weg zum Glück packe ich also (im Besonderen bei einer Trennung):

* sich mal so richtig ausheulen
* sich freilaufen
* die Kraft des Alleinseins nutzen
* loslassen
* Freunde

Glückstipp am Rande

Im besten Fall gehören Sie gar nicht zur Zielgruppe dieses Kapitels. Weil Sie vielleicht glücklich oder gar nicht verheiratet sind. Aber es ist ja nicht so, dass die eben gefundenen Werkzeuge nur im Falle einer Scheidung helfen. Wir können sie, wann immer wir wollen, auspacken. Die Tools »Alleinsein« und »Laufen« wende ich persönlich nicht nur dann an, wenn ich mich scheiden lasse.

Die nicht mehr funktionierende Frau

Knapp zwanzig Jahre gab es kein Ich, es gab ein Wir. Knapp zwanzig Jahre lang ging ich »zu zweit« durchs Leben. Und knapp zwanzig Jahre war ich die Frau von jemandem.

Ja, es ist so: Wir Frauen erfüllen oftmals Rollen. Wir sind Frau, Mutter, Tochter, Schwiegertochter, Freundin, Kollegin von … In den wenigsten Jahren unseres Lebens sind wir nur ich.

Bis unsere Bedürfnisse drankommen, werden erst mal die unserer Lieben (und oft sogar gar nicht so Lieben) gestillt. So war und ist das auch noch immer zumindest bei mir.

Ich würde mich auch nicht als selbstlos bezeichnen. Aber Entscheidungen, die ich für meine Familie treffe, also mich natürlich eingeschlossen, treffe ich in der Regel ja nicht rein egoistisch. Das fängt bei der Freizeitgestaltung an, geht über die Urlaubsplanung bis hin zur Speiseplanerstellung.

Soll heißen, mein Leibgericht ist nicht unbedingt Fischstäbchen mit Kartoffelpüree, aber da meine Kinder bei Lachs-Risotto eben keinen Purzelbaum schlagen … Sie wissen, was ich meine.

Was passiert aber, wenn man nach einer doch recht langen Zeit zumindest die Rolle »Die Frau von« ablegt und allein durchs Leben geht?

Ich war da wohl ein bisschen im Vorteil, weil ich Jahre zuvor von dem Arzt, der mich über die Chemotherapie aufklärte, bereits diesen sehr entscheidenden Satz gehört habe:

»Wissen Sie, Frau Staudinger, in den nächsten Wochen werden in Ihrem Umfeld viele Experten aufploppen, die Ihnen sagen werden, was Sie wie zu tun oder zu lassen haben. Wenn ich Ihnen einen Tipp geben darf: Tun Sie das, was Ihnen guttut.«

Das klingt so einfach, nicht wahr?

Und vielleicht ist die eine oder andere von Ihnen sogar geneigt, diesen Satz kopfschüttelnd abzutun mit »Ja, *das* ist doch klar! Das mache ich sowieso immer.«

Aber ist das wirklich so?

Ich will ganz ehrlich sein: Für mich war dieser Satz ein Schlüsselmoment in meinem Leben.

Denn siehe da, ich stellte damals fest, dass ich einen nicht unwesentlichen Teil davon mit Dingen verbrachte, die mir eigentlich gar nicht guttaten. Also ging ich auf die Suche.

Rückblickend war ich in der Zeit vor dem Krebs eine »funktionierende« Frau. Und zwar im Sinne der Gesellschaft und wie sie es eben gerne hätte. Was grundsätzlich nichts Schlechtes ist, solange dieses Funktionieren auch dem persönlichen Gefühl von Verwirklichung entspricht.

Während der Chemotherapie aber, da suchte ich nicht nur nach dem, was mir guttut, ich fasste auch erstmals den Mut, es umzusetzen.

Das fing bei der Perücke an. Die steht einem als Krebspatientin zu, die Krankenkassen bezahlen oder bezuschussen sie zumindest – und das ist eine großartige Sache. Ich hatte mir eine wundervolle Echthaarperücke ausgesucht, die genau der Frisur entsprach, die vor der Therapie meine gewesen war. Kein Mensch hätte bemerkt, dass ich eine kranke Frau war.

Das Problem war nur: Ich habe sie gehasst. Nicht der Optik wegen, sondern wegen des Tragegefühls. Ich empfand es nämlich sowohl als abstoßend künstlich als auch befremdlich. Sie gehörte einfach nicht zu mir.

Also nahm ich sie ab. Manchmal lief ich ganz »oben ohne« herum, manchmal trug ich eine leichte Beanie. Ganz so, wie es sich für MICH richtig anfühlte. Mitspracherecht hatten dabei einzig und allein noch meine Kinder.

»Also, eine Kollegin von mir, die war ja auch erkrankt«, sprach mich eines Tages mein Nachbar an.

»Ach, wirklich? Geht's ihr wieder gut?«

»Nein, sie ist leider gestorben. Aber sie hat das damals besser gemacht mit den Haaren.«

»Bitte?«

»Ja, sie hatte ihre alte Frisur einfach eins zu eins durch eine Perücke ersetzt. Das hat mir den Umgang mit ihr leichter gemacht.«

»Aha.«

»Das wäre für dich vielleicht auch besser.«

»Du meinst, es wäre für *euch* besser?! Aber, weißt du, es ist tatsächlich gerade gar nicht meine Baustelle, dass es euch gut geht. Wenn euch mein haarloser Anblick derart verstört, liegt der Ball meiner Meinung nach nicht bei mir.«

Damit war das Gespräch beendet, bestimmt, aber nicht unfreundlich.

»Schlagfertigkeit für Krebspatientinnen« – ein hochinteressantes Feld, sage ich Ihnen. Und tatsächlich sind alle Erfahrungen, die ich während dieser Zeit gemacht habe, sowohl in das Buch »Schlagfertigkeitsqueen« als auch in mein Seminar zum selben Inhalt eingeflossen und haben das Themenfeld enorm bereichert.

Für meine Nachbarn hätte ich besser »funktioniert«, wenn ich die Perücke getragen hätte.

Für die entfernte Bekannte hätte ich besser »funktioniert«, wenn ich mich nicht selbstständig gemacht hätte und mehr zu Hause geblieben wäre.

Für die Ehe hätte ich vielleicht besser »funktioniert«, wenn ich nicht so viel vom Leben gewollt hätte.

Nur ist es nun mal so: Ich bin nicht nur hier auf der Erde, um meine Rechnungen zu bezahlen, abzunehmen und zu funktionieren.

Das ist keine von uns.

Wir sind Frauen! Keine Roboter. Wir haben nicht zu funktionieren, wir haben zu leben. Und das bitte so, wie es UNS gefällt. Denn damit es unseren Kindern, unserer Familie, unseren

Freunden mit uns gut gehen kann, müssen wir doch erst mal schauen, was *wir* brauchen.

Und was ist es nun, was *uns* gefällt?

Begeben Sie sich, ebenso wie ich, auf die ehrliche Suche danach. Dafür, meine Damen, müssen Sie sich nicht wie ich gleich scheiden lassen. Das geht natürlich auch in einer wundervollen harmonierenden Partnerschaft.

Und wie machen wir das, bitte schön?

Fangen wir doch mit ein paar unverfänglichen Fragen ans Leben an:

Wie viel Ihrer Energie geht durch Fremdantrieb verloren?

Sind wir überhaupt verpflichtet, andere anzutreiben? Kinder sicherlich ja, aber Partner und Freunde? Ich bin mir nicht sicher. Das muss jede von Ihnen selbst herausfinden. Und darf dabei bitte ganz ehrlich sein.

Was möchten *Sie* in den Jahren, die Sie auf dieser Welt sind, machen und erleben?

Wie möchten Sie sie aktiv, eigenverantwortlich und glücklich gestalten?

**In meinen Werkzeugkoffer für den
Weg zum Glück packe ich:**

- die Überzeugung, dass ich nicht nur funktionieren muss, sondern leben darf
- dass ich das tun will, was mir guttut
- Dafür braucht es natürlich das Wissen, *was* mir guttut

Wie wir das herausfinden, darum kümmern wir uns in den folgenden Kapiteln.

Die Gedanken sind frei – und manchmal ein Arschloch

Der erste Blick in den Badezimmerschrank, in dem plötzlich die Hälfte fehlt. Der Kleiderschrank, der die Lücke so schmerzhaft aufweist mit seinen leeren Regalen. Und: das leere Bett. Das untrügliche Zeichen, dass man jetzt allein ist. Ja, das tat mir alles weh. Und wissen Sie was? Ich glaube, das muss auch so sein. Es muss wehtun, alles andere würde der Vergangenheit nicht gerecht werden.

Allein essen gehen war für mich persönlich nicht so schlimm, weil ich das beruflich schon immer viel getan habe. Aber die erste Party als Single-Frau, die floss in das Kapitel »Das hätte ich im Leben nicht gedacht« ein.

Menschen, die mich seit Jahren kannten, Frauen, mit denen ich nicht befreundet, aber gut bekannt war, begegneten mir plötzlich anders.

Und so fing es an: »Ich freue mich sehr, dass du kommst!«, so eine gute Freundin zu mir am Telefon.

»Ist doch klar. Aber du weißt, dass du mich allein einlädst?«

»Logo! Dass das für mich kein Problem ist, ist ja hoffentlich selbstverständlich. Ich hoffe, es ist auch keins für dich.«

»Nein!«, erwiderte ich im Brustton der Überzeugung.

Ich meine, mal ehrlich, nach 15 Jahren Ehe schlägt man ja auch nicht mehr als eng umschlungenes, knutschendes Pärchen auf. Und für mich war es sowieso noch nie ein Problem, irgendwo allein aufzukreuzen

Ich sollte an diesem Abend aber lernen: Für andere *ist* es scheinbar ein Problem.

Abgesehen davon, dass ich ohnehin optisch gar keinen Vamp abgebe, war ich zu dieser Feier alles andere als »aufgetakelt«.

Natürlich machte ich mich im Rahmen meiner Möglichkeiten für den Geburtstag schick, aber ich tauchte da wirklich nicht besonders reizvoll auf. Und ich schwöre Ihnen, ich habe auch keinen verheirateten Mann angebaggert.

Trotzdem hatte ich das Gefühl, von den allermeisten Frauen wie ein gefährlicher Virus angesehen zu werden. Wie früher mit 17, wenn man sein Revier verteidigen wollte. Auch ohne mit den Ladys eng befreundet gewesen zu sein, muss ich Ihnen gestehen: Das hat mir wehgetan. Dieses klare Zeichen: Du bist keine mehr von uns. Du bist keine verheiratete Frau mehr. Du bist jetzt eine Gefahr. Autsch. Wäre mir das mit einer Freundin passiert, hätte ich das Gespräch gesucht, so suchte ich nur die Türe. Ich verließ die Party um eine für mich völlig fremde Uhrzeit: 22 Uhr.

Was ich aus diesem Ereignis gelernt habe und was es in diesem Buch zu suchen hat?

Dass in unserer Gesellschaft ungeschriebene Gesetze unterwegs sind. Und dass es wichtig ist, darüber Bescheid zu wissen. Sie sind vielleicht nicht nur ungeschrieben, sie sind sogar unbewusst. Denn keiner einzigen dieser Frauen unterstelle ich eine bewusste, böse Absicht. Vielleicht ist es eher unser ewiger Drang nach Interpretation der Geschehnisse. Letztlich bestimmen doch meine Gefühle, oder besser: meine Gefühlslagen, wie selbstbewusst und schlagfertig ich mit diesen ungeschriebenen Gesetzen umgehe.

Denn mal ehrlich, meine Damen. Wer sagt denn, dass das Ganze nicht nur auf meiner persönlichen Wahrnehmung basiert?

Vielleicht war ich an diesem Tage einfach so schwer porös, weil es für mich tatsächlich die erste Party ohne meinen Mann war. Und zwar nicht die erste Party, auf die ich ohne ihn gegangen bin. Sondern die erste Party, nachdem wir kein Ehepaar mehr waren. Und die wohl wichtigste Lehre, die ich daraus gezogen habe, ist:

- Glaube nicht alles, was du denkst!

Und den Satz packen wir gleich mit in den Werkzeugkoffer für den Weg zum Glück.

Wir können für die Suche nach Glück nämlich das Pferd auch von hinten aufzäumen. Wie bei »Wer wird Millionär?«: nach dem Ausschlussprinzip. Lassen Sie uns doch mal das anschauen, was uns definitiv NICHT glücklich macht.

Dazu gehört definitiv, wenn Sie mich fragen, wenn wir alles glauben, was wir denken.

Ach du je! Wo käme ich da hin? Wenn jedes meiner Hirngespinste, und glauben Sie mir, ich habe davon viele, wahr wäre? Dann wäre ich ein zutiefst verunsichertes Wesen ohne Freunde, das in einem dunklen Loch lebt. Oder gar schon tot.

Ich kann nun mal wirklich nicht ausschließen, dass das beschriebene Verhalten der Ladys an dem besagten Abend sich nur in meinem Hirn abgespielt hat. Dass es nur *meine* (getrübte) Wahrnehmung (wir kommen später noch ausführlich darauf zu sprechen) war. Zumindest aber können wir festhalten, dass die »Wahrheit« irgendwo dazwischen liegt. Es wird eine Graustufe sein. So wie vieles im Leben eine Graustufe ist.

Ich hasse Schwarz-Weiß-Denken. Richtig oder falsch?

Entscheiden Sie sich jetzt! Fleischesser oder Veganer? Dieselauto oder Fahrradfahrer? Konformer Nicht-Denker oder Corona-Verleugner?

Die seltensten Lösungen kommen einfach daher und ganz frustrierend wird es dann, wenn es gar keine lösungsorientierte Antwort gibt. Sondern nur Meinungen.

Was mir hilft: Gespräche von Auge zu Auge. Von Mensch zu Mensch. Denn, siehe da, es sind noch seeeehr viele denkende, abwägende und differenzierte Menschen »in echt« unterwegs. Wenn man sich hingegen in der virtuellen Welt umschaut, scheint es überall und für jedes Thema Lager zu geben. Und von

»Differenzierung« hat Online überhaupt noch nie gehört. Ich erspare mir mittlerweile darum, mir übers Netz eine Meinung anlesen oder sie festigen zu wollen. Die Kommentarspalte in den Social Media hat in einem Buch übers Glück nix zu suchen, wenn Sie mich fragen. Zum Glück.

Wir schweifen ab. Komisch, kennt man gar nicht von mir.

Zurück zu dem, nicht alles glauben zu müssen, was man denkt. Meine Kinder dürften, wenn ich meinen Gedanken immer Glauben schenken würde, gar nichts mehr allein und würden von mir in einen Glaskasten gesetzt, bis sie 33 sind, und meine Freunde fänden mich alle doof.

Wie lange hat es gedauert, bis ich endlich kapiert habe, dass das, was sich in meinem Kopf abspielt, *nicht* die Realität ist. Es sind nur meine Gedanken. Nicht mehr. Aber eben auch nicht weniger.

Es ist ja so: Das, was wir in unserem Kopf hin und her bewegen, ist nichts anderes – *kann* nichts anderes sein –, als das, was wir in unserem Leben bereits gesehen, gehört, gelesen, erlebt haben. Nichts darüber hinaus. Wir denken nichts, was uns noch nie begegnet ist, womit wir noch nie in Berührung gekommen sind. Alles, was wir denken, beruht sozusagen auf unserer Vergangenheit und dem, wie wir sie anwenden in Bezug auf unsere Gegenwart. Das bedeutet im Umkehrschluss auch: Wir können schwer auf neue Ansichten oder Lösungen kommen, wenn wir sie noch gar nicht kennen, sprich, nicht erlebt haben oder von ihnen wissen. Seien wir darum etwas nachsichtig mit uns selbst und unseren »falschen« Annahmen: Wir wissen es einfach im wahrsten Sinne des Wortes (noch) nicht besser.

Und diese Gedanken, die sind tagesformabhängig. Ich schwanke zwischen Weltherrschaftsplänen und Selbstzweifelsuizid.

Diese Fähigkeit, ich nenne sie einfach mal »lebhafte Fantasie«, muss man von zwei Seiten sehen: Einerseits benötigen gerade Selbstständige oder Kreative diese Eigenschaft ganz besonders.

Wir müssen Visionen haben. Alle großen Erfindungen wurden so auf den Weg gebracht. Es gab immer einen Verrückten und alle anderen, die riefen: »Das klappt eh nicht!«

Ohne diese »lebhafte Fantasie« könnten wir nicht fliegen, geschweige denn auf dem Mond herumspazieren, es gäbe keine Handys, geschweige denn schicke iPhones oder aber medizinischen Fortschritt.

Ich habe ein paar Menschen in meiner Umgebung, bei und mit denen gehört das Luftschlösserbauen zur kreativen Phase dazu. Die Überlegung, was alles möglich wäre. Wie viel man noch in petto hat. Während der heißen Coronaphase waren Gespräche dieser Art übrigens mein rettender Anker. Als man täglich zwischen »Es wird alles gut« und »Ich bin völlig im Eimer« schwankte. Als mir jegliche Arbeitsgrundlage entzogen worden war und man sich als Künstlerin plötzlich neu erfinden musste. In solchen Momenten im Leben gilt es dann, die eigenen Fähigkeiten abzuklopfen.

Dann gilt es, imaginäre Wolkenschlösser zu bauen, was das Zeug hält!

Ob ich im Anschluss alles umsetze, was ich mir so zusammengedacht habe, sei dahingestellt. Aber es sind jedenfalls neue Türen, die ich mir baue. Ich beflügele meine Kreativität und stelle alle meine Möglichkeiten in einer Reihe auf.

Ja, das macht mich glücklich. Rettete mich aus der ein oder anderen Panikattacke.

In meinen Werkzeugkoffer für den Weg zum Glück packe ich:

- Nennen Sie es »Brainstorming der eigenen Soft Skills«. Und jetzt wollen wir mal genauer hinschauen, was da aus *Ihnen* rauszuholen ist

Für Ihr Glücksbuch

Stellen Sie sich dazu folgende Frage (die Antwort schreiben Sie gerne in Ihr Glücksbuch):
Was wollten Sie schon immer mal machen (und lassen wir dabei das, warum Sie es nicht machen, mal völlig außer Acht)? Beruflich zum Beispiel? Wofür schlägt Ihr Herz?
Schreiben Sie es auf!
Lassen Sie uns Wolkenschlösser bauen!

Und dann überlegen Sie:
Warum schlägt Ihr Herz genau für diese Idee?
Und dann:
Warum beginnen Sie nicht heute damit, es in die Tat umzusetzen (es kann ja in kleinen Portiönchen sein)?
Und zu guter Letzt:
Steht es Ihrem Glück im Wege, dass Sie es nicht machen? (Womit wir wieder bei dem wären, was uns nicht glücklich macht.)

Von der anderen Seite des Ufers der Wolkenschlösser winkt uns nun aber die Kehrseite der Medaille zu. Die andere Seite der »lebhaften Fantasie«. Ich nenne es: das panische Kopfkino.
Genauso gut und schnell, wie ich mich quasi bis zur Weltherrschaft gedacht bekomme, schaffe ich es, mich – nur mit meinem Kopf! – bis ins Grab zu denken. Der treue Begleiter hier: Angst.
Man gebe mir: Angst, Zeit und meine Fantasie und ZACK – bin ich ganz schnell bei meiner eigenen Beerdigung angelangt.
Denn allein aufgrund der Kraft der Gedanken wird ein Muttermal zum nicht mehr heilbaren Hautkrebs. Die Kritik der Lektorin an einem Kapitel zum »Mich will eh keiner mehr lesen« und ein pubertierendes Kind stellen meine gesamten Fähigkeiten als Mama infrage.

Was hier hilft: sich informieren und Humor.

Mein Arzt sagte mal zu mir: »Informationen sind die Schnuller des Erwachsenen. Sie beruhigen uns wieder.«

Aber um das Hirn überhaupt wieder für das Nuckeln an einem Schnuller zugänglich zu machen, brauche ich manchmal eine gehörige Prise Humor.

So hat mir damals die folgende Ansprache sehr geholfen:

»Wovor haben Sie denn die meiste Angst, Frau Staudinger?«

»Dass ich sterbe.«

»Das werden Sie. Aber nicht heute. Sondern, wenn es gut läuft, irgendwann an Altersschwäche.«

Heute weiß ich, dass ich ständig zwischen »zu Tode betrübt« und »himmelhoch jauchzend« schwebe.

Macht mich das glücklich? Nicht wirklich. Ich empfinde es eher als anstrengend. Aber auch das drehe ich mir so lange, bis es passt. Und dann kommt das dabei heraus: Im Umkehrschluss heißt es ja nur, dass ich viel *fühle*. Und das kann nicht verkehrt sein.

In meinen Werkzeugkoffer für den Weg zum Glück packe ich also:

- sich aufgeklärt und bei den richtigen Stellen informieren

Beide beschriebenen Seiten der »lebhaften Fantasie« haben eines gemeinsam:

Sie passieren NUR im Kopf.

Das wiederum bedeutet: Aus der Angst komme ich mittels Gedanken auch wieder raus. Aber ins echte Schloss, dahinein komme ich nicht mit der reinen Kraft der Gedanken, dafür muss ich auch handeln.

Denk dich glücklich!

Aber vor dem Handeln, vor dem »Ins-Tun-Kommen«, steht etwas. Im Zweifel die innere Ansprache: »Attacke!« Jetzt fragen Sie sich sicher: Wie aber bekomme ich mich in diesen Modus? Und wovon, zum Teufel, reden wir hier überhaupt?

Ich will nicht allzu sehr ins Philosophische abdriften, aber es scheint so, dass das, was wir schon so oft gehört haben, tatsächlich stimmt:

Unsere Gedanken beeinflussen unser Handeln.

Wie anstrengend. Wie unglaublich anstrengend!

Denn wer ist für unsere Gedanken verantwortlich? Wir ganz allein. Dafür können wir gar niemand anderen verantwortlich machen.

Andererseits: Wir allein sind es auch, die unsere Gedanken bestimmen und also auch ändern können.

Unser Mindset immer positiv zu stimmen, ist allerdings eine Mammutaufgabe.

Ich habe mich darangemacht. Täglich aufs Neue, um ehrlich zu sein.

Und jetzt verrate ich Ihnen, was mir dabei geholfen hat: die schlichte Einsicht, dass unser Mindset gar nicht *nur* positiv sein muss.

Sie müssen nicht immer »gut drauf« sein.

Ich muss nicht immer positiv denken. (Weil ich mit dem Wort »müssen« ohnehin gar nicht gut kann.)

Ich bin der festen Überzeugung: Wir müssen einfach *zulassen*.

Als der vierte Mensch nach meiner Diagnose mir damals aufmunternd lächelnd ins Gesicht sagte:

»Du musst immer schön positiv denken!«, da hätte ich denjenigen am liebsten in seinen Popo getreten – ganz positiv, versteht sich.

Manchmal ist eben einfach alles scheiße. (Ich hoffe, die Lektorin lässt mir das drin!) Und das darf man doch auch mal denken (und schreiben und sagen).

Ich habe noch sehr viel Kontakt zu brustkrebsbetroffenen Frauen und wenn eine Zweifach-Mama im Stadium IV einen Abschiedsbrief an ihre Kinder schreibt, kann ich das nicht mit dem Appell »Denk positiv!« auffangen.

Dieser Zustand lässt sich nur noch ertragen.

Aber für die Dinge, die wir im Leben ertragen müssen, gibt es etliche Techniken. Viele finden Sie in diesem Buch wieder, von einigen anderen mehr habe ich in der »Stehaufqueen« geschrieben.

Es gibt also Situationen im Leben, da ist es mit dem positiven Denken nicht getan. Da ist es schlicht unmöglich und unangebracht. Zumindest als Ratschlag von außen.

Dennoch lässt sich sagen – und das gilt vor allem für die »normalen« Alltagsleiden: Unglücklicherweise ist es nun mal so, dass uns negative Gedanken nicht ins Tun bringen.

Wenn Sie »Ich schaffe es eh nicht regelmäßig und was bringt schon einmal Joggen in drei Wochen?!« denken, werden Sie die Laufschuhe vermutlich niemals anziehen, geschweige denn loslaufen.

Sie können es drehen und wenden, wie Sie wollen: Unsere Gedanken stehen bei allen Techniken, die wir im Folgenden besprechen, an Nummer eins.

In meinen Werkzeugkoffer für den Weg zum Glück packe ich:

- Lass deine Gedanken nicht unbeaufsichtigt

Für Ihr Glücksbuch

JETZT SIE!
Übung: »Glücklich? Denkste!«

*Wir kennen das alle. Mal hast du gute Tage, mal schlechte.
Mal bist du optimistisch gestimmt, mal siehst du alles schwarz.*

*Bitte überlegen Sie einmal: Was zeichnet die Tage aus, an denen Sie
optimistisch sind? An denen Sie »Jawohlllll – ich schaffe alles, was
ich will!« denken? Wie unterscheiden sie sich von den Tagen, an
denen Ihnen nicht danach zumute ist?*

*Wenn Ihre Antwort lautet:
»Wenn die Sonne scheint, habe ich gute Gedanken«, dann kommen
Sie bitte noch mal rein.
Ich erinnere Sie sonst gerne an Karl Valentin, der sinngemäß sagte:
Freu dich lieber über den Regen, denn wenn du dich nicht freust,
regnet es ja trotzdem.
Kurzum: Das Wetter haben wir nicht in der Hand. Eine der wirk-
lich ganz wenigen Sachen. Und ob die Sonne scheint oder nicht,
bekommen wir auch mit keiner Selbsthilfetechnik in den Griff.
Was aber haben wir in der Hand?
Unsere Einstellung zum Wetter. Unsere Einstellung zu allem, was
um uns herum geschieht.
Und das ist doch eine ganze Menge.
Keine Frage: Natürlich ist ein Sonnentag etwas ganz Wundervolles
und ja, auch Vitamin D ist wichtig für's Gemüt. Aber: Wenn wir
wirklich unser Glück in die Hände des Wetters legen wollen, ich
glaube, dann kommt jede Hilfe zu spät.*

*Lassen Sie es uns ein wenig anders machen. Ich möchte, dass Sie
tiefer gehen. Bitte, und das muss nicht heute sein, beobachten Sie
sich und antworten Sie dann auf folgende Frage:*

Was lässt Ihre Gedanken fliegen?
Erstellen Sie eine Liste mit Dingen, die Ihren Tag und Ihre Gedan-
ken gut werden lassen.
Sammeln Sie diese Dinge einfach, sie müssen Ihnen nicht alle mit
einem Mal einfallen.
Darauf werden wir im Laufe des Buches immer mal wieder zu
sprechen kommen.

Nünanüna!

Bis ich so Anfang dreißig war, lebte ich mit der naiven Vorstellung, dass das Leben planbar wäre. Dass man nur die Weichen stellen muss und dann läuft das schon irgendwie. Und geplantes Glück, das hieß für mich damals: zwei kleine, gesunde Jungs, ein kleines, voll finanziertes Häuschen in der Vorstadt, samstags Rasen mähen und sonntags frisch gebackener Kuchen. Wenn ich heute auf mein Ich von damals schaue, dann weiß ich: Ich habe mir gar keine tiefgründigen Gedanken über das Glück gemacht. Oder ob das Leben, welches ich damals führte, wirklich das ist, das ich leben wollte. Das Leben war mehr so vordefiniert nach dem Motto: So lebt man eben. Mann, Kind, Haus und Hund. Fertig. Mehr hast du nicht zu wollen. Als Frau schon mal gar nicht.

Mein Job fraß mich zur damaligen Zeit auf. Gar nicht das Arbeitsvolumen, sondern seine Sinnlosigkeit. Ich habe das, was ich gemacht habe, gut und eigentlich auch gerne gemacht, aber mir hat – rückblickend betrachtet – einfach der Sinn in meiner Arbeit gefehlt. Das bekam ich aber gar nicht mit, weil ich zu sehr damit beschäftigt war, mir und meiner Umwelt zu erklären, dass ein Vollzeitjob mit zwei Kindern und täglich Drei-Stunden-im-Stau-Stehen echt überhaupt kein Ding sei und jeder, der was anderes behauptete, nur »rummemmen« würde.

Ich war in diesem Hamsterrad gefangen, in dem nicht wenige Menschen in den sogenannten Rushhour-Zeiten des Lebens festhängen. Immer begleitet von dem Gefühl, da zu fehlen, wo man gerade nicht ist, etwas zu verpassen, weil man es gerade nicht tut, und nie genug zu sein. Nicht genug als Arbeitskraft, nicht genug als Mama, nicht genug als Haus- und Ehefrau, nicht genug als Freundin, nicht genug als Joggerin.

Im Prinzip habe ich Löcher gestopft. Jeden Tag. Das ganze Jahr über. Mit genussvollen Tagen, mit Lebengenießen, hatte diese Phase nichts zu tun. Und ich frage mich ernsthaft, warum ich das damals nicht »gespürt« habe.

Irgendwann habe ich es dann mit aller Wucht zu spüren *bekommen*. Weil sich ein Alarmsignal gemeldet hat. Und damit meine ich nicht den Krebs, der kam erst später. Nein, ich fand ein Ventil, das den Alltag erträglich gemacht hat. Mit dem ich zu Hause schneller lockerlassen konnte.

»Hatte ich dich nicht gebeten, ihn kalt zu stellen? Warm schmeckt der nicht!«, pflaume ich meinen Mann etwas heftiger an, als ich es eigentlich vorhatte.

»Habe ich vergessen, sorry«, antwortet mein Mann.

»O Mann! Gut, trinke ich ihn halt so«, gebe ich versöhnlich bei.

Gemeint war das damalige Kultgetränk Hugo. Der half mir nämlich, abends, nach diesen Horrortagen, schneller runterzukommen. Und diese Entwicklung kam schleichend.

Ich kenne es aus meiner Kindheit nicht, dass zu Hause Alkohol getrunken wird. Mein Vater hat, wenn überhaupt, samstagabends mal ein kaltes Bier zur Sportschau getrunken. Auch haben sich meine Eltern keinen »schönen« Rotwein am Abend aufgemacht. Alkohol gab es nur zu Partys oder bei Karneval. Ich kannte Alkohol nicht als Runterholer, sondern nur als Stimmungsaufputscher. Wenn ich trank, ging ich danach immer tanzen. Dass er so sehr zur Entspannung beitragen kann, das erfuhr ich erst in dieser Zeit.

Der Usus also, sich abends Alkohol zu gönnen, wofür auch immer, war mir neu. Den habe ich aus mir ganz allein heraus entwickelt.

Vielleicht war daher auch meine Faszination an dieser Sucht so groß.

Und es war noch dazu so einfach. Man bekommt Alkohol überall, man wird eher schief angeschaut, wenn man ihn nicht trinkt, und von Risiken und Nebenwirkungen spricht überhaupt gar niemand.

Mit meinem Hugo also entspannte ich mich, wenn ich abends heimkam. Ich war wie auf Knopfdruck nicht mehr gereizt und konnte mich ad hoc den Kindern zuwenden. Ohne diesen aber brauchte ich eine ganze Weile, um meinen Stau-Job-und-der-Haushalt-geht-auch-baden-Frust abzuladen. Da war das Runterspülen um einiges schneller und auch familienfreundlicher.

Gott sei Dank war das nur eine sehr kurze Phase, wenn ich sie auch mit aller Deutlichkeit zu spüren bekam. Knappe zwei Wochen habe ich das gemacht: jeden Abend ein Glas Hugo, manchmal auch zwei.

Jetzt werden vielleicht einige von Ihnen denken: *Ja und, was ist denn schon dabei?*

Vielleicht nichts. Aber für mich war das ein sehr deutliches Alarmsignal.

Weil: Was steckt dahinter?

Dahinter *ver*steckt sich eine Frau, die mit ihrem Alltag nicht mehr zurechtkommt und die es, zum damaligen Zeitpunkt, noch nicht gelernt hat, auf andere Mechanismen zurückzugreifen. Es ist ja nicht so, dass ich diese »Stress-Phasen« heute gar nicht mehr habe, aber ich besitze mittlerweile andere Werkzeuge, um mich da wieder rauszuholen. Wenn ich heute nach einer langen Tour heimkomme, 1000 Kilometer Fahrt hinter mir habe, dann rufe ich kurz vor meiner Ankunft zu Hause an und sage:

»Ihr Mäuse, ich bin gleich da, aber noch nicht sozial kompatibel. Ich gehe noch 30 Minuten in den Wald.« Und das mache ich dann wirklich. Es ist für alle Beteiligten besser, glauben Sie mir.

Aber damals besaß ich diesen wertvollen Werkzeugkoffer, den wir uns gemeinsam mit diesem Buch erarbeiten, noch nicht. Woher hätte ich den mit Anfang dreißig auch haben sollen? In dieser Phase hat frau doch in erster Linie zu funktionieren. Sie erinnern sich an das vorvorherige Kapitel? Genau.

Ich wollte auf keinen Fall also eine Frau sein, die ihren unglücklichen Alltag im Alkohol ertränkt. Das klingt vielleicht etwas überdramatisch, aber fängt es nicht immer so an? Mit dem Wunsch, die Realität zu verwischen? Ich meine, ich habe keinen vierzig Jahre alten Wein genossen und ihn mir auf der Zunge zergehen lassen. Nein, ich habe den Hugo vom ALDI manchmal in Zimmertemperatur in mich reingegossen.

Das Alarmsignal kam übrigens von ganz allein und nicht von außen. Es war plötzlich mein Bauchgefühl, das sich im Stau meldete. Als ich wieder mal wertvolle Lebenszeit im Auto verbrachte und so über dies und das nachdachte.

Da kam mir der Gedanke *Was machst du hier eigentlich?* wie von selbst.

Die Glücksfrage, die ich mir damals stellte:
Macht dich das Leben, das du gerade führst, glücklich?
Die Antwort folgte auf dem Fuß und war nicht zu diskutieren. Und dann, meine Damen, ja, dann wurde es kniffelig. Denn wenn die Antwort »Nein« lautet (wie bei mir damals), ist die Folgefrage unweigerlich:
Warum lebst du es dann so?

Die Antworten darauf, die können in zwei Richtungen gehen:

1. Das sind die Es-sind-die-anderen-schuld-Antworten

In diese Kategorie reihen sich Ausreden ein wie:
- Ich würde ja gerne, aber …
- Ich möchte so gerne, aber …
- Ich muss dieses …
- Ich muss jenes …
- Wenn erst mal *das* passiert ist, dann könnte ich vielleicht …
- Die Nachbarin ist schuld, dass …

- Mein Partner ist schuld, dass ...
- Meine Kinder sind noch so klein ...

Um nur ein paar zu nennen. Ich kenne sie alle. ALLE! Aus sämtlichen Lebensbereichen. Bis hin zum Abnehmen.

Diese Antworten, oder besser: Ausreden führen nicht zur Zufriedenheit, erst recht nicht zum Glück. Das sage ich Ihnen.
Entweder wir jammern oder wir ändern etwas. Und wenn wir nichts ändern können, dann müssen wir in dem das Glück finden, was wir haben, und auch wieder: aufhören zu jammern. So einfach ist das. Erzählen Sie mir nichts anderes. Ich habe es getestet. Alles.
Wenn wir das erkannt haben, wenn wir einsehen, dass wohl niemand mit einer Dose Glück im Abonnement an der Türe klopfen wird, dann könnten die Antworten vielleicht so aussehen:

2. Und in diese Kategorie fallen die Ich-habe-es-in-der-Hand-Antworten
- Mir gefällt nicht, dass ich jeden Tag ins Büro muss. Ich würde gern auch mal Homeoffice machen. Ich habe überlegt, wie ich das meinem Chef verkaufen kann, und ICH bringe den Mut auf, es ihm morgen vorzuschlagen.
- Mir gefällt nicht, dass der Haushalt so den Bach runtergeht, aber ich erkenne, dass ich *einen* Tod sterben muss. Und da ich mir gerade keine Haushaltshilfe leisten kann, bin ICH ein bisschen nachsichtiger mit mir selbst.
- Die vielen Überstunden machen mich fertig, aber es handelt sich um eine absehbare Zeit und ICH kneife jetzt einfach mal die Popobacken zusammen und halte durch. Und während ich durchhalte, bin ich ganz nebenbei auch noch dankbar für meinen Job.
-

So ist das mit den Alarmsignalen: Sie führen uns (hoffentlich!) zu dem Punkt, an dem wir etwas ändern müssen und wollen. Jetzt kommt es nur noch darauf an, was möglich ist.

Erinnern Sie sich an die Fragen, die ich Ihnen am Anfang des Buches gestellt habe?

Eine davon war: »Was hindert mich daran, auf der Glücksskala weiter oben zu stehen?«

Für Ihr Glücksbuch

Und nun schauen Sie sich Ihre Antworten im Glücksbuch (und hier ist egal, ob es Es-sind-die-anderen-schuld-Antworten oder Ich-habe-es-in-der-Hand-Antworten sind) genau an. Und sortieren Sie nach:

Was davon habe ich in der Hand und kann es verändern?
Was habe ich nicht in der Hand und kann es also auch nicht verändern?

Wie können uns Alarmsignale also zum Glück verhelfen?
Indem wir sie wahrnehmen.
Aber Achtung: Der Grat zwischen Aufmerksam-auf-sich-Hören und Sich-Überdenken, der ist schmal!

In meinen Werkzeugkoffer für den Weg zum Glück packe ich:

- Werde wach bei Alarm

Ich hab das im Gefühl

Ich fliege nicht gerne. Ist mir zu hoch, zu weit weg vom Boden und auch eine Spur zu viel vom »Ich gebe mein Leben in andere Hände«-Gedöns. Ich habe Angst vor Terror, 'nem Getriebeschaden, einer Schar Fluggänse in der Turbine und was weiß ich noch alles.

Ab und an komme ich aber nicht drum herum.

Hinzu kommt: Ich lasse mir nichts mehr wegen irrationaler Ängste nehmen. Irrational deswegen: Ich fahre ja auch Auto. Und ich gehe auch sonst vor die Türe … All das ist mit einem Risiko verbunden. Am kleinsten ist noch das beim Fliegen. Die Statistik ist eindeutig. Daher muss ich mir selbst eingestehen: Du bist bekloppt. Jetzt flieg!

Spätestens am Gate fange ich an, meine Mitreisenden auf mögliche Terrorzugehörigkeiten zu überprüfen. Die Maßstäbe, die ich hier zugrunde lege, beruhen in erster Linie auf fundierten Hirngespinsten.

Neulich erst hatte ich mal wieder so einen möglichen Terroristen ausfindig gemacht und es erschloss sich mir einfach nicht, dass die erfahrenen Flugbegleiterinnen keinen Blick dafür zu haben schienen. Der Attentäter saß dann zwei Reihen vor mir im Flieger. Ich konnte ihn durch die Sitze beobachten. Und das tat ich. Nach dem Start packte er seinen Laptop aus und darauf erschien eine Art Matrix wie früher in dem Film: Grüne Zeichen liefen in einer wahnsinnigen Geschwindigkeit den Bildschirm runter. Außerdem schaute er sich immer wieder so gehuscht nach hinten um. Als erwarte er irgendwas.

Vielleicht, dass ich dazwischengehe.

Mir schnürte es die Kehle zu.

Dem Herrn neben ihm kam das anscheinend auch suspekt vor,

denn er ging nach vorne und bat eine Flugbegleiterin um ein Gespräch. Die zwei verschwanden hinter einem Vorhang und linsten gemeinsam zu der verdächtigen Person. Da war ich ganz sicher. Daraufhin … nahm der Flugbegleiter das Telefon zur Hand!

Ab da bekam ich nur noch die Hälfte mit, denn ich war schon (wieder) bei meiner Beerdigung.

Ob wohl auf meinem Grabstein stehen würde: »Zweimal überlebte sie den Krebs, dann fiel sie einem Attentat zum Opfer«? Ich konnte vor Angst kaum mehr atmen und beneidete all die Passagiere, die diese Ader für ihren bevorstehenden Tod offenbar nicht besaßen. *Was für ein Glück, wenn man ein unsensibler Klotz ist,* dachte ich in dem Moment, *dann sieht man das Unheil wenigstens nicht kommen und leidet nur ganz kurz.*

Mitten in dieser Nahtoderfahrung spürte ich plötzlich, wie der Flieger aufsetzte. Alle standen auf und wühlten in der üblichen Hektik – aber nicht mehr als üblich – ihr Handgepäck heraus. Auch ich griff mein Gepäck und bedankte mich beim Rausgehen für den guten Flug. Dass ich noch lebte, nahm ich dann erst draußen so richtig wahr.

Ganz ehrlich, meine Damen: Ich habe keine Ahnung, was ich da im Flieger beobachtet hatte, aber ein Terroranschlag war es ganz offensichtlich nicht. Der potenzielle Attentäter war am Ende nur ein Berliner Hipster, der von seiner Frau und seinen zwei kleinen Töchtern vom Airport abgeholt wurde.

Also Achtung: Manchmal ist ein augenscheinliches Alarmsignal – wie in obigem Beispiel mein Bauchgefühl – eben doch nur eine Spinnerei! Dann wird aus »Ich hab das im Gefühl« eben: Manchmal trügt mich mein Gefühl.

Aber woran merken wir das?

Vermutlich ist es mit ein bisschen Erfahrung im Bauchgefühl-Erspüren getan und – darüber werden wir noch zuhauf reden – mit Selbstreflexion.

Denn in dieser Geschichte zählt einmal mehr: Glaube nicht alles, was du denkst!

Der Weisheit letzter Schluss scheint also genau zwischen »Auf Alarmsignale achten« und »Glaube nicht alles, was du denkst« zu liegen.

Und wie bekommen wir diese Brücke nun gebaut?

Mit einer ganz wundervollen Technik, die bisher schon in jedes meiner Bücher Eingang gefunden hat: Humor.

Ich habe auch das im Gefühl. Nicht.

Nach einem Auftritt im hohen Norden gönne ich mir an der Hotelbar noch einen Absacker. Ich bin ausnahmsweise allein unterwegs und betrinke mich daher auch allein. Das heißt, so ganz allein bin ich nicht, denn in ebenjenem Hotel findet ein Ärztekongress statt. Als frischgebackene Single-Frau denke ich: *Ach, schau dir doch mal an, was so dabei ist …*

Ich sag Ihnen, was dabei war: eingebildete, selbstverliebte und von zu Hause losgelassene weiße Männer. Tatsächlich: unangenehm. Von denen wurde ich abgecheckt wie Frischfleisch, dabei wollte doch endlich mal *ich* diejenige sein, die diesen Part übernimmt. Sagen wir's, wie es ist: grandios gescheitert.

Ich will mir davon aber meinen Drink nicht nehmen lassen und setze mich lieber an die Theke, zu einem ganz fantastischen Barkeeper. Ich trinke einen Gin Tonic, hole mein Buch heraus und ignoriere die eingebildete, äh, gebildete Herrenschar.

Plötzlich taucht eine wunderschöne, aber seeeehr zurechtgemachte Lady auf. Im kleinen Schwarzen, mit High Heels, grellrot geschminkten Lippen und rot lackierten Fingernägeln.

Sie ruft dem Barkeeper zu: »Hey, John!«

»Hey, Liebes! Sorry, dein Tisch ist heute besetzt. Ich wusste nicht, dass du noch kommst.«

»Ich auch nicht. Der letzte Kunde hat so viel Zeit in Anspruch genommen.«

Ach guck, denke ich, *eine Prostituierte.*

Klar, bei einem Kongress haben die natürlich gut zu tun.

Meine Damen, ich schreibe das hier bitte ohne den Hauch von Überheblichkeit!! Ganz im Gegenteil. Auch wenn dieser Beruf nicht in meine engere Wahl fallen würde, wer wäre ich, darüber zu richten?

Ich fand es aber großartig, wie offen in diesem Hotel damit umgegangen wurde, denn es war ein wirklich gutes Hotel.

»Vielleicht magst du dich zu der Lady setzen, bis dein Platz frei ist?«

»Wenn Sie nichts dagegen haben?«, richtet sie ihre Frage direkt an mich.

»Natürlich nicht«, entgegne ich, denke aber tatsächlich: *Mmmmmmmmmmmmhhhh, nicht dass man denkt, ich sei eine Kollegin und die Herren hätten die Wahl.*

Ja, Kinders, ich kann doch auch nix für meine Gedanken.

Sie setzt sich also und quatscht ganz offen mit John.

Ich werde natürlich Zeugin des Gesprächs:

»Seid du und Jenny letzte Woche noch gut heimgekommen?«

»Klar! Das war aber auch ein krasser Abend.«

»Hab ich mir gedacht. Sah auch vielversprechend aus. Jenny kommt heute nicht?«

»Nee, sie hat noch 'nen Kunden. Das dauert länger …«

In meinem Hirn passte alles so wunderbar zusammen.

Ich habe nicht nur ein Händchen für Terroristen, nein, auch für das älteste Gewerbe der Welt.

»Das Buch, das Sie da lesen, habe ich auch schon durch. Gefiel mir gut«, wendet sie sich auf einmal wieder an mich.

»Was für ein Zufall. Ja, es gefällt mir auch sehr. Man kann nur hoffen, dass das alles nie passiert.« Ich las »Der Wal und das Ende der Welt«, eine Geschichte, in der ein Grippevirus die ganze Welt lahmlegt. Reine Science-Fiction, sag ich Ihnen.

Und zack, kommen wir ins Gespräch.

»Was machst du beruflich?«, fragt sie mich nach dem ersten gemeinsamen Gin Tonic.

Ich traue mich kaum zu antworten, weil dann unumgänglich ist, dass ich die Frage zurückgeben muss. Aber: Ich antworte. Und traue mich:

»Und du?«

»Ich bin Kundenberaterin bei einer Bausparkasse. Ich betreue die sogenannten VIPs. Die dürfen sich die Zeiten aussuchen, was dazu führt, dass ich oft bis spät am Abend arbeite.«

Aha.

»John ist mein Cousin. Und Patenonkel von meinen drei Kindern.«

»Stimmt genau, Schätzchen«, stößt John kurz dazu.

Noch mal aha.

Drei Kinder? Da schau her.

Ich verschlucke mich an meinem Gin Tonic.

»Alles okay? Haben dich jetzt die drei Kinder schockiert? Wenn es dich tröstet: Sie sind alle von einem Mann«, lacht sie.

Ich schüttele den Kopf und antworte noch etwas hüstelnd: »Abgesehen davon, dass ich mich frage, wer die Kinder bekommen hat bei deiner Figur, finde ich das toll. Und verschluckt habe ich mich an meiner eigenen Voreingenommenheit. Ich traue mich gar nicht zu sagen, was ich dachte, was du arbeitest«, gestehe ich.

Sie guckt sich um. Sie guckt an sich runter. Und beginnt schallend zu lachen.

»Du dachtest, ich sei aus ›professionell-beruflichen Gründen‹ hier?«

»Um ehrlich zu sein, ja.«

»John, hast du das gehört?«

Wir drei lachen zusammen und stoßen gemeinsam an.

»Dafür warst du aber nett und offen zu mir.«

»Warum auch nicht? Aber wenn wir uns nicht unterhalten hätten, wäre ich mit dieser Unwissenheit schlafen gegangen.«

»Weißt du, in meinem Job unterliege ich gewissen modischen Regeln. Außerdem ziehe ich mit drei Kindern auch nicht regelmäßig das kleine Schwarze an. Immer wenn John Dienst hat, nutze ich das darum aus. Und manchmal kommen noch Freundinnen dazu.«

»Jenny.«

»Genau, Jenny und ich machen uns dann ’nen schönen Abend.«

Und genau das haben wir zwei beziehungsweise drei, mit John, dann auch gemacht. Bis morgens um halb vier.

Wir halten übrigens bis heute Kontakt. Aber wie gerne denke ich an diesen ersten, erhellenden Abend zurück.

Um jetzt – mit einer langen Einleitung – auf die Technik zu sprechen zu kommen, die ich zur Unterscheidung von »Alarm« und »Glaube nicht alles, was du denkst« verwende:

Humor!

Die Fähigkeit, über sich selbst lachen zu können.

Humor öffnet die Schranken zu soooo vielem.

Um bei der Situation zu bleiben: Ich weiß, dass auf meiner »Was kann ich gut«-Seite steht:

Voreingenommenheit.

Ich weiß, dass ich leider dazu neige, gewissen Dingen voreingenommen gegenüberzutreten. Ich fürchte, ich bekomme das nur noch schwer geändert, also bleibt mir, es im Zweifel mit Humor zu nehmen. Oder besser gesagt, die betroffenen Menschen, wie mögliche Terroristen oder Prostituierte, dazu zu bringen, *mich* mit Humor zu nehmen. Und mir selbst mit dieser Fähigkeit den Weg in eine (hoffentlich) glückliche Kommunikation zu ebnen.

Die anderen Auswege gefallen mir nämlich nicht. Da wäre zum Beispiel: Mich über mich selbst ärgern, zu einer solchen Fehleinschätzung gekommen zu sein.

Das empfinde ich als unnötig. Ich bin doch kein FBI-Profiler, von dessen Einschätzung Leben und Tod abhängt.

Der andere Ausweg ist noch schlimmer: Scham! Ein ganz schlimmes Gefühl, wenn Sie mich fragen. Natürlich war es mir ein bisschen unangenehm, Jenny voreingenommen »abgestempelt« zu haben, aber geschämt habe ich mich nicht. Wenn Sie die Soll-Seite auf Ihrer Liste mit Humor nehmen, dann kommen Sie aus jeder Situation gescheiter und eben nicht geschei*tert* heraus.

**In meinen Werkzeugkoffer für den
Weg zum Glück packe ich das Universalmittel:**

• Humor

Und auch wenn ich der beste Beweis dafür bin, dass man mal so richtig falschliegen kann, denke ich trotzdem, dass es im Leben ungemein wichtig ist, sich selbst zu spüren. Und das tut man mit Sicherheit, wenn man eine Situation erlebt wie ich damals an der Hotelbar. Wir kommen unter anderem in dem Kapitel »Das muss ich erst mal verdauen …« (ab Seite 175) noch darauf zu sprechen.

Fühl mal hin

Die Fähigkeit, in sich selbst hineinzufühlen, sich zu spüren – ich glaube, die können wir als Eltern schon bei unseren Kindern fördern. Denn sie ist so, so wichtig.

Mein Kleiner neigt ab und an mal zu Jähzorn und Wutausbrüchen. Das wurde ihm in die Wiege gelegt und gehört meiner Meinung nach zu »Kannste nicht ändern«. Und daher sage ich: Wer weiß, wofür es gut ist?! Mir fällt zwar ad hoc kein Beruf ein, in dem das von Nutzen sein könnte, aber bis er so weit ist, dass er arbeiten geht, hat die Welt sich noch x-mal gedreht.

Was ich aber versuchen kann, ist, ihm klarzumachen, dass sein Verhalten für seine Mitmenschen nicht sooo schön ist, und ihm Wege aufweisen, wie er da herauskommen kann.

»Mama, pass auf, Constantin ist wieder Rumpelstilzchen«, warnt mich der ältere, verständige Bruder vor.

»GAR NICHT, DU VOLLBLÖDI!«

»Siehste …« Max trägt zur allgemeinen Beruhigung nicht unbedingt bei.

Was von drei Jahren Psychologieunterricht in der Schule hängen geblieben ist:

Unerwünschtes Verhalten ignorieren, gewünschtes belohnen.

Der, der das gesagt hat, war garantiert ein Mann, dessen Frau sich um die Kinder gekümmert hat.

Ich versuche es trotzdem und verwende dann meine eben erwähnte Allround-Waffe: Humor.

Rumpelstilzchen stampft in sein Zimmer, schlägt die Türe zu und tobt allein weiter.

Ich lasse ihn für sich und erst, als oben Ruhe eingekehrt ist, gehe ich zu ihm.

»Herr Rumpelstilzchen, darf ich mich zu Ihnen setzen?«
Schweigen. Dafür extrem mürrischer Gesichtsausdruck.

»Die Menschen vom Denkmalschutz haben eben angerufen und mich darauf hingewiesen, dass wir in einem dreihundert Jahre alten Haus wohnen, das schon viel erlebt hat, aber so eine geknallte Türe, die wäre neu. Und sie warnten mich, das Türenknallen würde das Haus wohl zum Einsturz bringen.«

»Gar nicht, Mama, du lügst!«

»Ein bisschen. Was ich aber schon echt toll finde: Sie war nicht so laut geknallt wie das letzte Mal.«

Er grinst ein bisschen.

»Was war los?«

»Mein Bruder …«

»Ich hab nix gemaaaaacht!«, ertönt es prompt aus dem Nachbarzimmer.

»WOOOOOOHL, DU …«

»Ey, Freunde der Nacht!«

Ich muss dazu sagen, dass »Freunde der Nacht« unser Geheimwort für »Ihr kommt ins Heim« ist, daher ad hoc: Ruhe.

Auf jeden Fall taste ich mich langsam, aber bestimmt an Rumpelstilzchen heran und wir überlegen gemeinsam, was er tun kann, wenn er die Wut spürt.

Er hat selbst erkannt, dass ihm ein Hörspiel weiterhilft. Und wenn es ganz arg schlimm wird und er zerstören will, soll er sich nicht an dem alten Haus, sondern an diversen Kuscheltieren auslassen.

»Aber mein Bruder provoziert auch immer«, wirft er noch ein, also wird der zum Gespräch dazugebeten und er verspricht, es nicht mehr zu tun.

»Aber Schatz, nur dass du das schon mal gehört hast: Zu Hause, hier lieben dich alle. Und wir nehmen gerne Rücksicht auf deine Gefühle und wissen, wann wir dich in Ruhe lassen sollen. Aber da draußen in der Welt, da wird das nicht funktionieren. Da gibt es viele Menschen, die keine Rücksicht nehmen und dich extra provozieren werden. Aber bitte merke dir schon jetzt: Das sagt mehr über *die* als über dich aus.«

Hier in der Familie nehmen wir uns also so, wie der liebe Gott uns gebaut hat. Die Basis dafür bildet die Liebe. Wer liebt, der verzeiht auch viel. Und hält viel aus. Meinen Jungs verzeihe ich ohnehin alles. Ich erhoffe mir daraus, dass Constantin lernt, sich selbst anzunehmen, und eine sanfte Selbstansprache finden wird, um mit Reflexion an sein eigenes Verhalten zu gehen. Außerdem erhoffe ich mir, dass wir nicht diejenigen sind, die ein dreihundert Jahre altes Haus zum Einstürzen bringen.

Für diese Art der Reflexion braucht es aber ein gewisses »Feeling«. In diesem Fall: Constantin muss seine Wut überhaupt *bemerken*. Und dazu muss er sich selbst wahrnehmen, einen Zugang zu sich finden, seine Gefühle zulassen, um dann mit ihnen umgehen, auf sie reagieren, um handeln zu können.

Das mag vielleicht esoterisch klingen, aber in dieser Schreibphase ist mir noch mal sehr bewusst geworden, wie häufig sich bei Erwachsenen schwerwiegende Probleme letztlich darauf zurückführen lassen, dass sie *nicht* in sich hineinfühlen können. Sich selbst eben gar nicht spüren. Wenn der Therapeut das »Und was fühlen Sie?« erst wieder ausbuddeln muss.

Na gut, meine Kinder reagieren auf die Frage »Was fühlst du, Schatz?« auch irgendwie nicht so, wie ich mir das vorstelle.

»Im Moment fühle ich nur, dass rohe Paprika mich zum Pupsen bringen, Mama«, sagt Max neulich und ich so: »Na ja, das ist ein Anfang. Dann lassen wir die vor deinem ersten Vorstellungsgespräch lieber weg.«

Und so habe ich mir angewöhnt, meine Jungs immer wieder achtsam ins Hier und Jetzt zu holen. Wenn wir morgens das Haus verlassen, und wir leben in der Eifel auf dem Land, dann atmen wir vor der Tür erst mal tief durch und spüren die wirklich megatolle Luft. Oder wir halten auch gerne mal zwischendurch an und beobachten faszinierende Wolkenformationen am Himmel. Oder wir quatschen im Auto und bemerken gemeinsam, wie gut es uns gerade geht.

Auch mich selbst hole ich mit diesen kurzen »Auszeiten im Alltag« aus etwaigen Sorgenspiralen raus.

Der achtsame und aufmerksame Umgang mit der Natur, die wiederholte Einladung, die Umgebung bewusst wahrzunehmen und sich darin, ja, ich glaube, das hilft dabei, sich selbst zu spüren.

Sich auf seine Stärken zu berufen, sich seiner eigenen Selbstwirksamkeit bewusst zu werden und so auch seine »Schwächen« besser anzunehmen.

Ich glaube zu spüren, dass uns dies in der Natur etwas leichter gelingt, weil wir hier so schnell auf uns zurückfallen. Im Wald lenkt uns nahezu nichts ab. Spazierengehen überfordert und unterfordert nicht und wissen Sie, was ich auch beobachtet habe: Beim Nebeneinanderhergehen lässt es sich etwas leichter über schwierige Themen sprechen. Der direkte Augenkontakt setzt die Jungs nicht unter Druck und so entstehen manchmal ganz wundervolle Gespräche.

Wir, meine Jungs und ich, packen in unseren Werkzeugkoffer für den Weg zum Glück:

- Mithilfe von Achtsamkeit und Natur schaffen wir es, uns selbst zu spüren

Wo liegt der Hebel?

Ich gehe, aus reinen Recherchegründen, Karneval feiern. Natürlich aus reinen Recherchegründen!

Für die Nicht-Kölner unter Ihnen: Stellen Sie sich (zu corona-freien Zeiten) eine recht kleine Kneipe vor, die für etwa hundert Menschen vorgesehen ist, in der aber jetzt gerade dreihundert-fünfzig Menschen tanzen. In regelmäßigen Abständen tritt Ihnen einer auf die Füße, dann kippt man Ihnen ein Bier in den Nacken und wenn Sie zur Toilette müssen, sollten Sie eine Stunde einplanen. Wir nennen das »gemütlich« und das hat bei uns Tradition. Wie das Schunkeln. Insbesondere für die Nord-deutschen ein Erklärungsversuch: Menschen haken sich unter und einigen sich im besten Fall auf eine gemeinsame Richtung, in der sie sich im Takt der Musik hin- und herwiegen. Dazu wird natürlich: gesungen.

Wir standen also mit unserer frisch gegründeten Clique um einen Stehtisch herum und schunkelten, als wenn es keinen Morgen gäbe.

Selbiges war zu beobachten am Stehtisch hinter uns. Da der Platz millimetergenau vergeben wird und man sich gegenseitig nichts schenkt, hilft zur Verteidigung nur der dezent ausgefahrene Ellenbogen in den Rücken des Hintermannes. Nennen wir das Kind beim Namen: Es wird gequetscht und geschubst auf Teufel komm raus. Aber im Takt!

Und dabei regt sich jeder über jeden auf. Ich mittendrin. Ich bilde da keine rühmliche Ausnahme.

Aber irgendwann, als ich den siebten Ellenbogen im Rücken und den vierzehnten selbst verteilt hatte, dachte ich plötzlich: *Wo liegt eigentlich der Hebel?*

Haben Sie sich diese Frage schon mal gestellt?

Wer ist in der Lage, etwas an einer misslichen Lage zu ändern? Das ist eine unbequeme Frage, denn die Antwort lautet zu 99 Prozent: ICH!

Ich kann mich über das rücksichtslose Verhalten meiner Mitmenschen ärgern, oder aber ich schaue in den Spiegel und fange bei mir selbst an.

In unserem Schunkel-Fallbeispiel ist die Lage so einfach wie simpel: Ich machte den Kreis auf. Zack. Da gab es keine Ellenbogen mehr, wir standen auf einmal in einem doppelt so großen Kreis. Und Achtung, jetzt wird's romantisch: Es haben uns ganz viele nachgemacht, bis irgendwann die ganze (!!) Kneipe in Eintracht schunkelte.

Eigentlich müsste ich mir im Nachgang einen Bewirtungsbeleg von dem Tag geben lassen, weil das nun wirklich mal »Recherche-Schunkeln« war.

Ich liebe meinen Job! So, wie ich im Abnehmbuch »Recherche-Futtern« betreiben musste, so musste ich jetzt eben feiern gehen.

Zurück zum Punkt. Wissen Sie, worüber wir hier reden? Na klar, über Selbstreflexion. Dieses unbequeme Thema. Weil wir leider nicht mit dem Finger auf andere zeigen können.

Und warum ist die Selbstreflexion so wichtig auf dem Weg zu unserem Glück?

Die Ansätze haben wir bereits angerissen. Im Prinzip lässt sich alles auf die Universalfrage zurückführen:

Was kann ich ändern und was nicht?

Spoiler-Alarm: Die anderen können Sie niiiie (!) ändern.

Fangen wir also bei uns an.

Und Sie glauben ja nicht, wie viel von Ihrem Glück Sie mit dieser Einstellung in der Hand haben!

Meine Damen, was nehmen Sie aus meiner Karnevalsgeschichte mit?

Und bitte, bitte, seien Sie ehrlich zu sich: Wie oft haben Sie schon über andere gemeckert, statt selbst mit gutem Beispiel voranzugehen?

Erst dann, wenn wir wirklich ehrlich zu uns selbst sind und uns sehen, wie wir selbst agieren in dieser Welt und mit unseren Mitmenschen, können wir den Hebel umlegen.

In meinen Werkzeugkoffer für den Weg zum Glück packe ich:

- die Erkenntnis, dass der Hebel zum Glück bei mir liegt

Nachdenken über sich selbst

Der Hebel liegt immer bei mir. Immer. In allem und jedem. Das trifft auf die Gestaltung des Alltags, ach, was sag ich: des ganzen Lebens zu, auf Schlagfertigkeit, Resilienz, Krebs, Abnehmen ...

Letztlich ist alles eine Frage der Betrachtung und was wir aus den gesetzten Dingen machen.

Kommen Sie gute zwei Jahre mit mir zurück in die Vergangenheit. In die Entstehungsphase des Buches »Ich nehm schon zu, wenn andere essen«. Das war so nicht geplant.

Alles fing damit an, dass ich (mal wieder) zehn Kilo abgenommen hatte. Es kam bei mir im Leben (leider) schon öfter vor, dass ich Gewicht verloren habe – und es mich wiedergefunden hat. Plötzlich aber hatte ich das dringende Bedürfnis, meine lustigen Diäterfahrungen aufzuschreiben. Dem Verlag schlug ich damals einen anderen Titel vor.

»Wisst ihr was? Ich habe 'ne ganz tolle Idee! Ich schreibe ein Buch übers Ab- und Zunehmen und das nennen wir ›Ich schreib noch schnell ein Buch übers Abnehmen, bevor ich wieder dick bin‹«, schlug ich meiner Lektorin am Telefon unter tränendem Gelächter vor. Ich fand mich witzig.

Sie mich nicht wirklich.

»Hä? Versteh ich nicht.«

»Oooooh, komm schon, das ist voll witzig!«

»Aber wenn man abgenommen hat, ist das doch gut. Ist es danach nicht nur eine Frage der Selbstregulierung, ob man sein Gewicht hält?«

Ich wollte das Gespräch sofort beenden. Mit so viel Unwissenheit über die Diäterfahrung weiblicher Vorstädterinnen konnte ich nicht umgehen.

Wie auch immer, man verstand zwar nicht, was ich vorhatte, aber man vertraute mir gänzlich. (DANKE!)

Und was passierte beim Schreiben? Da öffnet man die Luke in sein Innenleben und kommt plötzlich in Tiefen, die gar nicht schön sind. Und aus den lustigen Diätgeschichten wurde eine Reise, die Fragen aufwarf. Und *die* waren schon unbequem, aber längst nicht so wie die Antworten. Ich wollte doch nur »sieben Millionen Ausreden« finden, warum ich ein genetisches Jo-Jo-Mädchen bin, aber das, worauf ich beim Schreiben stieß, ging in eine ganz andere Richtung. Führte nämlich geradewegs auf die Eigenverantwortungs-Straße.

Mist, dazu hatte ich keine Lust. Daraufhin habe ich den Laptop erst mal wieder zugeschlagen.

Parallel zur ersten Schreibphase las ich im Hörbuchstudio die »Stehaufqueen« ein. Ein Kapitel aus diesem Buch lautet: »Gesund, aber schwabbelig.« Ein wichtiges Kapitel für mich, denn hier schließe ich mit mir selbst Frieden. Ich beschreibe, wie sich mein Körper nach der Chemotherapie, den Operationen und der Hormontherapie verändert hat. Und dass das okay ist. Ein Körper darf Schwächen haben. *Mein* Körper darf Schwächen haben.

Man könnte sagen: Ich nehme mich in diesem Kapitel an. Als Frau. Als neue Frau. Meine Damen, Sie können sich vorstellen, was das für ein Prozess ist.

Und wie ich das selbst einlas, in der Zeit, in der dieses Abnehmbuch entstand, lag er plötzlich wieder da: der Hebel. Dieser blöde, unbequeme Hebel.

Es ist erstrebenswert, sich als Frau anzunehmen, vielleicht die größte Aufgabe überhaupt. Aber dieser wichtige Gedanke war von mir nicht zu Ende gedacht worden.

Denn wenn ich diesen neuen Körper annehme und ihm so dankbar bin für alles, was er geschafft hat, dann muss doch die nächste Frage lauten: Verhältst du dich denn jetzt so, wie es dein Körper verdient hat? Isst du gesund genug? Bewegst du dich genug? Dankst du es ihm wirklich genug?

Das sind Fragen, die sich jeder und jede stellen sollte. Dafür brauchen Sie nicht erst Gast in einer onkologischen Station gewesen zu sein, denn wir können unserem Körper allein dafür, dass er jeden Tag aufsteht, dankbar sein.

Meine Antwort, und glauben Sie mir, die war schmerzhaft, war: Nein. Nein, du verhältst dich zwar so, als würdest du gerne was ändern, aber du tust es nicht. Du ruhst dich bequem auf »Ich würde ja so gerne, aber ich kann nicht, wegen Hormonen und Wechseljahres-Blabla« aus.

Sie merken schon: Er ist unübersehbar da, der Hebel.

Und die jetzt sichtbaren Antworten, die versteckten sich nicht mehr hinter sieben Millionen Ausreden. Eine davon war die bittere Erkenntnis: Jedes Pfündchen geht durchs Mündchen.

Ist der Weg zum Glück also Selbstreflexion? Hemmungsloses Ehrlichsein mit sich selbst? Wenn Sie mich fragen: schon.

Und darum packe ich das auch mit in meinen Werkzeugkoffer für den Weg zum Glück:

- Selbstreflexion
- Ehrlichsein mit sich selbst

Wir haben doch alle einen Dorn im Auge und solange der nicht weg ist, brauchen wir den Stachel beim anderen nicht zu suchen.

Glückstipp am Rande

Selbst wenn der eigene Dorn beseitigt ist, haben Sie bei Ihrem Gegenüber keinen Suchauftrag.

Eine unbequeme Wahrheit

Ich fürchte allerdings, nicht wenige Menschen leben ihr gesamtes Leben, indem sie *nicht* ehrlich mit sich sind, indem sie die Schuld bei anderen oder anderem suchen: Die Gene, der Knochenbau, die Kohlenhydrate, das schwüle Wetter, der Nachbar, die Mutter, der Chef – wer oder was auch immer, ich bin es auf jeden Fall nicht. Einer von ihnen regiert sogar eine Weltmacht … Das sind unreflektierte Menschen, die nie über ihr eigenes Handeln nachdenken.

Fehler machen wir jedoch alle. Und das ist gar nicht das Problem. Brenzlig wird's erst, wenn man nicht aus ihnen lernen will, weil man sie gar nicht erkennt.

Unreflektierte Menschen, und zu denen gehören wir alle ab und an, sind gut im Ausredensuchen, auch wenn es ihnen nicht gut geht: keine Zeit, kein Geld, schlechtes Wetter. Irgendwas fehlt immer zum Glück. Und für den Anstoß, endlich etwas zu ändern.

Anna ist in einer Werbeagentur beschäftigt und wurde in der Coronazeit quasi zwangsbeurlaubt. Sie war mit ihrem Mann und ihrer kleinen Tochter vier Wochen am Stück daheim.

»Na komm, sehen wir es positiv! Jetzt haben wir endlich mal Zeit, alles aufzuräumen und zu entrümpeln«, muntert sie hoch motiviert ihren Mann und auch sich selbst auf.

Dazu war die berufstätige Mama nämlich lange nicht gekommen, denn ihr Alltag ist knackig getaktet. Dann kam sie von hundert auf null. Zeit war plötzlich nicht mehr das Problem.

Zwei Wochen später: »Heute, Schatz, heute fangen wir aber wirklich an!«, stupste sie ihren Mann in die Seite.

»Heute? Wir haben doch noch genug Zeit, das anzugehen.«

»Aber es sind schon zwei Wochen rum und wir haben noch nicht mal angefangen mit dem Ausmisten.«

Hoch motiviert ging Anna also an die Arbeit. Sie startete mit der Krimskramsschublade in der Küche. Die Schublade, in der alles ist: vom Fieberthermometer über Rouladenklammern bis hin zur kleinen Schachtel, in der sie die Milchzähne ihrer Tochter aufbewahrt. Beherzt nahm sie die ganze Lade und kippte sie auf den Küchentisch.

»Meine Güte, was für ein Mist so zusammenkommt über die Zeit«, meckerte sie mit sich selbst. Nach einer Viertelstunde des fleißigen Kramens klingelte ihr Handy. Ihre beste Freundin war dran und wollte nur hören, wie sie so durch die Zeit kommen. Sie plauderten ein paar Minuten, Anna räumte währenddessen die Spülmaschine aus. Dann verabschiedeten sie sich.

Sie drehte sich zum Küchentisch um und erst da fiel ihr die Schublade wieder ein. Und wissen Sie was? Der Anblick überforderte sie.

Von Frau »Hochmotiviert« wechselte sie ad hoc zu Frau »Ich kann das auf keinen Fall zu Ende machen«.

Beherzt nahm sie den gesamten Inhalt und stopfte ihn zurück in die Schublade. Morgen. Vielleicht. Heute auf jeden Fall nicht.

Okay, okay, ich gebe es zu: Ich bin ein bisschen wie Anna. Ich bin Frau »Kurz-Euphorisch«. Aber, und das bin ich vor allem, ich bin ein Mühlrad. Ein Wassermühlrad. Wenn da viel Wasser draufkommt, dann dreht es sich unglaublich schnell. Kommen aber nur wenige Tropfen an, bleibt es quasi stehen. Nun würde ich mich, nach all dem Bücherschreiben, schon eher als reflektierten Menschen beschreiben und so muss ich leider erkennen: Die nicht aufgeräumte Küchenschublade war und ist NIEMALS ein Zeit-, sondern immer ein *Motivations*problem. Ebenso wie Sport nie ein Zeit-, sondern auch immer ein Motivationsproblem ist. Und gesunde Ernährung keine Wissenslücke, sondern ein Umsetzungsproblem. Für diese Erkenntnis stand mir aber eines ganz arg im Wege: die Ausreden. Geben wir es doch zu! Es ist so viel bequemer, zu sich selbst zu sagen:

»Ich würde so gerne, aber ich habe keine Zeit«, als sich selbst einzugestehen:

»Verdammt noch mal, ich bin so eine faule Nuss!«

Aber, wenn ich ganz ehrlich zu mir selbst bin: Den Dingen, die ich im Leben nicht gemacht habe, obwohl ich wollte, lag immer ein Motivationsproblem zugrunde. Oder relativieren wir: ein *langfristiges* Motivationsproblem. Denn eine Schublade auskippen kann ich super. Und genau da sollten wir ansetzen. Es bringt nichts, so hart mit sich ins Gericht zu gehen. Mir hilft es übrigens auch nicht, mir unrealistische Vorbilder in Form von Aufräumexperten oder Sportikonen anzuschauen. Die führen mir nur vor Augen, was ich alles *nicht* kann, und der Weg bis zur Erlösung scheint immer viel zu weit, zu mühsam und zu arbeitsintensiv.

Ach, und Zeit habe ich dafür eh nicht!

Mich führt nur die humorvolle Straße ans Ziel. Indem ich mir zwar einen Spiegel vorhalte, aber nicht so doll mit meinem Spiegelbild schimpfe.

»Du bist eben kurz-euphorisch. Sieh das positiv! Letztlich steht es doch dafür, wie begeisterungsfähig du bist. Und du kannst wie keine andere eine Schublade auskippen. Wenn du es jetzt noch schaffst, sie das nächste Mal wieder einzuräumen (und davor vielleicht sogar etwas auszusortieren), wirst du zur Aufräumgöttin. Zumindest nach deinen Maßstäben.«

Oder: »Mannomann, Liegestütze sind wirklich anstrengend. Aber guck doch mal, wie toll du liegen kannst, da kommt das Stützen schon irgendwann von ganz allein.«

Wenn ich diesen humorigen Umgang mit mir selbst und der Sachlage nicht schaffe, werde ich nur wütend auch mich selbst und bin frustriert und diese Gefühlslage führt mich im schlimmsten Fall dann auf die Couch mit einer Tafel Schokolade.

Manchmal, wenn ich diese Einkipp-Auskipp-Geschichte auf

die Spitze treibe, wird mein Ton mir gegenüber auch mal rauer: »Ey, Fräulein, jetzt ist aber gut! Reiß dich am Riemen und mach den Mist hier *einmal* fertig!« Klappt bei mir auch. Wie auch bei meinen Kindern übrigens.

Was ist also die Quintessenz dieses Kapitels?
Mal brauche ich eine humorvolle, mal eine strenge Selbstansprache, wenn es darum geht, aus dem Quark zu kommen, wofür auch immer.
Vielleicht geht es Ihnen ja genauso? Probieren Sie es aus!

Bleibt die Frage offen: Hat Nicole, äääh, Anna denn jemals die Küchenschublade aufgeräumt? Das überlasse ich Ihrer Fantasie. Aber ist das überhaupt wichtig? Wer sagt denn, dass es aufgeräumte Schubladen zum Glücklichsein braucht?

Für Ihr Glücksbuch

Welchen Hebel haben Sie bisher galant weggeschubst?
Welche Ausreden nutzen Sie dafür?

JETZT SIE!
Übung »Selbstbild«, Teil 2

Dazu passt wunderbar diese Übung zum Selbstbild.
In Ihr individuelles Glücksbuch eine Tabelle gezeichnet zu haben (Sie erinnern sich?), damit ist es noch lange nicht getan. An dieser Tabelle arbeiten wir unser Leben lang weiter.
Jetzt weiß ich natürlich nicht, was bei Ihnen steht, darum erfinde ich ein paar Beispiele.

Was kann ich gut:	*Was kann ich nicht soo gut:*
zuhören	*geduldig sein*

Die erste Spalte können wir so lassen und uns ganz dolle selbst dafür applaudieren!
Großartig!
Die zweite schauen wir uns genauer an. Wenn Sie das, was Sie nicht so gut können, verändern wollen, haben Sie (mal wieder) zwei Möglichkeiten:

1. Sie tun was.
Sollte da zum Beispiel »Excel« stehen, könnten Sie einen Excel-Kurs belegen. Sie könnten es ändern. Mit den richtigen Gedanken kämen Sie ins Tun. Aber: Das benötigt Ressourcen. Wenn es aber um etwas geht, dessen Veränderung für Sie wichtig ist, sollten und könnten Sie diese investieren. Es ist allein IHRE Entscheidung.

Oder aber:

2. Sie akzeptieren es.
Wer sagt, dass man Excel können muss, um glücklich zu sein? Dann können Sie es halt nicht, basta. Aber: Sie bleiben genau da angreifbar. Wenn der Chef eines Tages feststellt: »Frau Müller, die Excel-Liste ist ja katastrophal«, dann hat die Zwei-Silben-Antwort »Potzblitz« wenig Sinn, wenngleich sie Sie vielleicht ein bisschen glücklich macht. Vermutlich aber nur kurzfristig.
Für die Achillesversen im Leben, also für die Sachen, die wir nicht so gut können, sollten wir uns positive Substitute zurechtlegen.
Und die bitte gerne mit Humor!
Wenn Sie also Excel nicht soo gut beherrschen, dann vielleicht Word.
Und das schreiben Sie jetzt bitte in die dritte Spalte. Das ist unsere Überraschung.
Oder wenn Sie zum Beispiel nicht so gut warten können, ungeduldig sind, ließe sich das in der Überraschungsspalte vielleicht übersetzen mit:
»Ich treibe die Dinge gerne voran.«

Können Sie nicht gut backen? Ich vermute aber, dass Sie wahnsinnig gut Kuchen essen können. Was nicht weniger wichtig ist. Stellen Sie sich nur all die enttäuschten (und arbeitslosen) Bäckerinnen vor, wenn keiner zum Kuchenessen käme. Sie tragen quasi zum positiven Selbstbildnis der Bäckerin bei. Sie sollten für den Friedensnobelpreis vorgeschlagen werden.

Ausflug in die Schlagfertigkeit!

Viele von Ihnen haben vielleicht die »Schlagfertigkeitsqueen« gelesen. Für die, die es nicht (oder noch nicht ☺) getan haben, folgt hier ein Ausflug ins Thema:
Diese Arbeit am Selbstbild, meine Damen, ist Ihr Schlüssel zur *Technik der Umdeutung.*
Eine kurze Auffrischung: Wenn eine Kollegin zu Ihnen sagt: »Meine Güte, bist du pingelig!«, haben Sie mehrere Möglichkeiten, um zu reagieren. Von der Zwei-Silben-Antwort bis hin zum alles sagenden Blick.
Oder aber Sie nutzen die Technik der Umdeutung, die dann ungefähr so klänge:
»Liebe Kollegin, wenn du unter ›pingelig‹ verstehst, dass ich meine Arbeit gewissenhaft erledige, dann gebe ich dir recht.«
Wie immer: Bitte achten Sie bei diesem Satz auf Ihren Tonfall. Wenn man es extrem zickig sagt, kann man ebenso verbrannte Erde hinterlassen. Das tut aber gar nicht not.
Denn wenn Ihr Selbstbild stimmt und Sie sich nach drei Gläsern Wein mit Ihren besten Freundinnen einig sind, dass Sie eine kleine Korinthenkackerin sind, dann können Sie ehrlich zugeben: Das ist meine Achillesferse. Und: Entweder Sie ändern das und lassen locker oder aber Sie suchen sich passende Adjektive für Ihr »Laster«, wie zum Beispiel »gewissenhaft«. So oder so: Es macht Sie nicht zum schlechteren Menschen. Sie haben genug auf der Haben-Seite.

Ich nehme an, Sie haben verstanden, worauf ich hinauswill? Neben der geschickten und durchaus humorvollen Umdeutung Ihrer »Schwächen« macht der Ton die Musik.

In meinen Werkzeugkoffer für den Weg zum Glück packe ich:

- die Technik der Umdeutung
- den richtigen Ton

Die Maskerade

Ich bin mir ziemlich sicher, dass Sie beim Satz »Sie haben genug auf der Haben-Seite« gestockt haben.

Ist das so, meine Damen? Haben Sie genug auf der »Das kann ich gut«-Seite?

Mal ehrlich: Welche Liste ist bei Ihnen länger? Die Soll- oder die Haben-Spalte?

Wenn Sie nur ein bisschen Starthilfe brauchen, kann Ihnen garantiert eine Freundin helfen. Aber vielleicht, und ich weiß, ich wage mich mit dieser Vermutung auf schwieriges Terrain, vielleicht liegt der Hase woanders begraben.

Aus der Praxis

Manchmal begegnet mir der Luxus, dass mich Firmen als feste Trainerin buchen. Dann darf ich für eine recht lange Zeit mit den Ladys ebendieser Firma in Sachen Schlagfertigkeit und Resilienz zusammenarbeiten.

Neulich passierte bei einer solch luxuriösen Fügung Folgendes: Eine Dame, noch recht jung, kam zu Beginn unserer gemeinsamen Arbeit zu mir und sagte:

»Also, *ich* habe mit Schlagfertigkeit überhaupt gar kein Problem.«

Es war die Art, *wie* sie es sagte, die mir ad hoc verriet:

Das könnte daran liegen, dass du eine ganz große Zicke bist.

Verzeihen Sie mir meine Voreingenommenheit (ich habe es ja bereits zugegeben), aber allein am Tonfall gelingt es mir mittlerweile sehr schnell, herauszufinden, woher der Wind weht. (Das glaube ich zumindest.)

Ich habe aber in der Vergangenheit gelernt, dass die Menschen oftmals nicht in die Schubladen, in die ich sie (automatisch! Machen wir alle) stecke, reinpassen. Also beobachtete ich die Dame genauer.

Jedoch: Auch bei genauerer Betrachtungsweise musste ich feststellen: Leider, leider, ja, sie war eine Zicke. Sie gehörte zu den Menschen, die Sprüche austeilen, von denen ich die Ladys zu befreien versuche.

Es ist aber selten erfolgreich, mit dem Holzhammer anzukommen:

»Madame, merkste selbst? Du bist die größte Zicke von allen.« Ich muss da nur von mir ausgehen: Ich mache dann dicht.

Es gilt hier eher der altbekannte Satz: »Einsicht ist der erste Schritt zur Besserung.« Ich möchte hinzufügen: Vermutlich auch der einzige, der langfristig hilft.

In den Trainingseinheiten machen wir die unterschiedlichsten Übungen, die Gruppe öffnet sich über Wochen oder Monate hinweg immer mehr. So auch die Gruppe mit der zitierten Dame. Irgendwann kam diese zu mir mit dem Satz:

»Wissen Sie was, Frau Staudinger? Ich habe jetzt jahrelang überlegt, wer im Büro die größte Nervensäge ist und wer mir das Leben wohl am schwersten macht. Ich glaube, das bin ich selbst. Ich bin eine blöde Kuh.«

Ich musste lachen und antwortete: »Wie schön, dass Sie das für sich erkannt haben.«

Diese Dame sah plötzlich, durch die Arbeit an ihrem Selbstbild, von ganz allein: Sie hatte zu wenig Eigenschaften auf der Haben-Seite.

Was aber dann passierte, glauben Sie mir nicht, weil es hollywoodreif ist. Aber, ich schwöre, es ist genauso passiert.

Diese Dame ging nach einem langen Gespräch mit mir fest entschlossen zu ihren Kolleginnen, die sie tatsächlich als schwierig erachteten.

Sie sagte ihnen den gleichen Satz, den sie zu mir gesagt hatte, und ergänzte:

»Es tut mir unglaublich leid und ich gebe mir ab jetzt Mühe, eine bessere Kollegin zu sein, versprochen.«

Können Sie sich auch nur im Entferntesten vorstellen, wie die Kolleginnen reagierten?

Mit dem, was ich seit Jahren predige: mit Loyalität! Sie nahmen sie ad hoc alle in den Arm. Und dieser Prozess brachte Unglaubliches ins Rollen. Unter anderem etwas, auf das ich später noch eingehen möchte: neue Ressourcen! Sie glauben ja nicht, *was* das für Ressourcen im Arbeitsprozess frei machte.

Bevor wir aber darauf zu sprechen kommen, lassen Sie uns kurz zur Überschrift des Kapitels zurückkehren.

Was also, wenn *Sie* merken, dass Sie nicht genug auf der Haben-Seite haben? Was, wenn *Sie* der faule Apfel sind? Ich meine, wir beschweren uns so viel über andere – irgendwer muss der oder die andere sein. Vielleicht sind Sie es. Oder auch ich. Unwahrscheinlich. Aber möglich!

Es werden bestimmt auch einige blöden Kühe geboren, aber das sind nur wenige. Wie wird man also dazu? Passiert das von allein oder werden wir zur blöden Kuh gemacht?

Wir müssen uns dem Thema widmen, denn wenn wir selbst ab und an zu einer solchen Kuh abschweifen, führt das weder uns noch unsere Umwelt zum Glück.

Eine Art der Selbsterkenntnis, wie sie die eben erwähnte Dame hatte, schwemmt hingegen mit einem Mal etwas frei. Und dieses »Etwas« ist unumgänglich, wenn wir über Glück reden. Es ist angeboren, jede von uns hat es in die Wiege gelegt bekommen, aber wir verlieren es ab und an. Manchmal nur für kurze Zeit, manchmal ist es komplett weg und wir müssen es neu definieren.

Wenn es uns abhandenkommt, wird das Leben fast unerträglich

anstrengend, und nicht selten entstehen daraus schwerwiegende psychosomatische Störungen bis hin zu Krankheiten.
Kommen Sie drauf?

AUTHENTIZITÄT

Ihr Verlust ist manchmal ein schleichender Prozess. Wenn wir zum Beispiel merken, dass wir für gewisse Verhaltensmuster mehr Aufmerksamkeit bekommen als für andere, dann schieben wir diese Muster weiter nach vorne, obwohl sie vielleicht gar nicht unserem Naturell entsprechen. Da wieder rauszukommen, ist nicht leicht.
Aber: Es geht leichter mit den richtigen Menschen um sich herum. Menschen, bei denen man so sein kann, wie man ist, ohne dabei auf Widerstand oder Missfallen zu stoßen. Denn, mal ehrlich: Wie viel sind Ihnen die Anerkennung und Aufmerksamkeit von Menschen wert, für die Sie sich verstellen müssen? Denken Sie nur mal an all die Popstars, die nach außen hin ein so perfektes Leben haben, bis sie dann mit einer Überdosis gefunden werden.
Wir als Außenstehende fragen uns: »Du hattest doch alles. Erfolg, gutes Aussehen, Geld. Alles! Warum?«
Vielleicht, weil er oder sie all das gar nicht *war*.
Weil es gar nicht seinem Wesen entsprach, ihn aber zum Erfolg geführt hat.
Und weil da immer die Angst war, dass die echte, die authentische Person niemand wirklich sehen will.
Vielleicht.

Ich gucke nur auf mich. Ich bin kein Popstar oder eine berühmte Persönlichkeit, aber hier und da werde ich von »Fans« erkannt. Es wäre für mich ein Albtraum, wenn ich immer Angst haben müsste, dass sie mein »wahres Ich« sehen. Wenn ich auf der Bühne oder in Talkshows oder in Interviews eine andere sein müsste als die, die ich eigentlich bin. Wie anstrengend! Da ich auf der Bühne aber dieselbe bin wie zu Hause, ist die Bühne auch nicht anstrengend für mich. Das bin alles ich. Dass das polarisiert, weiß ich. Aber was bringen mir eine Million Fans, die sich nicht in mich, sondern in ein fremdgeschaffenes, anhand von Umfragen austariertes Ich verliebt haben?

Stress bringt das.

Die Älteren unter Ihnen werden sich vielleicht noch an Roy Black erinnern. Meine Oma war ein Riesenfan, darum fällt er mir jetzt ein. Ich habe mal gehört, dass Roy Black eigentlich Rock 'n' Roll singen wollte, aber der Schlager einfach besser funktioniert hat. Seine Plattenfirma hat ihn darum in diese Richtung gelenkt. Wirklich ER war das nie. Sie wissen, wie sein Leben zu Ende ging?

Es macht nicht glücklich, nicht authentisch zu sein. So viel können wir festhalten.

Und doch passiert es so oft.

In den sozialen Medien zuallererst. Und das hat weitreichende Folgen, im buchstäblichen Sinne. Wie schnell vergleicht sich da eine mit jemandem, der vorgibt, ein Fitness-Model zu sein, was sie vielleicht in Wirklichkeit weder sein will noch ist. Weil: Alle Bilder und vor allem auch das ganze Leben ist gefiltert, »bearbeitet«, inszeniert. Es hat mit der Realität nichts zu tun. Oder aber mit dem, was uns vielleicht wirklich glücklich machen würde.

Was macht das mit dem jungen Menschen, der sich vergleicht? Mit Sicherheit auch kein glückliches Gefühl. Viel eher das des Versagens und der Überzeugung, nicht gut genug zu sein.

Im Umkehrschluss heißt das: Es ist nicht nur so, dass Sie sich selbst, indem Sie authentisch sind, einen Gefallen tun, nein, Sie machen die Welt damit ein bisschen besser!

Wenn aber weder das vermeintliche »Vorbild« mit dem glücklich wird, was es vorgibt zu sein, noch die zu ihm Aufschauenden, fragt man sich doch: *Wer* hat dann etwas davon?

Vielleicht eine Industrie, die vorgibt, mit ihren Produkten und Marken das unrealistische Ideal erfüllen zu können.

Aber sagen Sie mir bitte ehrlich: Ist es unsere Aufgabe, große Konzerne glücklich zu machen? Ich glaube nicht.

Die Anstrengung, die das ewige Maskeradenleben mit sich bringt (und dafür müssen Sie kein Vorbild in den sozialen Medien sein, es reicht, ein Leben im Funktional-Modus zu führen wie ab Seite 35 im Kapitel »Die nicht mehr funktionierende Frau« beschrieben), lässt uns vielleicht (hoffentlich nur hin und wieder mal) zur blöden Kuh werden.

Also, Ladys, lassen Sie uns wieder den ganz ehrlichen Spiegel zur Hand nehmen: Spielen Sie irgendwem irgendwo etwas vor, was Sie gar nicht sind?

Und wenn ja, warum tun Sie das?

Was könnte ein erster Schritt sein, um da herauszukommen?

In meinen Werkzeugkoffer für den Weg zum Glück packe ich:

- Maske ab und authentisch sein

Freie Ressourcen

Ein Leben fernab von Authentizität zu leben, führt vielleicht kurzfristig zum Erfolg, bedeutet aber langfristig eine unglaubliche Kraftanstrengung und frisst Ressourcen.

Das durfte ich mithilfe der eben erwähnten Dame aus meinem Fallbeispiel erkennen. Nicht nur ihre eigenen Ressourcen waren nahezu erschöpft, sondern die des gesamten Teams. Wenn man das hochrechnen würde! Wie viele Ressourcen wegen unausgesprochener Zwistigkeiten verloren gehen! Auch das Gegeneinanderhetzen, das Übereinanderreden, das Frontenbilden bindet Ressourcen, Energien, Zeit, die wertvolle Arbeitszeit sein könnte. Ich rege mich innerlich immer wieder auf, wenn ich lese: »25-Stunden-Woche wird diskutiert«, weil ich mir denke: *Wenn alle die 25 Stunden konsequent und produktiv arbeiten würden, sähe die Welt schon jetzt anders aus.* Es gibt Personaler, die das erkannt haben. Ein sehr bekannter gibt uns nachher noch ein Interview.

Unsere Ressourcen sind doch unser größtes Gut! Und wir ganz allein entscheiden, wofür wir sie einsetzen. Aber auch diese Erkenntnis ist, wie so vieles, ein Prozess. Was uns zum nächsten Punkt führt.

Fokussieren

Ich war im zweiten Ausbildungsjahr, als im Sommer eine EM oder WM, ich weiß es nicht mehr genau, stattfand. Damals war Public Viewing in und mein damaliger Chef wollte mit uns allen zusammen mittags das Spiel anschauen.
»Frau Böhme (damals hieß ich noch so), bitte machen Sie sich schlau, welches Restaurant die Möglichkeit anbietet, und reservieren Sie dort einen Tisch.«
Gesagt, getan. Internet gab es zwar auch damals schon, aber es war längst noch nicht jedes Restaurant dort vertreten, also tat ich etwas für heute gänzlich Unübliches: Ich telefonierte übers Festnetz und meine Basis bildeten die »Gelben Seiten«.
Nach langer Suche kehrte ich mit folgenden Worten zurück zu meinem Chef:
»Ich habe mit zehn Restaurants telefoniert. Unser Stammlokal war schon ausgebucht, das in der Lindenstraße bietet Public Viewing nicht an, weil sie keine Genehmigung haben. Das in der c öffnet erst um 18 Uhr …«
»Frau Böhme«, unterbrach er mich. »Mich interessiert nicht,

was alles *nicht* geht. Mich interessiert nur: Haben wir einen Platz und können wir zusammen das Spiel schauen?«

»Ja, um 14 Uhr auf dem Hohenzollernring.«

»Super, danke.«

Diese Szene ist knapp zwanzig Jahre her und ich habe sie nie vergessen.

Ich hatte etliches an Energie in die Aufzählung der Absagen gesteckt. Und dem ging ja noch etwas voraus: Nach jeder Absage hatte ich mich mit einer Kollegin darüber ausgetauscht, wie doof es sei, dass es in diesem Restaurant nicht ginge. Und wie blöd, dass sie es nicht anböten. Und wie viel Arbeit es sei, sich nach einem anderen Restaurant umzuschauen …

Extrem viel Energie hatte ich also in das Problem gesteckt, statt mich nur auf die Lösung zu konzentrieren, sprich: ein Restaurant zu finden, in dem das Public Viewing möglich war. Und das habe ich ja auch.

Damals empfand ich, dass mein Chef meine Mühen nicht genügend gewürdigt hat. Heute kann ich ihn sooooo gut verstehen. Es geht nicht um das Problem, es geht einzig um die Lösung. Fertig. Das ist es, was man unter »lösungsorientiert« versteht. Eine Hülse, die man an dieser Stelle ruhig auch mal mit Leben füllen kann.

Und genau diese »Energieverschwendung« kommt uns doch nur allzu oft in die Quere, wenn es darum geht, ins Tun zu kommen. Da fallen einem plötzlich sieben Millionen Abers ein, die man auch alle schön für sich aufzählt, um genau *nicht* heute damit anzufangen, etwas zu ändern.

Die Zeit könnten wir uns aber sparen und uns lieber gleich auf das Wesentliche konzentrieren, nämlich die Lösung oder auch die Veränderung. Ressourcenschonung betreiben, möchte ich sagen.

Aber die Suche nach der perfekten Lösung, die kann lange dauern, mitunter werden wir auch feststellen, dass es diese gar nicht gibt. Um dabei aber keine Ressourcen zu verschwenden und die, die wir haben, gescheit zu nutzen, macht es Sinn, sich den Weg genauer anzuschauen. Vielleicht macht die *Suche* nach der Lösung am Ende den größten Spaß. So viel Spaß, dass die Ressourcen dadurch wieder aufgeladen werden.

Sie finden, das klingt zu schön, um wahr zu sein? Es passiert ständig, wir müssen es nur wahrnehmen.

In meinen Werkzeugkoffer für den
Weg zum Glück packe ich schnell, bevor ich es vergesse:

• Nutze deine Ressourcen weise

Zu Beginn habe ich Sport für eine bessere Figur gemacht, mein persönliches Wohlbefinden stand hinten an. Streng genommen konnte ich damals noch nicht mal nachempfinden, was damit gemeint sein könnte. Also, wie sich Sport auf mein Wohlbefinden auswirken könnte. Ich war gedanklich immer bei »Sport ist Mord«.
Aber ich wollte den brasilianischen Knackpo. Oder von mir aus auch den rheinländischen. Auf jeden Fall Knackpo.
Heute, nach knapp drei Jahren täglichen Trainings, muss ich Ihnen leider sagen: Ich habe diesen wohl immer noch nicht. Auch keine knackigen Schenkel. Das ist schon noch alles, nennen wir es mal: fluffig und beweglich. Es gibt hier für mich also offenbar keine perfekte Lösung. Weil der liebe Gott eben wollte, dass ich fluffig bin.
Und dabei habe ich doch so viel Ressourcen hineingesteckt. Was tun? Aufgeben? Dazu wäre man geneigt, wenn man nur nach der perfekten Lösung strebt.
Ich habe aber auf der Suche nach diesem unerreichbaren Ziel entdeckt, dass es mir doch tatsächlich besser geht, wenn ich Sport treibe. Und heute bin ich endlich so weit, dass tägliche

Bewegung zu meinem Leben dazugehört. Und zwar erwartungs- und stressfrei. Einfach, weil sie mir guttut. Mittlerweile kostet mich das keine Ressourcen mehr, außer Zeit, dafür füllt der Sport aber selbige wieder auf.

Vielleicht finden wir auf dem Weg zur scheinbar perfekten Lösung ganz viele Varianten, wie wir unser Ziel nicht ganz erreichen können. Die sind dann aber möglicherweise besser als das ursprüngliche Ziel.
Denken Sie nur an Kolumbus! Er hat mit dieser Methode Amerika entdeckt.

Kommen wir zur Ursprungsfrage von vorhin zurück: Was, wenn nicht?
Was also, wenn bei Ihnen nicht genug auf der Haben-Seite steht?
Vielleicht können Ihnen Authentizität und Ressourcen dabei behilflich sein, mehr daraus zu machen. Können Sie sowieso immer, weil wir zwischendurch schließlich alle mal blöd sind.

2
FESTHALTEN UND LOSLASSEN

Mündig oder nicht, das ist hier die Frage

Mündigsein bedeutet, dass man innerlich und äußerlich dazu in der Lage ist, selbstbestimmt und eigenverantwortlich zu handeln. Ist man mündig, so lebt man im Zustand der Unabhängigkeit, es bedeutet, dass man für sich selbst sprechen und für sich selbst sorgen kann.

Und Immanuel Kant sagte einst: »Aufklärung ist der Ausgang des Menschen aus seiner selbst verschuldeten Unmündigkeit.« Fertig.

Das Buch wäre hiermit beendet. Was für ein Wahnsinnssatz, oder?

Vielleicht hilft es, wenn wir uns den Begriff der »Unmündigkeit« dazuholen. Wann werden Menschen für unmündig erklärt? Das Horrorszenario schlechthin: dass mir jemand, sei es eine Person oder eine Behörde, meine Entscheidungsfähigkeit abspricht.

Ich glaube, dass jede Leserin an dieser Stelle mit unterschreibt: DAS ginge gar nicht! Und da haben Sie recht. So was passiert auch nur in absoluten Ausnahmefällen, wie zum Beispiel der schweren Erkrankung des Geistes.

Und Kant behauptet nun, auch wenn es zweihundert Jahre her ist, dass wir diese Unmündigkeit selbst verschuldet hätten. Darf ich mal sagen: Ich fürchte, er hat recht? Und zwar dauert das bis heute an.

»Selbst verschuldete Unmündigkeit« heißt doch übersetzt: Ich ändere nichts, obwohl ich es könnte, und jammere weiter.

»So bin ich überhaupt nicht«, mag jetzt vielleicht die ein oder andere von Ihnen ausrufen.

Ich befürchte aber: Es fängt im Kleinen an.

Hier ein wirklich banales Beispiel: Wenn ich früher – vor der Erkrankung – joggen war und ich bekam ein kleines Steinchen in den Schuh, was ja soooo nervig ist!, dann habe ich bis zur nächsten Bank gewartet, auf die ich mich setzen und den Stein entfernen konnte. Bis dahin hat er mich gestört. Und dabei dachte ich parallel oft: *Na toll! Jetzt läufst du dir 'ne Blase! Das hast du jetzt von der Joggerei. Und die nächste Bank ist noch so weit! Du Arme!*

Das ist doch ganz klar: selbst verschuldete Unmündigkeit.

Und dabei gibt es gleich mehrere Lösungsansätze, die mich da rausgeleitet hätten.

1. Handeln

Himmelherrgott noch mal! Ich meine, es ist kein Hochleistungssport und auch keine bewegliche Meisterleistung, den Stein auch ohne Sitzgelegenheit zu entfernen, oder? Kann man machen. Kann *ich* machen. Mache ich heute auch. Aber damals habe ich eher die fehlende Bank als meine anscheinend fehlende Fähigkeit des Bückens verflucht.

2. Sich seine selbst entschiedene Nachlässigkeit bewusst machen

Ich kann den Stein auch drinlassen. Meine Entscheidung, aber dann darf ich doch nachher nicht über die Blase meckern. Dann könnte der Denkansatz lauten: *Ich bin gerade so gut im*

Tritt, ich lass den jetzt da und versuche ihn bis zur nächsten Bank zu ignorieren.

Damit ist der Stein ad acta gelegt und ich kann mich wieder auf meinen Run konzentrieren.

Schwierig wird's beim oftmals

3. unbewussten Lösungsansatz des Jammerns

Denn das Jammern sorgt weder für das Verschwinden des Steins noch für einen guten Run. Das sorgt nur für schlechte Stimmung. Und im Zweifel sogar dafür, ganz mit dem Laufen aufzuhören. Weil man sich da ja Blasen läuft!

Ich fürchte, Kant wird sich bei diesem Gleichnis im Grab umdrehen und mir »OMG! WTF? So kannst du das doch nicht vergleichen!« zurufen. Ich nehme das in Kauf, mein Lieber. Wir können die Analogie aber auch ausweiten.

Dem Leben schuldig

Der Stein im Schuh hindert Sie maximal an einem runden Lauf, aber der Stein, der Ihnen vielleicht auf Ihrem Lebensweg in die Quere kommt, der hindert Sie an der Erfüllung Ihrer Träume. Und auch wenn es mir leidtut, dass ich immer wieder mit dem Endzeitszenarium drohe, aber ich darf Sie (und mich!) noch mal dran erinnern: Unsere Lebenszeit ist begrenzt.

Und die allermeiste Zeit, meine Damen, entscheiden Sie höchst mündig darüber, was Sie mit dieser Zeit anfangen wollen.

In den Zeiten, die schwierig sind, und davon gibt es ein paar im Leben, bleibt uns immer noch die Frage: Was habe ich noch in der Hand und was nicht?

Lassen Sie uns also über *Mündigkeit* und *Selbstbestimmung* reden, denn Letztere geht oft Hand in Hand mit der oben bereits erwähnten Mündigkeit.

Zwei wesentliche Attribute auf dem Weg in ein glückliches Leben. Wie wichtig uns diese sind, merken wir oft erst, wenn sie uns genommen werden. Wenn uns die Freiheit, selbst über unser Handeln zu entscheiden, die wir zumindest in diesen Breiten der Welt als selbstverständliches Gut ansehen, entrissen wird. Und sogar hier sind wir nicht davor gefeit: Ich darf Sie noch mal kurz an die Zeit erinnern, in der wir jetzt gerade – ich während der Schreibphase und ich befürchte, auch Sie in Ihrer Lesephase – stecken? Wer kann im Moment noch schalten und walten, wie er das gerne möchte?

Mir wurden meine Mündigkeit und Selbstbestimmtheit mit der Brustkrebsdiagnose entrissen. Als ich während der Chemo eben nicht mehr selbst entscheiden konnte, wie ich den Tag verbringen möchte, sondern extreme Rücksicht auf meinen Körper nehmen musste. In dieser Zeit aber habe ich auch erkannt, wie maßgeblich wichtig es für mich ist, selbst entscheiden zu können.

Festzustellen: Was habe ich noch in der Hand, was nicht, hat mir in dieser schweren Zeit immer weitergeholfen. Denn es ist ein großer Unterschied, ob man unglücklich durchs Leben geht, weil man das Gefühl hat, nichts mehr selbst entscheiden zu können. Oder aber, ob man unterteilt in: das geht, das nicht. So bleibt man in Teilen selbstbestimmt und packt die Dinge, die sich eben im Moment nicht anders machen lassen, im Kopf beiseite, denkt nicht andauernd trübsinnig darauf herum und grämt sich.

Und so fing auch ich an, die Dinge zu unterteilen: Die Diagnose hatte ich nicht in der Hand. Aber meinen Umgang damit schon. Die Nebenwirkungen einer Chemo hatte ich größtenteils nicht in der Hand. Was ich in den Pausen, in denen es mir wesentlich besser ging, machte, aber schon. Im übertragenen Sinne musste ich über *zehn Monate* mit einem Riesenstein im Schuh herumlaufen. Sie können sich vorstellen: Das war alles andere als angenehm – das tat richtig weh.

Aber jetzt, meine Damen, im Moment, ist mein Weg gesundheitlich gerade. Und jetzt muss – ich fühle mich dazu wirklich verpflichtet – ich auch locker darauf laufen.

Ich kann nicht nach einer OP jammernd im Bett liegen und beklagen, dass ich nicht rausgehen kann, und es dann als gesunde Frau nicht tun. Womit wir wieder bei Kant wären: Denn das *wäre* selbst verschuldete Unmündigkeit …

Raus kommen wir aus dieser »Falle« – denn glauben Sie mir, es ist eine –, indem wir uns zuallererst selbst ertappen. Wir werden im Laufe des Buches immer wieder darauf zu sprechen kommen.

Mein Vorschlag: Treten Sie kurz aus sich heraus in der entsprechenden Situation, tippen Sie sich imaginär auf die Schulter und sagen Sie: »Ähm, hallo!? Merkste selbst, oder? Du kommst da raus, du musst es nur wollen und dann tun. Das *ist* nämlich wie Wollen, nur noch krasser.«

Wenn Sie mich fragen, führt der Weg (mal wieder) über die Selbstreflexion.

Und so schließt sich der Kreis: Die kann man sogar schon mit den eigenen Kindern üben.

In meinen Werkzeugkoffer für den Weg zum Glück packe ich:

- Die tiefe Gewissheit, dass wir keinen Anspruch auf irgendwas haben und
- Dass wir uns für einen gesunden Lebensstil, für ein gesundes HEUTE entscheiden sollten
- Du bist mündig. Verhalte dich auch so

»Und was hast du gemacht?«

Meine Jungs besuchen die Waldorfschule. Hier gibt es, neben den üblichen Fächern, auch Handwerken oder Gartenbau. Zu mir war durchgedrungen, dass die Kinder vor Kurzem kleine Apfelbaumsetzlinge gepflanzt hatten. Daher fragte ich Max beim Frühstück:

»Schatz, erzähl mir mal, was in der Schule zum Thema ›Apfelbaum‹ passiert ist.«

Max änderte von jetzt auf gleich seinen Gesichtsausdruck. Und zwar von »Ich habe nix gemacht« zu »auf frischer Tat bei irgendwas ertappt«.

»Ja, Mama, also, das war so …« Storys, die bei Max schon *so* anfangen …

»Also, Lukas* und Tim* haben einen kleinen Apfelbaum aus der Erde gerissen und kaputt getreten.«

Das ist in der »normalen« Welt schon unschön, aber auf der Waldorfschule ist das Leben am Limit.

»Okay. Und dann?«

»Dann hat unsere Lehrerin in der Klasse davon erzählt und gesagt, dass die beiden ihn bezahlen müssten. Also, die Eltern. Und sie hat gesagt: ›Es sei denn, ihr habt das Gefühl, dass ihr die beiden – aus welchen Gründen auch immer – unterstützen möchtet.‹ Und dann sollten wir dadrüber nachdenken.«

»Wie? Unterstützen?«

»Ja, also Geld dazugeben.«

»Okay. Und was hast du gemacht?«

»Ich habe zwei Euro gegeben. Mehr ging nicht, Mama, sonst hätte ich nicht genug für mein Mittagessen gehabt.«

---

* Namen natürlich geändert!

»Warum hast du überhaupt was gegeben?«

»Erstens ist Lukas mein Freund und Freunde unterstützt man doch auch, wenn sie Mist gebaut haben. Und Mama«, seine Stimme klang plötzlich ganz schuldbewusst, »ich habe es ja gesehen. Ich hätte dazwischengehen können, habe mich aber nicht getraut.«

Ende. Erziehung abgeschlossen. Erwartungen an einen Elfjährigen weit übertroffen. Wen interessieren denn Algebra und Kurvendiskussion, wenn die Kinder an solche Denkweisen herangeführt werden?

Ich war sprachlos in dem Moment – und das will bei mir was heißen.

Mir traten vor Rührung Tränen in die Augen, weil ich diesen Umgang mit der Situation von allen Beteiligten so großartig fand.

»Max, ich bin so stolz auf dich. Das hast du wirklich toll gemacht und bitte, mein Schatz, bewahre dir das. Du wirst irgendwann mal auf Menschen treffen, die dich für dieses Verhalten auslachen werden. Die werden sagen: ›Schön blöd, da zwei Euro dazuzutun! Hast *du* doch nix mit zu tun!‹ Und dann wird es für dich die größte Herausforderung sein, für dich und deine Meinung einzustehen.«

Was man daraus mitnehmen kann?

Zuerst einmal möchte ich auf diesem Wege der Lehrerin danken, denn sie gab die Initialzündung. Ohne ihren Impuls wären die zwei Jungs einfach nur »bestraft« worden. Dass auch Bestrafung eine Art von Aufmerksamkeit ist, wissen wir alle. Aber durch ihren Aufruf zur Selbstreflexion hatten die Kinder die Chance, ihr eigenes mitgebrachtes Wertesystem voll in die Waagschale zu werfen. Sie hat keine Lösungen vorgegeben. Sie hat nur sinngemäß gesagt: »Denkt mal drüber nach und überprüft, was ihr für eine Rolle dabei gespielt habt.«

Was für eine bedeutende Erfahrung für die »unbeteiligten« Kinder. Trotzdem mit sich ins Gericht zu gehen und zu sagen: Auch wenn ich nicht aktiv beteiligt war, so habe ich durch mein Nichtstun auch etwas dazu beigetragen. Die Jungs waren zwar schuld daran, den Baum kaputt gemacht zu haben. Aber ich hätte meinen kleinen Teil dazu beitragen können, dass es nicht so weit kommt.

Dann aber mit dem Begleiteffekt: Ja, ich helfe, habe aber trotzdem noch ein Auge auf mich und meine Bedürfnisse. Sodass ich zum Beispiel noch mein Mittagessen bezahlen kann.

Ob Max von allein auf die Idee kam, Geld dazuzugeben, oder ob ein anderer Klassenkamerad / eine andere Klassenkameradin sie zuerst hatte, weiß ich nicht. Das ist für mich aber auch irrelevant.

Wichtig ist, dass er sich letztlich in dieser Idee wiedergefunden und sich das Gute als nachahmungswürdig herausgepickt hat.

Denn wie ging die Geschichte aus? Die ganze Klasse hat etwas dazugegeben und die beiden Jungs hatten nur noch einen kleinen Teil aufzubringen. Gleichzeitig haben auch die zwei Lausbuben gelernt: Mir wird geholfen, auch wenn ich mal blöd bin. Ich habe den Fehler eingesehen und richtig dumm wird's nur, wenn ich denselben Fehler ein zweites Mal mache. Denn dann steht garantiert keiner mehr hinter mir.

Diese beiden Jungs haben Aufmerksamkeit durch Gruppenloyalität erfahren.

Wahnsinn!

Vielleicht ist das die wirksamste Aufgabe der Selbstreflexion, der man sich stellen kann: Ehe du mit dem Finger auf andere zeigst, denk mal über deine eigene Rolle nach.

Niemand ist schließlich perfekt. Wir haben alle gute und schlechte Seiten (siehe die Übungen »Selbstbild« auf Seite 32 und 77) und gute und schlechte Tage. Wir leben nicht immer nach den Regeln des kategorischen Imperativs. Müssen wir auch nicht. Aber wir sollten es auch weder den anderen noch uns selbst vormachen.

Selbstreflexion hilft auch bei der Einordnung eines Konfliktes. Wie viel entspannter kann ich in eine Auseinandersetzung hineingehen, wenn ich bereit bin, mein eigenes Verhalten zu hinterfragen und gegebenenfalls zu ändern, mich gar zu entschuldigen, statt mich selbst als Krönung der Schöpfung zu sehen, die immer alles richtig macht?

Das Motto »Ich kann alles und ich weiß alles« bringt uns, meiner Meinung nach, nicht nur nicht weiter, sondern macht es unserer Umwelt auch sehr schwer. Menschen, die immer auf ihrem Standpunkt beharren, auch wenn er offensichtlich falsch ist, sind mit Vorsicht zu genießen. Beim Blick auf ein orangefarbenes Rumpelstilzchen im einstigen Land der unbegrenzten Möglichkeiten drängt sich der Verdacht auf, dass sie außerdem gefährlich sein können.*

Aber auch hier gilt: Die Dosis macht das Gift. Menschen, die sich ständig und immer selbst hinterfragen, wirken nicht sonderlich souverän und vertrauenerweckend. Weder der Arzt, der Ihnen mit zittriger Stimme und nervösen Händen Ihren Behandlungsplan vorlegt, noch Sie, liebe Leserinnen, die die Präsentation vor der Belegschaft mit schüchternem Blick und Händen in den Hosentaschen halten.

Stehen Sie zu sich und zu der, die Sie sind. Seien Sie überzeugt eine coole Socke!

Am besten im *Gleichgewicht* zu: Okay, manchmal – alias: Ich bin nicht perfekt.

---

* Anmerkung für Sie, liebe Leserin: In der Endphase dieses Buches kam die erlösende Nachricht, dass das Rumpelstilzchen genug gerumpelt hat. Bleibt die Frage meines Sohns offen: »Mama, wird der jetzt zu Staub? Wie Voldemort?«

**In meinen Werkzeugkoffer für den
Weg zum Glück packe ich:**

- Nachdenken über die eigene Rolle und
- Empathie – die Kunst des Mitfühlens

Für Ihr Glücksbuch

JETZT SIE!
Übung »Mündigkeit«

*Um das Finden genau dieses Gleichgewichts geht es in den folgen-
den reflektierten Übungen zum Thema »Selbstbild« und »Mündigkeit«.*

Notieren Sie sich zuerst die Frage:
Was macht meinen Tag besser?

Ich gebe ein paar Beispielantworten:
- *Zeit für mich*
- *Treffen mit Freundin*
- *ein Ziel erreichen*
- *ein Flirt*
- *gutes Essen*
- *die Sonne*
- *genug Schlaf*
- *Sport*

Und so weiter und so fort.

*Ich bitte Sie im nächsten Schritt, festzustellen, was davon Sie in der
Hand haben.*
Was können Sie mündig und selbstbestimmt steuern?
Und was haben Sie wirklich nicht in der Hand?

Shutdown

Ich weiß, wie es ist, wenn plötzlich die Welt stillsteht. Wenn alles, worum man sich gestern noch die größten Sorgen gemacht hat, im Heute nicht mehr relevant ist. Ich kenne das. Allerdings kenne ich das »nur« für meine kleine Welt. Da drehte sich wenigstens draußen noch alles weiter. Als ich damals in mein Auto stieg und die Dame im Radio sagte: »Und jetzt das Wetter«, saß ich wie paralysiert auf meinem Sitz und dachte nur: *Wen bitte interessiert jetzt das Wetter?*

Alle hat es interessiert, nur eben mich nicht. Weil meine Welt gerade eingestürzt war. Denn ich hatte soeben erfahren, dass ich an einem hochaggressiven Brustkrebs erkrankt war, und jetzt sollte ich mir die Wolkensituation über Wanne-Eickel anhören? Nee, danke!

Aber wie geht der Mensch, die Mensch*heit*, gar der ganze Planet damit um, wenn plötzlich eine Bedrohung von außen *alles* gleichzeitig für *alle* wackeln lässt?

Mitten in der Schreibphase dieses Buches erkrankte die Welt am Coronavirus. Und darum bricht auch dieses Kapitel mitten in den Erzählflow des Buches hinein.

Die Erkenntnis, das Wissen um Corona kam erst schleichend und dann mit ganzer Wucht. Während ich diese Zeilen an Sie schreibe, befinden wir uns gerade noch in freiwilliger Quarantäne und rechnen täglich mit dem landesweiten Shutdown. Ich hoffe inständig, dass sich, wenn Sie diese Zeilen – ein gutes Dreivierteljahr später – lesen, unser Alltag normalisiert hat. Und dass wir daraus gelernt haben. Das habe ich während meiner persönlichen Krankheitskrise nämlich auch und dieses Gelernte hilft mir heute, als Mitbetroffene der ersten Stunde (meine Leseshow-Tour zu »Männer sind auch nur Menschen«

wurde quasi auf der Bühne gestoppt und ich wurde ad hoc heim-
geschickt), gut mit der Ausnahmesituation zurechtzukommen.
Denn ich meine zu erkennen, dass es ein paar Parallelen zwischen den beiden Krisen gibt. Und von denen möchte ich Ihnen jetzt gerne berichten.

Erdbeben

Wir *wissen* alle, dass die Gesundheit zu unserem größten Gut
gehört (das ja unsere ganz eigenen Ressourcen sind). So wie wir
auch alle *wissen*, dass unser Planet dringend eine bessere Behandlung braucht. Und es hapert uns weder an dem Wissen,
wie wir unseren eigenen Lebensstil gesünder gestalten, noch an
dem, wie wir besser mit unserem Planeten umgehen könnten.
Wissen ist nicht unser Problem. Vermutlich gab es auch keine
Generation vor uns, der Wissen leichter und umfangreicher zugänglich gemacht wurde. Während die Menschen vor hundert
Jahren noch nicht alle freien Zugang zur Bildung hatten, starten
wir heute quasi im Mutterleib mit dem Chinesischunterricht.
Wir wissen auch, dass mit jeder Früherkennungsuntersuchung
eine schlechte Nachricht kommen kann. KANN … Aber wie
wir reagieren, wenn es wirklich dazu kommt, *das* weiß keiner.
Und ganz trügerisch wird es, wenn man zur Untersuchung geht
und erfährt: »Alles bestens! Sie wollen wir hier in den nächsten
fünf Jahren nicht mehr sehen.«
Was passiert? Wir glauben, dass wir einen TÜV-Stempel bekommen haben. Eine Sicherheit oder gar Garantie. Auf unsere
Gesundheit, auf unser Leben, auf unseren Planeten. Aber die
gibt es nicht. Das durfte ich vor sechs Jahren schmerzlich erfahren und die ganze Welt erlebt es jetzt.
Denn so war das damals bei mir. Ich war kurz vor der Diagnose
bei der Mammografie gewesen, weil meine Frauenärztin meine
große Brust schlecht schallen konnte und auf Nummer sicher

gehen wollte. Die Untersuchung war unangenehm, aber sie war, und das sollte die letzte Untersuchung unter diesen Vorzeichen gewesen sein, unbelastet. Ich ging dort angstbefreit hin. Klar, bisschen ein mulmiges Gefühl hatte ich schon, aber ich stand in keiner Weise Todesängste aus.

Warum? Natürlich wusste ich, dass Gesundheit mein größtes Gut ist, aber ich habe nicht ernsthaft in Erwägung gezogen, dass ich mit 32 Jahren eine andere Nachricht bekommen würde als: »Alles bestens!« Und das, obwohl ich sogar zwei Jahre vorher an schwarzem Hautkrebs erkrankt war.

Ich finde, hier sind deutliche Parallelen zu ziehen.

Erste Parallele:

Wie lange geisterte der Begriff »Corona« in den Medien herum, bevor der Virus uns tatsächlich und leibhaftig erreichte? Bestimmt vier Monate, wenn nicht länger. Und klar, wir haben das alle gelesen und gehört und wir wussten, dass es kommen kann, und wenn nur aus den Hollywoodfilmen. Aber eben nur KANN. Weil wir aus den vergangenen Jahren einen gewissen Optimismus gelernt haben. Haben wir doch die Schweinegrippe, SARS und so viele andere Viren auch überlebt. Und außerdem noch die jährliche Grippewelle, bei der es noch nie eine Ausgangssperre gegeben hat.

Die Diagnose ließ meine Welt nicht nur wanken, nein, sie stürzte augenblicklich ein. Das geschah bei Corona dann doch etwas zaghafter. Es stürzten nicht alle Welten zugleich ein, sondern langsam, peu à peu. Waren es zunächst die Messen und Großveranstaltungen, die abgesagt wurden, traf es am Ende jede und jeden von uns. Erst noch ein Ding der Unmöglichkeit, wurde es bald Realität, kein Fußballspiel mehr zu besuchen, gar logisch erschien irgendwann die Konsequenz, in kein Restaurant mehr zu gehen.

Themen, die bis gestern in den Nachrichten gehypt worden waren, fanden keinen Platz mehr. Corona schob sich vor unsere

Welt, so, wie sich der Krebs damals vor meine geschoben hat. Und beides nimmt uns die Sonne.

Aber: Sie ist noch da! Die Sonne. Jetzt ist es an uns, die Haltung einzunehmen, dass wir sie wiedersehen. Dadurch verschwindet nicht der Klotz im Weg, aber wir ändern unsere Perspektive.

Was können wir aus diesem Erdbeben also mitnehmen?

Es ist immens wichtig, aus einer solchen Zeit etwas zu lernen, denn sonst schiene sie gänzlich sinnlos und nur düster.

Ich verrate Ihnen, was ich aus meinem Krebs-Erdbeben (unter anderem) mitgenommen habe und wie mir das in der Coronazeit geholfen hat.

Garantiebefreit

Unser Leben hat keine Garantie und nichts, was wir täglich erleben dürfen, ist selbstverständlich. Demzufolge habe ich keine Garantie darauf, dass ich meinen Job immer ausübe, dass ich meinen Lebensstandard halten kann oder noch ein Buch schreiben darf.

Albert Einstein sagte: »Es gibt zwei Arten, sein Leben zu leben: Entweder so, als wäre nichts ein Wunder, oder so, als wäre alles eines. Ich glaube an Letzteres.«

Ich auch.

Denn dank dieser Sichtweise wurde während der Krankheitsphase etwas in mir frei, worauf wir später noch genauer eingehen werden:

Dankbarkeit

Ich spürte wieder einmal diese tiefe Dankbarkeit, dass ich das Leben – in dem Fall insbesondere mein berufliches – jeden Tag in vollen Zügen genossen habe. Jedes Mal, wenn ich auf die Bühne ging, habe ich ein Dankgebet nach oben geschickt, dass ich das machen darf, *was* ich mache. Ich wäre wirklich sehr zerknirscht gewesen, wenn ich mir auch noch hätte sagen müssen: »Hätte ich das doch mal mehr genossen!« So musste ich wenigstens nicht noch im Nachgang mit mir hadern und konnte aus der Kraft der Erinnerung auch neue Motivation schöpfen.

Zweite Parallele:

Dasselbe ist mir nun während der Coronakrise passiert: Wieder ist mein berufliches Leben extrem runtergefahren. Und doch habe ich die Zeit zwischen meiner Genesung bis heute so gut genutzt und genossen.

Ob mein berufliches Leben je wieder dort ansetzen darf, und damit bin ich als Künstlerin nicht allein betroffen, das steht in den Sternen, aber: Rutschen Sie noch mal ein paar Zeilen hoch: Wir leben »garantiebefreit«.

Anmerkung am Rande: Liebe Leserinnen, wenn ich noch mal auf Tour gehen darf, seien Sie sich gewiss: Dann lassen wir es aber krachen!!!

Nur jetzt

In der Zeit, als es sich für die Veranstaltungsbranche richtig fies zuspitzte, als es hieß, dass auch die Soforthilfe zurückgezahlt werden müsse, als ich am Tag etwa zwanzig Stornos reinbekam und ich wirklich nicht mehr wusste, wie es weitergehen sollte, half mir nur eins:

das Heute.

Falsch, das JETZT. Denn manchmal wechselte auch das Heute seine Farben.

Ich fokussierte mich immer nur auf das JETZT.

Genauso war es auch in der Chemotherapie. Dachte ich morgens um 8 Uhr noch, die Nebenwirkungen hielten sich in Grenzen, so war mir um 9 Uhr so übel, dass ich mich wieder ins

Bett verkriechen musste. Eine Planung des Alltags war im Prinzip nicht möglich und daher konnte ich mich ausschließlich auf das Jetzt konzentrieren.

Dritte Parallele:
JETZT sitzen wir hier, haben ein Dach über dem Kopf und ein warmes Essen auf dem Tisch. Morgen sehen wir weiter. JETZT sitzen wir hier, ich habe so viel Zeit wie nie und wir spielen »Mensch ärgere Dich nicht«. Das ist sicher. Alles, was danach kommt, weiß ich nicht. Weiß niemand.
Überhaupt: Wer sagt denn, dass das Jetzt nicht eine Superzeit ist im Vergleich zu dem, was da vielleicht noch kommt? Ich bin bestimmt keine Schwarzmalerin, aber der Virus hätte weit dramatischer verlaufen können. Und selbst dann tun wir besser daran, das Jetzt zu genießen. Denn vielleicht ist die scheinbar »schlimme« Zeit die »gute alte Zeit« von morgen.

Ganz nebenbei: Ich habe im Shutdown das gemacht, wozu ich nie Zeit hatte. Ich habe meinen Podcast »Scheiter heiter« auf den Weg gebracht und schlussendlich dieses Buch geschrieben.

**In meinen Werkzeugkoffer für den
Weg zum Glück packe ich:**

• Lebe im Jetzt

Vielleicht hat Corona-Krisenmanagement nichts in einem Glücksbuch verloren. Aber wie wäre es, wenn Sie dieser speziellen Zeit eine Extraseite in Ihrem Glücksbuch widmeten mit der Überschrift: Was habe *ich* aus der Coronakrise mitgenommen? Wer weiß, vielleicht helfen Ihnen diese Erkenntnisse auf der Suche nach Ihrem eigenen Glück?!

Armkraft

Stellen Sie sich Folgendes vor:
Sie wandern auf einem befestigten, geraden Weg. Das ist Ihr Lebensweg. Sie verlassen sich ganz auf Ihre Beine. Mehr brauchen Sie dazu erst mal nicht. Hier und da liegen Steine oder es tun sich ein paar Unebenheiten und Löcher auf. Die sind mal größer, mal nur kleine Kieselsteine. Über die kommen Sie mit einem galanten Sprung noch gut hinweg.

Das mag auch eine ganze Weile funktionieren. Allerdings nur bis zu dem einen Tag, an dem uns der Boden unter den Füßen weggerissen wird. Der ist dann einfach weg. Der wankt nicht nur oder bricht partiell ein, nein, es macht: krach und weg ist er. Jetzt verrate ich Ihnen etwas: Über uns ist die ganze Zeit schon ein Seil gespannt. Als Hilfsmittel sozusagen. Wer es aber erst an Tag X bemerkt, hat seine Armmuskeln gar nicht dafür trainiert, sich daran festzuhalten.

Es ist also von Vorteil, wenn wir die noch gut machbare Chance nutzen und uns sagen: »Ich kann das Steinchen ignorieren oder aber ich schaue mir genau an, wofür es gut ist. Und wenn es *dafür* gut ist, dass ich meinen Bizeps stark mache. Wer weiß, wozu mir der noch mal nutzen kann.«

Die Unwegsamkeit ist auf jedem Weg und darum bei jedem Menschen von unterschiedlicher Art. Wie oft die Arme trainiert werden, ist also sehr individuell.

Aber *dass* die Muskelkraft trainiert werden muss, ist wichtig, denn in einem akuten Schwebezustand können wir uns ohne Arme nicht mehr aufrecht halten.

Und genau diesen unterschiedlichen Umgang mit der Coronakrise habe ich in meinem Umfeld beobachten können. Einige kamen ganz gut mit dem Schwebezustand zurecht. Für andere brach ihre ganze Welt zusammen.

Aus meiner Küchenpsychologinnensicht stelle ich fest: Es war abhängig davon, wie viel Armtraining die Menschen hinter sich hatten.

Denn: In dem Moment der handfesten Krise war es zu spät, den Bizeps zu trainieren. Wir hingen erst mal alle da. Am Seil. Und konnten nur auf die bisher erworbene Muskelkraft zurückgreifen. Die, die geübt waren, hatten genug Kraft, sich an dem Seil entlangzuhangeln. Die, die keine Armmuskeln besaßen, fielen relativ schnell in ein Loch. Und aus dem krabbelt es sich nur langsam wieder raus.

Die gute Nachricht ist: Es ist nie zu spät, seine Arme zu trainieren. Besser und leichter ist es, wenn man *kann* und nicht *muss*.

Sollten Sie feststellen: *Die Coronakrise, die hat mich fies aus der Bahn geworfen, wenn ich ehrlich bin. Mehr als den oder die eine oder andere(n) in meiner Umgebung,* dann gehen Sie gedanklich Ihren Lebensweg zurück.

Auch im Nachgang können wir noch Lehren aus schwierigen Lebenssituationen ziehen.

Jedes Buch, das ich geschrieben habe, basiert auf dieser Grundlage. Es hätte ohne den Krebs überhaupt kein Werk von mir gegeben. Wichtig ist: Kein Buch der Welt verwandelt Krebs in Gold. Der bleibt immer Mist. Aber die Perspektive ändert sich und so kann man auch den schlimmsten Phasen im Leben etwas Gutes abgewinnen.

In der »Stehaufqueen« habe ich meine persönliche Definition von »Resilienz« niedergeschrieben: an den vorgesehenen Dingen wachsen und sie sich irgendwie zu eigen machen. Das hat noch nie besser gepasst als zu Zeiten von Corona.

Dieser wackelige oder auch mal stabile Boden lässt sich nicht nur auf das Leben als solches, sondern auch auf sämtliche seiner Unterbereiche beziehen.

Ich weiß nicht, ob Sie es auch so empfunden haben, aber mir

scheint: Die Probleme, die ohnehin unter der Oberfläche gärten, wurden in dieser Krise verstärkt.

Haben insbesondere Mütter jahrelang für einen Homeoffice-Platz gekämpft, sich Argumente zurechtgelegt und beteuert, dass das Arbeiten auch zu Hause wunderbar möglich sei, wurde in der Krise aus einem »Das ist in unserer Branche nicht möglich« ein »Zack, zack, natürlich alle ins Homeoffice!«.

Dinge, die vorher undenkbar waren, klappten plötzlich, einfach, weil es sein *musste*.

Andere Fundamente entpuppten sich hingegen als Wolkenschlösser. Darauf lässt sich zumindest schließen, wenn man Schlagzeilen wie »Scheidungsrate durch Corona fünfmal so hoch« Glauben schenkt.

Vielleicht wären wir generell besser aufgestellt, wenn wir unser Leben von vornherein »krisensicher« gestalteten.

Wie das gehen kann, dafür hoffe ich Ihnen mit diesem Buch ein paar Anhaltspunkte liefern zu können.

**In meinen Werkzeugkoffer für den
Weg zum Glück packe ich:**

- Habe ein Fundament
- Habe DEIN Fundament

Ach, Kinders!

Uns, also uns *Frauen*, wird von Beginn unseres Lebens an suggeriert, dass Kinder glücklich machen. Sie gehörten dazu. Wir seien zur Fortpflanzung geboren. Dieser Wunsch sei tief in uns verankert und wir hätten diesem gehorsam zu folgen. Heute werden wir wenigstens nicht mehr komisch angeschaut, wenn wir, bevor wir zu Geburtsmaschinen werden, noch schnell unser Studium beenden. Auch ist es mittlerweile sogar gern gesehen, wenn wir wieder arbeiten gehen. (Dass wir allerdings genauso viel verdienen wie unsere männlichen Kollegen, das wäre dann ja doch übertrieben. Ironie off.)

Aber fangen wir von vorne an: Machen denn eigene Kinder überhaupt glücklich?

Ja, sagt eine Studie der Universität Heidelberg.

Allerdings laut Umfragen wohl erst dann am meisten, wenn sie ausgezogen, sprich, quasi erwachsen sind.

Also haben Sie, liebe Mütter, unter Umständen noch ein bisschen Zeit, bis sich das tiefe Glücksgefühl einstellt. Ich meine nur, falls Sie sich schon gewundert haben. Erst dann, wenn sie weg sind, geben einem die lieben Kleinen, äh, Großen sooo viel zurück.

Ganz dramatisch für die eigene Gefühlslage scheint es übrigens dann zu werden, wenn Sie glauben, die Racker endlich quitt geworden zu sein, und ein erwachsenes Kind zieht wieder zurück ins elterliche Nest.

Die besagte Studie zeigte weiterhin, dass Mütter, die keinerlei Unterstützung aus ihrem Umfeld erfahren, häufiger zu Depressionen neigen.

Genügend Fakten also, sich das Thema »Kinder und Glück« mal genauer anzuschauen.

Kinder kosten uns Mütter ein Vermögen. Nicht nur ein Vermögen an Nerven, sondern vor allem Geld. Im Juni 2020 veröffentlichte die Bertelsmann Stiftung eine Studie, die das mit Zahlen untermauert. Mütter mit einem Kind verdienen im Laufe ihres Lebens 40 Prozent weniger als Frauen ohne Kinder. Haben wir drei oder gar mehr Kinder, sind es sogar 70 Prozent Einbußen.

Wir haben also nicht nur den *Gender Pay Gap,* der die Gehaltslücke zwischen Mann und Frau beschreibt, es gibt noch einen neuen Begriff, der die Lücke zwischen Mama- und Nicht-Mamasein benennt: *Motherhood Lifetime Penalty.* Die Autorinnen der Studie, Manuela Barišić und Valentina Sara, übersetzen es mit: Als Mutter hast du »lebenslänglich« auf dem Konto.

Es ist leider Fakt: Wir werden es kaum mehr schaffen, als berufstätige Mütter an die Männer heranzurücken, ganz im Gegenteil, wir werden offenbar immer weiter abgedrängt.

Die Coronazeit hat das live zu Hause gezeigt. Es war doch meist völlig selbstverständlich, dass die Mamas die Kinder betreuen und den Großteil der sogenannten Care-Arbeit übernehmen. (An dieser Stelle empfehle ich Ihnen gerne zur Vertiefung das Buch »Die Frau fürs Leben ist nicht das Mädchen für alles« von Laura Fröhlich.) Papas Homeoffice war eben meist wichtiger als Mamas.

Und um diese Ungerechtigkeit auf die Spitze zu treiben: Väter verdienen in ihrem Leben bis zu 20 Prozent mehr als Männer ohne Kinder!

Was heißt das denn übersetzt?

Männer gewinnen mit der Vaterschaft offenbar Attribute dazu, die sie für den Arbeitsmarkt attraktiver machen, während wir Frauen aussortiert werden. Während dem Vater vielleicht eher »verantwortungsvoll« zugeschrieben wird, wird die Mama vermutlich mit dem Attribut »unzuverlässig« belegt.

Jetzt macht diese zum Himmel schreiende Ungerechtigkeit zugegebenermaßen nicht so richtig glücklich, zumal sie in die Kategorie »Habe ich nicht in der Hand« fällt. Zumindest die Politik nicht. Wie ich das zu Hause mit meiner Familie, insbesondere mit meinem Partner, kläre, aber schon.

(Über die Möglichkeiten, wie wir Frauen uns finanziell absichern können, habe ich mich in »Männer sind auch nur Menschen« ausgelassen.)

Der gesunde Menschenverstand müsste so rein aus Vernunftgründen doch eigentlich laut »Kinder? Nein danke!« schreien.

Ich möchte an dieser Stelle aber dringend meine Freundin und Anwältin Nina Straßner mit ihrem Buchtitel zitieren:

»Keine Kinder sind auch keine Lösung«

Und ich sage sogar aus vollem Herzen: Meine Jungs machen mich glücklich.

Ohne Wenn und Aber.

Und das auch heute schon, wo sie noch bei mir unterm Dach leben.

Aber es ist ein anderes Glücklich, ein tieferes als jedes, das ich bisher erleben durfte. Man legte mir Max nach der Geburt auf den Bauch und es durchströmte mich ein Gefühl von einer nie da gewesenen Macht.

Diesen Moment, mit Patrick an meiner Seite, den werde ich niemals vergessen. Allein die Erinnerung daran macht mich schon glücklich.

Glückstipp für alle Getrennten

*Lassen Sie nicht zu, dass eine »gescheiterte« (ich hasse den Begriff!)
Ehe Ihre guten Erinnerungen an bedeutende geteilte Lebensmomente überschattet.*

Diese Art der Liebe, diese bedingungslose Liebe, die kannte ich
vorher nicht.

Und es hat lange gedauert, bis ich mich dazu entschließen
konnte, ein zweites Kind zu bekommen.

Ich hatte nämlich Angst. Nicht vor dem finanziellen Verlust,
sondern davor, dass ich das zweite Kind nicht so sehr lieben
könnte wie das erste.

»Hase, stell dir doch nur mal vor, das Kind ist doof.«

»Das wird schon nicht passieren.«

»Es gibt viele doofe Kinder.«

»Die haben dann auch doofe Eltern.«

Und meine Sorge war außerdem: »Du hast keine Geschwister,
ich auch nicht. Ich weiß doch gar nicht, wie man das als Mama
macht mit zwei Kindern.«

Tja, Eltern sein ist wie das Zusammenlegen eines Bettlakens:
Keiner weiß, wie es geht. Egal ob mit einem Kind oder mehreren.

Am Ende schaltete ich mein Hirn aus, verließ ich mich auf meinen Mama-Instinkt – und wurde wieder schwanger.

Und als man mir dann Constantin auf den Bauch legte, fing ich
derart an zu lachen, dass meine Hebamme verwirrt fragte: »Was
ist denn los mit dir?«

»Ich habe mir ernsthaft Sorgen gemacht, dass ich nicht noch
mal so lieben kann. Aber die Liebe verdoppelt sich einfach. Die
wird einfach mehr.«

Und zu wissen, dass ich so tief lieben kann, dass da so viel Gefühl in mir ist – das allein macht mich glücklich.

Max und Constantin ließen die Welt ganz anders erscheinen. Sie gaben ihr einen Sinn und stellten mich gleichzeitig zurück, indem sie mich lehrten, mich nicht mehr ganz so wichtig zu nehmen. Ein zweischneidiges Schwert und natürlich auch eine Herausforderung für jede Mutter, ihre eigenen Bedürfnisse hintanzustellen. Aber ich fand es okay. Mehr als okay.

Wie sagte meine Oma schon immer: »Kind, erst kommst mal du. Dann kommt ganz lange nix. Dann kommst noch mal du, dann der Neumarkt (Platz in Köln) und dann, aber erst dann, kommt der Rest.« (Stellen Sie sich das gerne im schönsten Kölsch vor.)

Ich könnte Ihnen noch seitenlang erzählen, was mich als Mama alles glücklich macht, aber: Das ist nur *meine* Sicht der Dinge. Und gleichzeitig zerreißt es mir das Herz, wenn ich Frauen begegne, denen der Wunsch, Kinder zu bekommen, nicht erfüllt wird. Aus einer Laune der Natur heraus.

Ich bin mir ganz sicher: Ja, Kinder machen glücklich. Aber man kann auch ohne Kinder glücklich sein.

Denn, und das ist die Kehrseite der Medaille: Ab dem Moment, in dem die Kinder geboren wurden, wurde ich zur potenziellen Mörderin. Ich würde jeden kaltblütig ermorden, der mir an meine Kinder will. Nachrichten, in denen von schlimmen Verbrechen an Kindern berichtet wird, schnüren mir nicht nur die Kehle zu, sie bescheren mir eine ungeahnte Übelkeit.

Mit den Kindern kommen die Sorgen.

Als ich an Krebs erkrankte, waren meine zwei Jungs zwei und sechs Jahre. Und meine ersten Gedanken, die waren nach der Diagnose nicht bei mir. Seinen eigenen Tod stirbt man nur einmal. Aber der Gedanke daran, dass meine Kinder noch nicht mal Erinnerungen an mich gehabt hätten, der lässt mir heute noch die Tränen in die Augen steigen. Und wie viele Mamas habe ich gehen sehen müssen, die sich mit Briefen an die Zukunft vergewissert haben, dass das nicht passiert.

Diese Sorgen, die machen nicht glücklich.

Ich könnte mir vorstellen, dass das ein Beweggrund der oben erwähnten Studie war.

Es passiert sowieso

Die Moral aus der Geschichte, die ich Ihnen jetzt erzähle, die erkannte ich nicht direkt. Die erkannte ich erst Jahre später. Wenn man gedanklich den ein oder anderen Weg noch mal zurückgeht, um zu schauen, ob bei dem Gras, das darüber gewachsen ist, ein paar Blumen dabei sind.

In diesem Fall fand ich gleich einen ganzen Strauß. Und *so* ein Blumenstrauß macht ungemein glücklich, das kann ich Ihnen sagen.

Max war knapp drei Jahre alt, Constantin war schon unterwegs und es war Hochsommer. In unserem kleinen, aber feinen Vorstadtgarten hatten wir ein Mini-Planschbecken aufgestellt und Max, samt Nachbarskindern, hatte großen Spaß. Diese kleinen Mäuse planschten auf Teufel komm raus und liefen mit ihren nassen Sonnencremefüßchen über die Terrasse, von dort rein ins Wohnzimmer, bis in die Küche und wieder zurück.

Eine Million Mal. Wissen Sie, was aus Sonnencreme und Wasser entsteht? Eine Rutschfläche wie poliertes Eis. Und dabei machte mir die Türschwelle zwischen Garten und Wohnzimmer die meisten Sorgen.

Vor meinem inneren Auge sah ich die Kleinen fallen. Ich sah aufgeplatzte Knie, blutige Lippen und meckernde Mütter. Also lief Frau »Hochbesorgt« den Kindern wie eine Irre hinterher:

»Mäuse, langsam, ihr fallt doch!«

»Bitte achtet auf die Schwelle!«

»O Gott, Horst-Kevin, nicht so schnell!«

»Bis einer weint …«

Und was mir Spaßbremse eben sonst noch einfiel.

Sagen wir mal so: Während die Kinder den Spaß ihres Lebens hatten, war ich eher unentspannt.

Es ist nichts passiert. Den ganzen Nachmittag nicht.

Am Abend waren wir drei, also Mama, Papa, Kind, wieder allein und spielten am Couchtisch eine Runde Memory. Patrick und ich saßen auf der Couch, Max war noch so klein, dass er vor dem Tisch stand. Eine halbe Armlänge von seiner Gluckenmama entfernt.

Und auf einmal, ohne Vorwarnung, knickt der Kleine mit einem Bein um und schlägt mit dem Kopf auf den Tisch. Jegliche Wunden am Kopf bluten fies. Und schnell. Und Milchzähne sind auch eher locker veranlagt. Und Jungs, die ihr eigenes Blut sehen, das ist auch so eine Sache …

»Maaaamaaaaaa!«

»Ganz ruhig, mein Schatz, alles wird gut.«

Ich muss dazu sagen: Max war mein erster Sohn und ich hatte so etwas noch nicht erlebt. Damals hätte ich am liebsten den RTW gerufen, heute würde ich einen Kühlakku holen.

Wir fuhren in die Zahnklinik, weil der vordere Schneidezahn eine unnatürlich schiefe Position eingenommen hatte und nur noch an einem Zipfel hing. In der Uniklinik angekommen, erwartete ich rennende Ärzte und am liebsten hätte ich McDreamy »Heute ist ein guter Tag, um Leben zu retten« sagen hören. Aber nichts dergleichen geschah.

Dafür kam ein sehr unaufgeregter Arzt und kommentierte meine Panik mit:

»Ist bestimmt Ihr erstes Kind, ne?«

»Jaaaaa, was hat das damit zu tun?«

»Ich habe vier. Beim vierten habe ich prophylaktisch alle Zähne gezogen.«

Max hat das Drama gut verknackt. Und ich? Geht so. Platt war ich. Wie nach einem Marathon (ohne je einen gelaufen zu sein). Und Jahre später, mitten in einem Schreibprozess (natürlich!), fiel mir auf, dass diese Situation eine Analogie ist. Für eigentlich alles!

Die Sorgen, die ich mir den ganzen Tag über gemacht habe, nämlich, ob die Kinder fallen und sich verletzen, haben nicht verhindern können, dass Max sich ein paar Stunden später – unmittelbar neben mir – einen Zahn ausschlägt.

Die Sorgen, die ich mir gemacht habe, haben nur verhindert, dass ich den Tag grenzenlos genießen konnte.

Schon in der »Stehaufqueen« beschreibe ich die Stehaufmöglichkeit:

»Du kannst dir Sorgen machen, aber du bist gar nicht dazu verpflichtet.«

Heute möchte ich noch einen Schritt weiter gehen: Wenn wir das erledigen, was wir in der Hand haben, in dem Beispiel wäre das, darauf zu achten, dass neben dem Planschbecken keine Starkstromleitung verläuft, dann, meine Damen, können wir uns entspannt zurücklehnen. Nein, halt: Wir müssen sogar! Aus Dank an das Leben.

Das, was wir verändern, oder die Frage, die wir uns höchstens stellen könnten, ist: Baust du das Planschbecken auf oder nicht? Und dann: Haste Spaß oder nicht?

Wenn du aber alles abgesteckt hast, dann lass locker!

Damit wären wir wieder im Jetzt angekommen. Sie wissen schon, Kapitel »Nur jetzt« (auf Seite 106).

Eine weitere Sache, die ich aus dieser Geschichte gelernt habe: Wenn meine Sorgen gar keinen Einfluss auf das haben, was passiert, warum mache ich sie mir dann? Wenn ich auf dem Weg zur Nachsorgeuntersuchung bin, dann hat der Grad meiner Angst doch null Einfluss auf das Ergebnis. Das Einzige, was die Sorgen machen, ist: Sie klauen mir das unbeschwerte Jetzt.

Und von der dritten Sache, auf die ich gestoßen bin, erzähle ich Ihnen später.

Für Ihr Glücksbuch

JETZT SIE!

Haben Sie Ihre Liste noch? Mit den Dingen, die Ihr Leben, die Ihre Gedanken positiv gestalten?
Ich hatte Sie gebeten, genauer hinzuschauen, was Sie davon mündig in der Hand haben und was nicht.
Betrachten wir nun die Dinge, die Sie nicht in der Hand haben.
Diese Dinge, die im Leben wirklich gesetzt sind, die können Sie loslassen. Wie beispielsweise das schon erwähnte Wetter. Die Wolkensituation über Castrop-Rauxel haben Sie nicht unter Kontrolle!
Es gibt Dinge, die passieren (leider!) – wie wir eben eindrücklich gesehen haben – ohnehin.
Aber: Sie können Ihre Einstellung zu diesen Dingen ändern. Versuchen Sie es!

Love it. Leave it. Or change it.
Mehr Möglichkeiten haben Sie nicht.

Hafen und Schiffe

Und dennoch muss ich zugeben, dass ich meine Kinder gerne vor dem ein oder anderen Schicksalsschlag bewahrt hätte. Ein ausgeschlagener Zahn lässt keine Welt zusammenbrechen ... Aber ich hätte ihnen gerne den Anblick einer glatzköpfigen und zerschnibbelten Mutter erspart. Ebenso die Erfahrung, morgens aufzustehen und keine Mama vorzufinden, weil die über Nacht ins Krankenhaus musste.

Ich hätte sie auch nur zu gerne vor dem Ende meiner Ehe und dem zumindest räumlichen Verlust des Vaters bewahrt. Wenn Sie mich fragen, ist das für Kinder ganz schön viel Lebensrealität.

Man will sie doch als unsinkbares Schiff auf das Meer des Lebens rausschicken, oder?

Und dafür brauchen sie nun mal einen sicheren Hafen.

Ich komme mir manchmal vor, als würde ich meine Kinder wie kleine Schiffchen durch einen kantigen Hafen ziehen und einfach nicht verhindern können, dass sie, schon bevor sie überhaupt das Meer erreichen, Ecken, Kanten und gar Risse bekommen.

Aber können wir das als Mütter oder Eltern denn überhaupt verhindern?

Wenn wir bei dem Bild bleiben: Vielleicht entstehen gar Risse unten am Bug, die wir oben als manövrierende Wegweiserin gar nicht mitbekommen.

Die Risse, die ich mitbekommen habe, die haben wir gemeinsam versucht zu flicken. Mal hatten wir das passende Werkzeug zu Hause, mal hatte ich keine Ahnung, wie ich die wieder heile bekomme, und musste mir Hilfe holen. Von Fachleuten, die mir sagen konnten, was es dafür braucht.

Dann lag die Entscheidung bei mir: Erwirbst du selbst das Werkzeug, gar für immer? Falls so was noch mal passiert. Oder reicht eine kurzfristige Leihgabe?

Man muss und kann ja nicht alle Werkzeuge zu Hause haben, manchmal reicht es, wenn man sich das ein oder andere von einem Freund leiht. Vielleicht als Tauschgeschäft.

Bevor man diese kleinen Schiffe also auf das große Meer entlässt, versucht man, sie so gut es geht zu rüsten. Für alles, was, wie man aus eigener Erfahrung weiß, auf der großen See passieren kann: Stürme, hohe Wellen, manchmal aber auch wundervoller Sonnenschein und spiegelglattes Blau.

Und dann, ja dann haben wir irgendwann keinen Einfluss mehr darauf, wie unsere Kinder ihr Steuer lenken. Sie können uns jederzeit über Funk erreichen, aber ob sie unsere Empfehlungen noch annehmen, das steht in den Sternen. Und wir fragen uns: Reicht der Werkzeugkoffer, den wir ihnen mitgegeben haben, aus? Wenn sie zwischendurch ein Leck bekommen, reicht dann ihr Wissen, um es wieder zu reparieren?

Sie mögen mir diese ewige Bildsprache verzeihen. Ich empfinde das Verbildlichen einfach immer als wahnsinnig hilfreich.

Wenn Sie jetzt als Mama oder Papa denken: *Mist, das Boot meiner Kinder hat so viele Risse, ob das überhaupt schwimmfähig ist ...?*, dann möchte ich Sie an die »Titanic« erinnern. Das unsinkbare Schiff, das in vollendeter Schönheit gestorben ist und nunmehr seit hundert Jahren auf dem Grund des Meeres vergammelt.

Sie können Ihre Kinder also als vollständig intakte Jacht ausstatten, die frei von Schrammen ist – und haben es dann doch nicht in der Hand.

Vielleicht ist Ihr »sorgenfreies Jacht-Kind« auch so verwöhnt, dass es beim ersten Windhauch völlig überfordert ist und das Ding versinkt.

Ist es da nicht sogar besser, wenn es im sicheren Hafen erlernt hat, diverse Reparaturen durchzuführen?

Schwierig wird es, wenn Sie mich fragen, dann, wenn Sie Risse erkennen, diese aber nicht behandeln und einfach ignorieren nach dem Motto: »Das wird schon nicht auffallen«. Die fliegen Ihrem Kind nämlich mit großer Wahrscheinlichkeit auf hoher See um die Ohren.

Ich fahre für mich und meine Jungs so: Wir checken regelmäßig, im Rahmen meiner Möglichkeiten, die Schiffe. Ich gucke nicht mit den Augen vom TÜV, ich gucke mit Liebhaberaugen. Für den TÜV hole ich mir, wenn nötig, Hilfe. Und wenn Risse da sind, schauen wir die an. Nämlich, ob man mit ihnen leben kann, ob sie nur ein bisschen Farbe brauchen und das Boot letztlich bunter machen oder ob wir tiefer in die Trickkiste greifen müssen. Und ich frage die Kinder nach ihren eigenen, kreativen Ideen, wie man was wieder hinbekommt, und versuche diese mit meinen Erfahrungen anzureichern. Denn letztlich sind *sie* das Schiff und sie müssen damit auf hoher See zurechtkommen.

Ja, auch meine Schiffe werden eines Tages auf die hohe See rausfahren und dann stehe ich (so Gott will, dass *mein* Schiff so lange hält!) am Hafen und winke ihnen nach. Und ich wünsche ihnen für ihre Fahrt des Lebens so viel Sonne, wie es geht. Und die Fähigkeit, sich auch über den Regen zu freuen. Denn der wird kommen, auch wenn man sich nicht darauf freut.

Und ich wünsche mir, dass sie mich immer, Tag und Nacht, anfunken, wenn etwas schiefgeht. Und solange mein Schiff noch fit ist und tief in sich drin Motorjet-Düsenantrieb besitzt, kommt die Mama dann raus aufs Meer gefahren, schiebt Wolken weg und tötet Haie und andere Ungeheuer mit bloßen Händen.

Und diese gute und stärkende Erinnerung werden sie hoffentlich in den Bug der nächsten kleinen Schiffe einbauen oder ihnen zumindest davon erzählen.

**In den Werkzeugkoffer für den
Weg zum Glück packe ich jetzt mal einen ganzen Batzen
(ich habe auch viel erzählt):**

- Ob Kinder zum Glück führen, das entscheidest allein du
- Sollte eine Frau zu dem Entschluss NEIN kommen: *Don't judge*
- Es gibt keine perfekte Kindheit. Und: Wer definiert das schon? Aber: Versuche, täglich die Mama zu sein, die deine Kinder gerne in Erinnerung haben werden
- Tu alles, was du kannst, aber akzeptiere auch, dass das Leben passiert

Aus eigener Erfahrung

Was haben meine Eltern getan, damit aus mir eine geistig gesunde Erwachsene geworden ist?

Ja, ich hatte eine schöne Kindheit. Aus meiner heutigen Wahrnehmung sogar eine sehr schöne.

In der »Stehaufqueen« berichte ich Ihnen vom Tod meiner Schwester, der sich ein paar Wochen vor meiner eigenen Geburt ereignete. Daher war es keine reine Sonnenzeit. Vielleicht bin ich mit diesem Licht-Schatten-Gedanken schon groß geworden.

Als Kind der 80er- und 90er-Jahre kam ich noch ohne PEKiP, Japanisch für Neugeborene oder musikalische Früherziehung aus. Nicht, dass ich das verteufele. Denn erstens will ich überhaupt gar niemanden dazu ermuntern, mich als Vorbild zu sehen, und zweitens geht es vor allem um Ihren eigenen, individuellen Weg.

Ich möchte Ihnen nur ein bisschen den Druck rausnehmen und Ihnen zeigen, wie es *auch* geht:

Ich war in keinem Verein.

Ausprobiert habe ich einige, weil sich früh abzeichnete, dass ich der Bewegung, na ja, nennen wir es mal, zutiefst feindselig gegenüberstand. (Die Kehrseite, muss ich heute definitiv eingestehen, ist, dass ich es anscheinend verpasst habe, in den richtigen und wichtigen Jahren Sport zu treiben. Diese Grundfitness, die ich bei anderen bemerke, die jahrelang im Sportverein waren, die fehlt mir einfach.)

Meine Eltern ermutigten mich immer wieder zum Erlernen eines Instrumentes. Ich spiele bis heute keins.

Ich war auch nicht bei den Pfadfindern.

Oder mal zum Schüleraustausch im Ausland.

Ich habe Klassenfahrten gehasst, weil ich immer, immer, immer (bis heute) Heimweh hatte.

Ich war als kleines Kind auch nicht sonderlich kontaktfreudig. Bin wohl als junge Schülerin (ich muss in der zweiten Klasse gewesen sein) sehr häufig allein über den Pausenhof gegangen. Und Aufforderungen meiner Lehrerin wie »Nu spiel doch mal mit anderen!« brachten gar nichts, wenn ich das nicht selbst wollte.

Aber wenn ich es wollte, dann war ich ganz vorne mit dabei. Bis zu dem Punkt, an dem ich wieder allein sein wollte.

Ich war in nichts die Beste.

In gar nichts.

Es gab kein einziges Fach, keinen einzigen Bereich, in dem ich den Ehrgeiz hatte, die Beste zu sein.

Ich besitze keine einzige Medaille oder Pokal.

Ich habe nur Teilnahmeurkunden. Und auf denen war meist das Wort »erfolgreich« gestrichen.

Was ich aber schon immer konnte, war quatschen.

Deswegen wurde meine Mutter auch ein paarmal in die Schule bestellt. Die Lehrer setzten sie aber nicht unter Druck, sondern baten sie sogar: »Wenn Sie mit Ihrer Tochter sprechen, Frau Böhme, dann schimpfen Sie nicht mit ihr. Sie ist so 'ne Liebe.«

Denn bei allem, was ich tat, oder besser gesagt, bei allem, was ich *nicht* tat, war ich zufrieden.

Man hat mich mal mit zwei Jahren auf einem Kindergeburtstag im Hochstuhl vergessen. Weil ich die Jüngste war, sind die anderen schon zum Sackhüpfen vorgerast. Ich saß da drei Stunden lang. Kein Wort der Klage habe ich verloren, ging auch nicht, denn ich hatte den Mund voll mit den Smarties vom Kuchen. Die hatte ich in der Zwischenzeit alle fein säuberlich verzehrt. Ich war *immer* zufrieden.

Und heute glaube ich, dass es daran lag, dass meine Eltern mich nie zu jemandem machen wollten, der ich nicht war.

Ich kann mich nicht daran erinnern, dass sie jemals etwas gesagt hätten wie: »Guck doch mal, Julia macht das auch. Nu mach doch auch Leichtathletik!«, geschweige denn mich zu irgendwas gezwungen hätten. Ermutigt ja, aber wenn sie merkten, dass ich ganz offensichtlich absolut spaßbefreit bei der Sache war, ließen sie davon ab.

Meine Oma kommentierte jeden gescheiterten Versuch außerdem mit »Lass das Kind!«.

Ich war am liebsten zu Hause, habe gerne allein gespielt und mich dabei so wenig wie möglich bewegt.

Wie gesagt: Sie müssen sich kein Beispiel daran nehmen, es ist nur ein Weg, den ich Ihnen aufzeigen möchte.

Warum ich das tue? Weil ich mich als resilienten und glücklichen Menschen bezeichne. Die Frage ist natürlich: Bin ich es wegen oder trotz meiner Erziehung? *Meine* Antwort ist ganz klar: wegen!

Viele meiner eigenen Erfahrungen habe ich mir bis heute bewahrt. Ich ermutige meine Kinder zu allem, aber ich zwinge sie zu nichts.

Während mein Kleiner mein nahezu identisches Ebenbild ist, ist Max ganz anders. Während der Schwangerschaft mit Constantin lag ich eine Woche in der Uniklinik, weil keine Kindsbewegungen vorhanden waren, aber ein ganz normaler Herzschlag.

Muss ich Ihnen mehr sagen? Das Kind kam kerngesund und stinkefaul zur Welt.

Max wiederum schafft nicht eine Stunde ohne Bewegung. Es ist auch egal, was er an Sport ausprobiert, er kann alles.

Für seinen kleinen Bruder ist das nicht einfach. Ich versuche das mit Humor aufzufangen und ihm das Gefühl zu geben, dass er richtig ist so, wie er ist.

Ich bin gespannt, wohin diese Reise uns führt, wohin sie die Segel meiner kleinen Schiffe blasen wird.

Da Sie gerade mein sechstes Buch in der Hand halten, ist das Risiko, dass ich weitere schreiben werde, nicht gering. Vielleicht bekomme ich im Leben noch mal die Chance, Ihnen von meinen dann erwachsenen Jungs zu berichten. Was aus ihnen geworden ist. Und womöglich äußern sich die beiden auch selbst irgendwann dazu …

Später greifen wir diesen Punkt noch mal auf, wenn es um Kreativität und Bildung geht.

Bis dahin folgt hier mein ganz persönlicher Glückstipp für Sie

Damit aus Kindern glückliche Erwachsene werden, braucht es keinen Drill in Form von aufgezwungenen Freizeitaktivitäten und frühkindlichen Förderungen.

Was Sie in Ihren Werkzeugkoffer packen, überlasse ich in diesem Fall Ihnen ganz allein.

Denn das hängt davon ab, ob Sie ganz anderer Meinung sind und mehr Disziplin fordern oder ob Sie einen ähnlichen Weg eingeschlagen haben oder es ab jetzt tun wollen.

Zwischenstopp für einen Blick
in Ihr Glücksbuch

Liebe Ladys, an dieser Stelle möchte ich Sie noch mal dazu ermutigen, einen reflektierten Blick auf sich selbst zu werfen. Was Sie hier lesen, ist keine Verordnung oder der Weisheit letzter Schluss. Es ist nur meine Sichtweise. Ich würde mich freuen, wenn Sie diese nicht verteufeln, aber Sie müssen sie auch nicht blind unterschreiben.
Und am brennendsten interessiert mich: Was haben Sie bis hierhin schon für sich rausgefunden?
Schreiben Sie es in Ihr Glücksbuch.

Wenn es so naheliegt

Neben all den großen, existenziellen Dingen liegt das Glück auch manchmal direkt vor uns in einer ganz anderen, unvermuteten Beschaffenheit. Oder aber wir bekommen es mit kleinen Alltagstricks herausgekitzelt.

Ich bin mir sicher, dass Sie das, was in diesem Kapitel steht, schon für sich erkannt, es aber nicht unbedingt mit Glück in Verbindung gebracht haben.

Ich fange mal von hinten an.

Meine Damen, macht es Sie glücklich, wenn es stinkt?

Also, wenn Sie einen merkwürdigen Geruch wahrnehmen? Egal wo. Sei es in der Natur, im Kühlschrank oder an Ihrem Partner. Ich bin mir sicher, Sie sitzen genau jetzt mit gerümpfter Nase hinter dem Buch.

Die Aussage »Ich kann dich nicht gut riechen« hat ihre Daseinsberechtigung und wenn Sie ein geruchsempfindlicher Mensch sind, umso mehr.

Düfte schaffen es, uns binnen Sekunden in die Kindheit zurückzuversetzen und ganz alte Erinnerungen wachzurufen.

Ich weiß nicht, wie es Ihnen geht, aber mir reicht manchmal schon eine Nuance, um ein Flashback zu bekommen. Doch so schnell, wie das Gefühl da ist, so schnell ist es auch wieder weg. Liebeskummer wird verstärkt, wenn plötzlich jemand mit demselben Aftershave neben Ihnen steht wie das Ihrer verflossenen Liebe, wir bekommen Hunger, wenn wir an einer duftenden Bäckerei vorbeigehen, oder Sie spüren, wie ich, eine latente Angst beim Geruch von Turnhallen.

Wenn ich ein Krankenhaus betrete, schnürt sich mir noch immer die Kehle zu, und beim Duft von Penaten-Creme schießt mir die Milch ein. Ach nee, geht ja nicht mehr, also: Mir schoss die Milch ein.

Ich war letztens in einer kleinen Boutique, die einen so angenehmen Duft hatte, dass ich nicht mehr gehen wollte. Ich blieb. Und kaufte.

Alles Momente, die Sie bestimmt schon unbewusst oder vielleicht sogar bewusst selbst wahrgenommen haben.
Aber haben Sie sie jemals aufs Glück bezogen?
Ich nämlich nicht.
Obwohl es so naheliegend ist.
In meiner ganz aktiven Abnehmphase stellte ich plötzlich einen Zusammenhang her, der mir neu war.
Ich hatte mir einen neuen Raumduft zugelegt, den ich bei einer Freundin gerochen hatte. Dieser Duft ging irgendwie direkt in die Seele.
Gute Raumdüfte – und die Betonung liegt auf *gut* – kosten richtig Geld und so verwendete ich ihn sparsam.
Dieser ganz leicht markante Duft, der machte mich zufrieden und ja, irgendwie glücklich. Und es schien, als würde sich diese Zufriedenheit auf mein Essverhalten auswirken, denn das Hungergefühl ließ nach.
Heute ist dieser Raumduft bei mir immer präsent und ich werde hektisch, wenn er sich dem Ende zuneigt.

Aber was genau passiert in uns, wenn wir einen »guten« Duft riechen?
Alan Hirsch ist einer der größten Duftforscher und er bezeichnet die Nase als außen liegendes Hirn. Während unser Auge sich weit weniger entwickelt zeigt – denn dieses nimmt letztlich nur die drei Primärfarben Rot, Blau und Gelb wahr –, ist unsere Nase um einiges besser ausgestattet: Wir können dreihundertfünfzig Basisgerüche wahrnehmen und diese zu einer Billion (!) Kombinationen variieren. Große Unternehmen haben das längst

für sich erkannt und Hotels beispielsweise lassen sich ihren eigenen Duft kreieren.

Sei es, um bei ihren Gästen für Wohlempfinden zu sorgen oder um über die Nase Kaufanreize zu provozieren.

Und falls Sie das noch nicht überzeugt, meine Damen: Dieser bekannte Geruchsforscher hat herausgefunden, dass ältere Ladys, die »Mädchendüfte« auftragen, vor allem mit Grapefruitnoten, von Männern bis zu sechs Jahre jünger und sechs Kilogramm leichter eingeschätzt werden.

So was schafft doch keine Klamotte auf der ganzen Welt, oder was meinen Sie?

Aber ist es wirklich so einfach?

Nun ja, wir bekommen mit einem guten Parfum oder einem guten Raumduft ganz sicher nicht die großen Probleme weggesprüht. Aber ich möchte Sie mit diesem Gedankenansatz einladen, sich die banalsten Dinge im Leben noch mal genau anzuschauen. Denn Glück entsteht letztlich auch aus der Summe vieler Einzelheiten.

Und vielleicht steht dieser »Raumduft« auch nur stellvertretend für etwas viel Größeres, Essenzielleres.

Ich verbinde damit zum Beispiel ein gemütliches Heim, in dem es mir gut geht. Was immer es dafür braucht. So erwärmt mein Herz zum Beispiel auch eine hübsche Teekanne mit Stövchen und den passenden Teetassen. Das finde ich einfach schön. Und ja, das macht mich dann glücklich: Ruhe am Auge, Ruhe an der Nase und Spaß am Gaumen. Und alles ohne Kalorien!

Ich bin der festen Überzeugung, das Glück kann manchmal so naheliegend sein.

**In meinen Werkzeugkoffer für den
Weg zum Glück packe ich:**

- Suche das Glück (vor allem) in den kleinen Dingen
  des Lebens
- Glück geht auch durch die Nase

Glückstipp am Rande

Merken Sie, worauf das hinausläuft?
Wenn wir achtsam durchs Leben gehen, dann spüren wir solche
Kleinigkeiten, was uns guttut. Und wenn Ihnen – wie in meinem
Fall der Raumduft – Kleinigkeiten guttun, integrieren Sie diese in
Ihren Alltag. Ist gar nicht schwer.

Man bringe mir die Tür,
ich möchte gehen

Oder wie mein Sohn Constantin sagen würde:
»Können wir das Gespräch jetzt bitte beenden und
›Mensch ärgere Dich nicht‹ spielen?«
Dieses Kapitel soll auf die Fragen hinauslaufen, wie viel schlechte Nachrichten der Mensch vertragen kann, ohne sein Glück auf Dauer zu verlieren. Und ich glaube, nein, falsch: Ich habe bei meinen Jungs gesehen, wie das funktionieren kann, wenn man der Natur freien Lauf lässt.
Ich kann und will an dieser Stelle nicht zu sehr auf Privates eingehen und gleichzeitig nicht um den heißen Brei herumreden. Ich finde, das klingt nach Wichtigtuerei.
Aber so viel: In der Schreibphase dieses Buches, mitten in der Coronakrise, erfuhren meine Jungs und ich einen sehr großen Urvertrauensverlust, größer, als ich mir jemals hätte vorstellen können. Es war der seelische Super-GAU.
Bevor ich meinen Kindern davon erzählte, musste ich es erst mal selbst sacken lassen, was da passiert war, und mir auch ein wenig Hilfe holen. Mich vergewissern, ob mein Bauchgefühl, nämlich: so weit es geht bei der Wahrheit zu bleiben, »richtig« ist.
Es gibt im Leben kein Schwarz-Weiß, zumindest nicht in meiner Welt. Die ist – neben ganz vielen bunten Farbtönen – eben auch in viele Graustufen getränkt. Und das will ich auch meinen Kindern vermitteln.
Während ich ihnen also von diesem Super-GAU erzählte, hielt ich sie fest in den Armen und merkte, wie sie sich an mir festkrallten und ich langsam von ihren Tränen nass wurde. Ich glaube, ich muss Ihnen nicht erzählen, was das mit einer Mama

macht. Und darum geht es jetzt auch nicht. Es geht darum, welche natürlichen Schutzmechanismen die Kinder an den Tag gelegt haben.

Denn nachdem alles gesagt war, sagte mein Kleiner (acht Jahre) plötzlich: »Können wir jetzt bitte das Gespräch beenden und ›Mensch ärgere Dich nicht‹ spielen?«

Genauso, wie Max sechs Jahre zuvor, nachdem ich ihm von meiner Krebserkrankung erzählt hatte, das Gespräch beendet hatte mit: »Kann ich bitte mit Felix spielen gehen?«

Dieses klare, eindeutige Zeichen der Kinder: Danke, mehr will ich jetzt nicht wissen.

Wie gut ich diesen Drang verstehen kann und wie sehr ich mir wünschen würde, den Mut auch als Erwachsene noch zu haben, meine eigenen Grenzen zu setzen.

Wie oft habe ich nach Untersuchungen und all diesen Informationen gedacht: *DANKE! Es reicht! Bitte jetzt die Tür, ich will nicht mehr!*

Haben Sie das an sich selbst nicht auch schon mal beobachtet? Dass man genug Schlechtes gehört und gesehen hat?

Es gab Zeiten – auch während der Coronakrise –, da habe ich alle News-Ticker ausgestellt. Nicht, weil ich nicht interessiert bin, sondern weil mein Kopf voll war. Bei News-Tickern geht das, bei Ärzten, die mir die Nebenwirkung von einer Chemotherapie erklären wollen, nicht. Zumindest nicht auf den ersten Blick, denn ich bin durchaus ganz bewusst in der Lage, meine Ohren auf Durchzug zu stellen.

Was bitte hat das jetzt mit Glück zu tun? Die Ohren auf Durchzug zu stellen?

Sehr viel, wenn Sie mich fragen. Es läuft nämlich auf *Selbstfürsorge* hinaus. Für mich zu erkennen: Jetzt ist es gut. Ich mag nicht mehr. Noch eine schlechte Info mehr und mein Hirn platzt.

Aber dafür muss man sich selbst erst mal spüren. Wahrnehmen: Was fühle ich? Was macht das mit mir? Und sollte es etwas Schlechtes, Unangenehmes sein, dann: Wie komme ich da raus? Was hilft mir?

Das klingt esoterisch: *sich selbst spüren*. Aber wenn Sie mich fragen, nach fast sechs Büchern, 16 Chemos, 19 Operationen, einer Scheidung, einer bodenlosen Enttäuschung und nach 35 Kilogramm Gewichtsabnahme: Es ist der Schlüssel zu ALLEM!

Denn: Es schützt uns davor, das Glück dauerhaft zu verlieren. Dass die Enttäuschung ins Leben zu groß wird und wir dadurch nicht mehr in selbiges vertrauen können.

In meinen Werkzeugkoffer für den Weg zum Glück packe ich:

• Schotten dicht, bevor es zu spät ist

Wenn Sie also nicht mehr können, Ihr Hirn voll ist, es keine schlechte Nachricht mehr ertragen kann, dann machen Sie das, was mein Kleiner vorgeschlagen hat: Lassen Sie uns 'ne Runde »Mensch ärgere Dich nicht« spielen.

Es ist nämlich die Übersetzung für: Lenk dich ab. Geh raus aus der Panik. Komm zurück ins Jetzt.

Nicht nur ins berühmte Heute, sondern ins Jetzt.

Das, was wir schon so oft besprochen haben in all den Büchern zuvor.

Es ist, wie ich gerade selbst beim Schreiben bemerke, der Glückschlüssel Nummer eins für mich: das Jetzt.

Er hat mich, wie Sie eben schon gelesen haben, durch die Coronakrise und auch durch den Krebs gebracht.

Kinder gehen in dieser Beziehung meist mit gutem Beispiel voran. Die haben nur das Jetzt. Wie tröstlich. Und das Jetzt ist meistens gut. Selbst nach einer schlechten Diagnose ist das Jetzt immer noch gut.

Hä?, werden Sie jetzt denken. Nach einer Krebsdiagnose ist das Jetzt gut? Verstehe ich nicht.

Ist aber so. Streng genommen ist sogar NUR das JETZT gut. Denn das Morgen steht ja plötzlich in den Sternen. Zumindest gefühlt.

Wenn also Ihre Welt zusammenbricht, warum auch immer, wenn das Glück für immer weg zu sein scheint, dann lassen Sie uns die Schotten dicht machen und uns im Jetzt treffen.

Das rettet den Moment. Auch wenn es leider – wie ich selbst erleben musste – noch keine Probleme löst. Aber Sie können Kraft sammeln, sich sortieren und dann den neuen Weg gehen.

Ich will ans Meer

Sind Sie der Meer- oder eher der Bergurlauber?
Eine häufig gestellte Frage im Leben.
Ich persönlich mag beides. Gerne im Wechsel (siehe dazu auch Seite 22, das Kapitel »Einatmen und ausatmen«) und noch besser ist eine Kombination: Wasser mit Bergen drum herum oder so.
Was mich ein bisschen wuschig machen würde, wäre, wenn ich Meer gebucht hätte und in den Pyrenäen rauskäme. Weil das nicht meiner Erwartung entsprechen würde.
So ähnlich erging es mir während des Schreibprozesses an diesem Buch.
Ich bin ganz ehrlich zu Ihnen: Ich hatte Meer gebucht. Dachte, ich hätte die größten Gipfel auf dem Weg dorthin schon hinter mir gelassen. Und dann kam mir, wie uns allen, Corona dazwischen.
Dieser Covid-Berg schob sich einfach vor den Horizont. Für den einen war er größer, für den anderen kleiner. Für mich war er – beruflich gesehen – schon, na ja, knackig. Vor allem, weil ich ja in Flip-Flops, nicht mit Wanderschuhen unterwegs war.
Gut, gehst du halt wieder zurück und packst den Rucksack neu. Der Rückweg kostet Reserven, weil: Dafür hattest du keinen Proviant eingeplant. Weil das Leben dir bisher gezeigt hat, dass es sich besser mit leichtem Gepäck und ohne an Erwartungen geknüpfte Planung reist.
Das Gute ist: Durch die vielen Wanderungen hast du Kondition. Also schaffst du den Rückweg eigentlich ganz gut. Du packst neu und wanderst wieder los.
Dir gefällt der Berg immer noch nicht so richtig, weil: Du hattest ja Meer gebucht. Mit allem Drum und Dran. Aber: Du bist dir sicher, dass sich nach diesem Berg alles lichtet und du endlich

den Megaausblick aufs Meer hast. Das lässt dich darum relativ locker laufen. Du schaffst es sogar noch, anderen zuzurufen: »Hey, kommt! Ich kenne solche Berge. Genießt sie. Da wachsen schöne Blumen am Wegesrand. Wartet nicht aufs Meer, genießt den Weg, der da heute und jetzt vor euch liegt. Und die Kondition, die ihr sammelt, wird euch später von Nutzen sein.«
Und die Menschen hören dir zu. Sie antworten:
»Hey, toll, danke! So haben wir das noch gar nicht gesehen. Erzähl doch mal mehr davon. Oder, weißt du was? Lauf vor. Zeig uns, wo wir langmüssen!«
Und du nimmst die Rolle gerne an.
Weil: Durch das Helfen steigt deine Laune.
Es ist ein Pingpongspiel und keine Einbahnstraße.
Und, Mensch, dafür, dass du auf etwas ganz anderes eingestellt warst, hat das doch erstaunlich gut geklappt. Und endlich wirst du das Meer sehen. Du hast Gänsehaut vor Aufregung und Vorfreude. Weil du dir deines Glückes so bewusst bist und du findest auch – ganz ehrlich –, dass du es verdient hast, wenigstens eine Zeit lang blöd und faul am Meer zu liegen. Nur ein paar Tage.
Und dann ist der Moment da, du bist fast oben, hast Freudentränen in den Augen. Und als du endlich auf dem Gipfel ankommst und runterschaust, da siehst du … nicht das Meer. Noch nicht mal 'nen See. Auch keine Pfütze.
Nein, du siehst den *Himalaja* vor dir. Und dabei gehört das laut Karte gar nicht hierher. Das Unmögliche, das Unfassbare ist passiert. Irgendeiner hat die Südsee gegen den Himalaja ausgetauscht.
Wie kann das sein? Du bist ganz sicher, dass dir nie jemand gesagt hat, der Himalaja läge in der Südsee. Das ist so sicher, wie dass die Erde rund ist. Es ist ein Pfeiler in deinem Leben. Etwas, worauf du gebaut hast. Ein Stück Urvertrauen. In der Südsee gibt es keinen Himalaja. Fertig.
Und natürlich denkst du: Es liegt an der Höhenluft. Hier muss ein Missverständnis vorliegen. Du hast Halluzinationen. Schlaf

mal drüber. Trink was. Ruh dich aus. Morgen sieht die Welt anders aus. Und du schläfst drüber, du träumst drüber und stehst frohen Mutes auf – und trotzdem: Dir liegt noch immer der Himalaja zu Füßen.

Du willst zurück.

Du willst ihn nicht sehen.

Du willst in deine erwartete Südsee-Welt.

Du willst dein Urvertrauen in die Geografie der Erde zurück.

Aber die Welt, die du kanntest, scheint ganz und gar verändert zu sein.

Weg.

Alles, was dir je Kraft gegeben hat, ist anders, ist weg.

Alles, woraus du in schwierigen Zeiten Energie geschöpft hast, ist anders, ist weg.

Du hast nur den Boden unter den Füßen und den Himalaja direkt vor dir.

Es wird schwarz.

Du taumelst.

Das schaffst du nicht.

Also sinkst du in die Knie.

Mit einem so heftig schüttelnden Kopf, dass du kurz davor bist, deinen Verstand zu verlieren.

Wissen Sie, liebe Leserinnen, es ist nicht so leicht, von schlimmen Dingen zu schreiben, bei denen man nicht ins Detail gehen möchte, weil es nicht meine alleinige Geschichte ist. Daher habe ich – mal wieder – ein Bild gewählt.

Ich hoffe, Sie haben jetzt alle den Himalaja vor Ihrem inneren Auge, ohne dass Sie ihn vielleicht jemals live gesehen haben.

Habe ich auch nicht. Und dennoch habe und hatte ich ihn vor mir. Und ich musste ihn überwinden.

Wie geht man damit um, wenn einem der Boden unter den Füßen weggezogen wird?

Wie ging ich damit um, als mir, ausgerechnet mitten im Schreibprozess eines *Glücksbuchs,* der Boden unter den Füßen weggezogen wurde?

Na ja, ich schreibe drüber.

Denn diese Erfahrung war auch für mich – gottlob – neu.

Wenn sich plötzlich etwas auftut, das nicht nur das Morgen schier unmöglich macht, sondern das gesamte Gestern auch mit sich in den Abgrund reißt.

Wenn du nur noch die sehr wacklige Säule hast, auf der du gerade stehst. Und deine Lieben feste an dich drückst, damit sie nicht auch in den Abgrund stürzen.

Ich sage Ihnen: Da kam ich mit meiner Küchentischpsychologie nicht weiter.

Ich musste in dieser zutiefst privaten Zeit viel lernen.

Die erste Frage, die in mir auftauchte, war:

1. *Wer* hat *was* zum Einstürzen gebracht?

Und in diesem Fall war es nicht ich.

Ich habe nichts abgerissen. Mir *wurde* etwas abgerissen. Und das macht einen großen Unterschied. Das hat weniger etwas mit Schuld als vielmehr mit Abgrenzung zu tun. Denn dank dieser Erkenntnis sah ich plötzlich, dass die Vergangenheit nicht komplett weggebrochen war, sondern nur ein gewisser – zwar wichtiger, aber nicht einziger – Teil. Etliche aber waren noch unter dem Schutt verborgen. Die sahen natürlich anders aus in diesem neuen Konstrukt. Aber sie waren noch da.

Und aus diesen Teilen konnte ich eine neue Vergangenheit bauen. Das war viel Arbeit und kostete viel Kraft und warf gleichzeitig Frage Nummer zwei auf:

2. Wie viel muss ich wieder neu aufbauen?

Und muss ich überhaupt? Worauf lege ich den Fokus? Auf die Vergangenheit oder auf die Zukunft?

Und ich erkannte für mich: Es muss eine Mischung aus beidem

sein. Und dafür war viel nötig. Das Wichtigste: Ich verabschiedete mich vom Meer. Irgendeine große Macht hat für mich den Himalaja vorgesehen. Und dann ist das so.

Ich mache mich also besser daran, mit den Bergen dieser Welt Frieden zu schließen. Vielleicht werde ich das Meer nie wiedersehen. Vielleicht aber doch. Ich trauere ihm nicht hinterher. Ich muss es von meinem Lebensglück lösen. Das muss (und Sie merken, ich verwende hier ganz bewusst das von mir so gehasste Wort »müssen«, weil ich es *nur* auf mich beziehe) ich woanders suchen.

Und damit kam ich zur dritten Frage, die ich schon lange in mir trug:

3. Wo muss ich suchen?

Und die Antwort war: im Jetzt. Nicht nur im Heute. Nein, im Jetzt. Mal wieder.

Denn wenn ich immer nur den ganzen Himalaja ansehe, erscheint mir der Weg über ihn hinweg wahnsinnig anstrengend. Weil er riiiesig ist. Schaue ich aber nur auf das Stück, das unmittelbar vor mir liegt, nur auf das Jetzt, was sehe ich da? Blumen, Pflanzen, Tiere … vieles. Aber keinen Riesenberg. Geschweige denn ein ganzes Gebirge. Und nur, wenn ich es schaffe, Kraft aus dem Jetzt zu schöpfen, nur dann schaffe ich auch in kleinen, vielleicht winzig kleinen Schritten den Himalaja. Und: Es bleibt Kraft, die Welt hinter mir Stück für Stück wieder zu kitten. Wenn ich es denn will.

Denn vielleicht ist es auch an der Zeit, die Vergangenheit hinter mir zu lassen und mich *nur* auf die Zukunft zu konzentrieren und alle Energien in sie zu stecken.

Das bestimme allein ich.

Wie viel Sinn hat es, eine Zeit wiederaufzubauen, für deren Abriss ich keine Handlungsvollmacht hatte und habe? Wenn ich mich nur auf das konzentriere, was in *meiner* Hand liegt, muss da nicht der Fokus automatisch auf der Zukunft liegen?

Ich kann es Ihnen nicht mit Sicherheit sagen. Ich muss im Moment noch diese Entscheidung jeden Tag aufs Neue treffen.
Sollte ich während des Schreibprozesses draufkommen, sage ich Ihnen Bescheid.
Bis dahin arbeite ich meine Trauer weg, eben nicht mehr der Meertyp sein zu können. Und die größte Herausforderung hierbei ist: Werde nicht zynisch oder versinke im Selbstmitleid. Behalte dir den festen Glauben, ein Sonnenkind, ein Glückskind zu sein. Vielleicht wärst du im Meer auch von 'nem Hai gefressen worden. Die Wahrscheinlichkeit ist zwar gering, aber in der Südsee auf den Himalaja zu treffen, war jetzt auch nicht sooo wahrscheinlich.

**In meinen ganz persönlichen Werkzeugkoffer
für den Weg zum Glück packe ich eine Menge:**

- Abgrenzung: Was ist meine Baustelle, was nicht?
- eigenverantwortliche Aufarbeitung: Nur ich bestimme, was ich wann wie verarbeiten will
- Bleibe im Jetzt

Ich habe die große Hoffnung, dass Sie sich so gar nicht in der Geschichte wiederfinden oder zumindest nur auf einer Metaebene.

Überlegen Sie darum doch bitte mal ganz für sich persönlich: Was packen *Sie* nach diesem Kapitel ein?

Menschen

Es gibt ein paar Punkte, in denen ist sich die Glücksforschung einig. Sozusagen einen gemeinsamen Nenner, den glückliche Menschen mitbringen. Ich finde diese »gemeinsamen Nenner« hochinteressant, definierte ich selbst in der »Stehaufqueen« schon »Dankbarkeit« als einen solchen, wenn es um die Fähigkeit der Resilienz geht.

Resilienz und Glück hängen natürlich irgendwie zusammen, ich würde aus Laiensicht sagen: Es bedarf der Resilienz, um wieder aufzustehen und irgendwann zum Glück zurückzufinden.

Der Nenner, auf den ich aber jetzt hinauswill, sind Freunde. Kein Begriff, den man leichtfertig verwenden sollte, aber wenn man einen Menschen fürs Herz gefunden hat, dann sollte man diese Beziehung auch hegen und pflegen.

So fanden Forscher der University of Michigan heraus, dass Menschen, die gute Freunde haben, gesünder sind und sich subjektiv um einiges wohler fühlen als Menschen, die eben keine haben.

Die Wissenschaft sagt sogar: Freunde sind noch wichtiger fürs Glück als die Familie. Je älter man wird, desto wichtiger scheinen die Freunde dabei zu werden, sodass man sie als noch »glücklich machender« als die Familie empfindet.

Der Grund liegt auf der Hand: Freunde suchst du dir aus. Familie nicht.

Wenn aber die Wissenschaft und auch das Herz wissen, dass Freunde essenziell notwendig sind für ein glückliches Leben, warum legen wir in der Erziehung und in der (Herzens-)Bildung unserer Kinder so wenig Fokus auf eine gelungene, gewaltfreie Kommunikation? Warum lernen wir nicht, wie man Freundschaften pflegt, Konflikte aus dem Weg räumt, offen spricht und sich vertraut?

Jetzt will man doch meinen, dass es in der heutigen Zeit einfach sei wie nie, Kontakte aufrechtzuerhalten. Weil wir doch so wahnsinnig viele Möglichkeiten haben. Wir müssen nicht mehr neben einem Festnetztelefon sitzen und warten, keine Briefe mehr per Luftpost aufgeben und persönliche Verspätungen können mit einer Sprachnachricht angekündigt werden.

Und trotzdem scheint die Umsetzung schwieriger als früher zu sein.

Vielleicht finden wir in den Ergebnissen einer weiteren Studie der University of Michigan Antwort: Diese fand nämlich auch heraus, dass US-amerikanische Studenten heute um 40 Prozent weniger fähig zur Empathie sind, als das früher der Fall war. Die Untersuchung beleuchtet einen Zeitraum von dreißig Jahren.

»Wir haben die größte Abnahme an Einfühlsamkeitsvermögen nach dem Jahr 2000 festgestellt«, sagt Sara Konrath, eine Wissenschaftlerin am Institut für Sozialforschung der oben genannten Universität (die Studie ist aus dem Jahr 2010).

Beobachten Sie sich mal selbst (was Sie so beobachten, schreiben Sie gerne in Ihr Glücksbuch):

Wie pflegen Sie Freundschaften?

Fällt es Ihnen leichter als früher, als die Möglichkeiten noch begrenzt waren, oder schwerer?

Meine Einschätzung ist, dass heute so gut wie gar nicht mehr telefoniert wird. Alles wird über diverse Messengerdienste geklärt, was ich sehr, sehr schade finde. Und ich glaube nicht, dass »Zeit« hierbei ein Faktor ist, denn mal ehrlich: Während ein Telefonat in zwei Minuten alles klären kann, schafft es eine WhatsApp-Gruppe nicht in vier Wochen, sich auf ein Geschenk für die Klassenlehrerin zu einigen.

Wie auch immer: Wenn wir über Glück reden, dann reden wir offenbar automatisch auch über Freundschaften. Denn das eine scheint ohne das andere nicht zu funktionieren. Glückliche Menschen haben Freunde und Freunde machen glücklich.

Neben allen Techniken, die wir uns anschauen, ist die größte und beste Investition ins Glück, die Sie machen können, die in die Freundschaft.

Und deswegen, meine Damen: Schlagen Sie jetzt das Buch zu und rufen Sie Ihre Freundin an!

In meinen Werkzeugkoffer für den Weg zum Glück packe ich:

- Ein Freund, ein guter Freund – ohne Freunde kein Glück und Freunde machen glücklich

Glückstipp am Rande

Im Umkehrschluss bedeutet das: Wenn gute Freunde derart maßgeblich an unserem Glück beteiligt sind, kann man sich entfernt vorstellen, wie gefährlich keine guten Freunde, ich nenne sie mal »toxische« Menschen, fürs Glücksempfinden sind.

Entscheiden Sie bitte selbst (aber entscheiden Sie), wann – nicht ob, sondern wann – Sie diese (endlich) aus Ihrem Leben befördern. Mehr möchte ich an dieser Stelle gar nicht auf »toxische« Menschen eingehen, weil ich fest davon überzeugt bin, dass es sie für sich allein genommen gar nicht gibt. Ich bin aber überzeugt, dass es Konstellationen unter Menschen gibt, die einfach nicht gut gehen können. Und das empfinde ich als überhaupt nicht schlimm, solange man sich früh genug entscheidet, »Auf Wiedersehen« zu sagen.

Die Kunst ist, die für sich richtigen Menschen zu finden und die anderen außen vor zu lassen.

Und was machen wir?

Worein investieren wir? In neue Rechner, die schneller arbeiten, in Aktien, die mehr Profit machen, oder in Autos, die uns schicker ans Ziel, ans vermeintliche Glück bringen.

Und gespart wird dann am völlig falschen Ende:

»Sag mal, sollen wir am Samstag endlich wieder zusammen essen gehen? Wir haben uns so lange nicht gesehen.«

»Du, ich muss ein bisschen sparen. Habe mir gerade einen neuen Rechner gekauft, um schneller arbeiten zu können.«

Höher, schneller, weiter.

Glauben Sie, dass uns das glücklich macht?

Also ich kann sagen, dass es mich definitiv *nicht* glücklich macht.

Daher sehen meine Investitionen ein bisschen anders aus.

Ich nenne sie: »antizyklische Glücksinvestitionen«.

Soll heißen: Immer dann, wenn es so richtig mies läuft, haue ich auf die Kacke.

Beispiel:

Sich in der Coronazeit das beste Essen, den besten Wein mit den liebsten Menschen gönnen. Weil sich alles nach innen verlagerte, machten wir es uns hier so schön wie möglich.

Ein »Dafür fehlt gerade das Kleingeld« wäre bestimmt im eigentlichen Sinne »korrekter« gewesen, aber gleichzeitig sehr kurzfristig gedacht.

Für einen schönen, unvergesslichen Abend finde ich immer, immer, immer Zeit, weil es die beste Investition ist, die ich machen kann. Da kann kein Rechner der Welt mithalten.

Diese antizyklischen Glücksinvestitionen steigern meine persönlichen Ressourcen, meine Leistungsfähigkeit. Sie erinnern sich: eines der größten Güter, die ich habe. Und noch dazu eines, das ich mein Leben lang brauchen werde. Dafür wiederum benötige ich starke Nerven und die, meine Damen, die wachsen – so meine Erfahrung – nicht nach. Die gelassenen Federn erneuern sich nicht und mein persönliches Nervenkostüm ist dünn geworden. Daher, und auch das ist eine Art Investition in mich, lagere ich alles aus, was sie zu sehr belastet.

Haushalt, Buchhaltung, Reiseplanung … Für diese Auslagerungen investiere ich Geld, was ich oftmals noch nicht habe. (In der festen Hoffnung, dass sich diese Investitionen lohnen.)

Wieder ein Beispiel aus der Coronazeit: Rein faktisch hätte ich Zeit gehabt. Es waren alle Termine gecancelt und ich zu Hause. Ich hätte also Zeit für Haushalt und Buchhaltung gehabt. Aber: Die tun nichts für *mich*. Und in dieser existenziellen Krisenzeit brauchte ich mehr denn je meine Kreativität. Ich musste mich doch komplett neu aufstellen, neue Ideen, Konzepte entwickeln. Und für diese geforderte hohe Leistungsfähigkeit brauchte ich Ressourcen und eben Kreativität.

Der Haushalt aber setzte mich zusätzlich unter Druck, weil ich ihn hintanstellte und er dann doch nur in die Kategorie »Bekomme ich auch nicht hin« gefallen wäre. Also wurde er ausgelagert. Obwohl Zeit, aber kein Geld da war. Das nenne ich eben »antizyklische Investitionen« und mit denen fahre ich seit Jahren ganz wunderbar.

Wenn Sie aber der Haushalt glücklich macht und Sie sich genau hier Ihren nötigen Flow (lesen Sie dazu auch »In den was?« (ab Seite 225)) holen: Super! Wie immer gilt: Jeder Jeck ist anders, aber entscheiden Sie es gerne bewusst.

**In meinen Werkzeugkoffer für den
Weg zum Glück packe ich:**

- antizyklische Investitionen

Du hast die Wahl

Variante 1:

Dein Geburtstag steht an. Es ist ein runder und du schwankst zwischen: feiern oder nicht? Im Großen oder Kleinen? Wo? Mit wem? Machst du alles selbst oder gibst du vieles aus der Hand?

Du entscheidest dich für: im mittleren Rahmen, bei dir zu Hause und du machst das Essen selbst.

Du gehst im Kopf die gesamte Gästeliste durch, bei drei Personen hast du ein bisschen Bauchschmerzen.

Die Erste hat immer irgendeine neue Unverträglichkeit, die Zweite hat so was Belehrendes, wenn sie über ihr nachhaltiges Leben berichtet, und die Dritte kann darüber nicht gelassen hinwegsehen – du spürst schon jetzt die angespannte Stimmung im Raum. Ob das gut geht?

Fünf Tage vorher startet dein Einkaufsmarathon. Vegan, gluten- und laktosefrei muss her.

Du wärst mit einer Suppe und gutem Brot und Butter zufrieden, aber da würden Tante Anneliese und deine Nachbarin Beate die Nase drüber rümpfen:

»Die hätte sich ja auch mal ein bisschen mehr Mühe geben können!«

Nach dem Besuch von 103 Online-Kochforen hast du alles, was du für dein Büfett brauchst, und kaufst die Zutaten für 490 Euro im Bio-Reformhaus ein. Du kochst zwei und putzt vier Tage und bist am Tag deines Geburtstages eigentlich reif für einen sechswöchigen Erholungsurlaub auf Bali.

Der Abend an sich ist schön. Zumindest für deine Gäste, denn du stehst die ganze Zeit so unter Anspannung, weil du Angst hast, dass die fahrradfahrende Weltverbesserin sich mit dem Steak-Esser und Tante Anneliese in die Haare bekommt. Tut sie aber gar nicht. Denn die Veganerin isst neuerdings wieder Fleisch und meckert nur leise, warum es kein Steak gibt, und der SUV-Fahrer fährt neuerdings ein E-Auto. Alles geht gut. Das allerdings merkst du erst am nächsten Morgen, als du den Abend Revue passieren lässt. Dazu hast du allerdings genügend Zeit, denn die Aufräumarbeiten und das Leergutwegbringen füllen zwei weitere Tage. Happy birthday!

Variante 2:

Dein Geburtstag steht an. Es ist ein runder und du schwankst zwischen: feiern oder nicht? Im Großen oder Kleinen? Wo? Mit wem? Machst du alles selbst oder gibst du vieles aus der Hand?

Du entscheidest dich für: Du willst es krachen lassen im großen Rahmen in deiner Wunsch-Location mit dem besten Caterer der Stadt.

Du siehst alles schon vor deinem inneren Auge: diese perfekte Party mit Livemusik und einem Megabüfett. Servietten und Luftballons sind farblich aufeinander abgestimmt, das macht sich auch so toll auf den Insta-Fotos.

Auf die Einladung schreibst du natürlich die Location und das Motto, dann sagt nämlich auch die Hautevolee zu, die du so gerne dabeihättest.

Mit der Organisation hast du recht wenig zu tun, du gönnst dir den Luxus, alles aus der Hand zu geben, und selbst Haare und Make-up lässt du dir vom Profi machen.

Der Abend kommt, die Gäste sind schier entzückt: das Essen, die Location und das stimmige Konzept. Alles ist perfekt. Auch deine Herzensmenschen sind da, aber du siehst sie kaum, weil du dich um alle kümmern musst.

Du stehst bei der Hautevolee mit Schampus und oberflächlichen Gesprächen. Von außen ist alles super, aber eine ausgelassene Party wird es nicht. Und die letzten Gäste gehen schon um Mitternacht, weil die Schuhe zu unbequem zum Tanzen sind – dafür passten sie toll ins Farbkonzept. Abends liegst du im Bett und sehnst dich eigentlich nach Barfußtanzen in einer abgeranzten Kneipe mit deinen Herzensfreunden, für die du heute Abend kaum Zeit hattest.

Variante 3:
Dein Geburtstag steht an. Es ist ein runder und du schwankst zwischen: feiern oder nicht? Im Großen oder Kleinen? Wo? Mit wem? Machst du alles selbst oder gibst du vieles aus der Hand?
Du entscheidest dich für: gar nicht. Du hast in der letzten Zeit so viel gearbeitet und im Moment einfach keinen Nerv, eine große Party auf die Beine zu stellen. Im Moment wäre dein größter Wunsch ein ruhiger Tag ganz für dich allein.
Am Tag selbst bist du dir dieser Entscheidung dann nicht mehr sicher. Du hättest doch gerne gefeiert. Mist! Jetzt ist es zu spät.
Du hast das kaum zu Ende gedacht, als deine Kinder rufen: »Maaamaaa, komm mal schnell!«
Du kommst gelaufen, weil du denkst, es sei etwas passiert. Ist es auch. Wenn auch anders als gedacht. Denn vor der Türe stehen deine Herzensmenschen mit Luftballons, 'ner Kiste Bier und Kuchen vom Bäcker. Ihr feiert den ganzen Tag, esst und trinkt alle Vorräte, die das Haus noch hatte, auf. Du bist nicht geduscht, geschweige denn geschminkt, das Haus ist in einem ähnlichen Zustand und trotzdem, oder vielleicht gerade deswegen, verbringt ihr alle zusammen den schönsten Tag, den man sich vorstellen kann. Ihr feiert bis tief in die Nacht und du fällst mit Bauchschmerzen vor Lachen ins Bett, glückselig vor Glück.

Ich bin mir sicher, dass jede von Ihnen die ein oder andere Variante so oder so ähnlich schon mal erlebt hat. Es geht dabei übrigens gar nicht um »richtig« oder »falsch«, sondern darum, mal zu schauen, wo hier das Glück liegt.
Wenn Sie Spaß am Vorbereiten, Kochen und Perfektionieren haben, ist das doch super! Aber: Lassen Sie uns wenigstens einmal ehrlich darüber nachdenken, ob dem wirklich so ist?

Ich war mal auf dem 50. Geburtstag eines guten Freundes eingeladen, der hatte eine Currywurst-Bude gemietet und begrüßte uns mit: »Schön, dass ihr da seid! Es gibt lecker Currywurst, in erster Linie deswegen, weil ich die selbst gerne esse. Viel Spaß!«

Und soll ich Ihnen was sagen: Es war großartig.

Oder auf der Hochzeit zweier meiner Lieblingsmenschen. Es war für ihn die zweite und für sie die erste Runde. Beide schon »erwachsen« und nicht mehr im Teenie-Alter. Und ich empfand die Feier als unglaublich relaxed, weil sie ausstrahlte: Wir feiern so, wie wir uns das wünschen, fernab davon, es irgendjemand anderem recht machen zu wollen. Wenn du willst, hab auch gerne Spaß daran. Herrlich, sag ich Ihnen!

Aber es scheint mir fast so, als wäre ich auf meinem »Don't judge«-Trip allein unterwegs. Selbst im TV werden wildfremde Menschen dazu aufgerufen, über die Herangehensweise anderer Menschen zu urteilen. Das scheint ein Format zu sein, das Quoten bringt.

Um bei dem Beispiel »Hochzeiten« zu bleiben: Kennen Sie diese Hochzeitsbewertungssendungen? Das war – in meinem früheren Leben – vor Auftritten oft mein Programm, wenn ich mich im Hotel fertig gemacht habe. Ich weiß also, wovon ich spreche. Dabei bewerten vier Bräute gegenseitig ihre Hochzeiten. Frei nach dem Motto: Mal biste Baum, mal biste Hund.

Entschuldigung? Es geht doch um *meine* Hochzeit und meine Wunschfeier, warum soll ich mir die Meinung einer völlig Fremden geben? Die mit ihrem ganz eigenen, manchmal sehr unreflektierten Wertesystem unterwegs ist. Wofür? Mit welchem Ziel? Das ist doch ein unsägliches Konzept, oder was? Aber wir schweifen ab …

Es geht in den eben erwähnten Beispielen also *nicht* darum, welcher Weg der richtige ist, mir geht es darum, dass Sie die Entscheidung für Ihre Feier bewusst treffen. Und zwar gerne DAVOR und nicht erst hinterher. Denn streng genommen kann jede Geburtstagsfeier immer die letzte sein. Klingt nicht besonders optimistisch, weiß ich, ist aber leider Fakt.

**In meinen Werkzeugkoffer für den
Weg zum Glück packe ich:**

• Entscheidungsfreiheit und Ehrlichkeit in der Entscheidungsfindung

Liebe Ladys, wir reden hier nicht nur über unseren ewigen Drang zum Perfektionismus, hier geht's auch um die Erwartungshaltung. An uns selbst. Und an das Leben.
Und auch wenn Sie jetzt laut rufen: »Ach, meine Erwartungen habe ich längst runtergeschraubt!«, glaube ich Ihnen das, wie mir selbst, nur begrenzt.
Oft sind unsere Erwartungen nämlich an Vergleiche geknüpft. Wir erwarten also zumindest mal, dass der Geburtstag so schön wird wie der letzte, und ganz toll wäre es, wenn er besser wird als der von der Liselotte.
Aber ich sage: Lasst uns frei sein, in jeglicher Hinsicht!

Welches Glück hätten Sie denn gerne?

Aber bevor wir frei sein können in unserer Entscheidung, müssen wir uns erst mal überhaupt entscheiden *können*. Oooooh, und sich entscheiden, das ist oftmals so gar nicht unser Ding.

Das erlebe ich als Hobbypsychologin bei »Shopping Queen« regelmäßig. Wie oft brülle ich den Fernseher an: »MÄÄÄÄÄ-DEL, entscheide dich mal!«

Ich beobachte das auch während meiner Seminare, wenn ich mit den Damen essen gehe. Es macht mich fertig, wie lange manche Frauen brauchen, bis sie ein Gericht von der Karte gewählt haben. Dass das dann auch nicht ohne Extrawünsche passiert, ist klar, oder?

Es scheint geradezu out zu sein, »einfach so« sein Essen zu bestellen. »Einmal Pizza Margherita, bitte.« Zack. Bumm. Fertig.

Es muss ja nicht jeder eine Gerne-alles-Esserin wie ich sein, aber Vegane-nix-Esser, seien Sie mir nicht böse: Das ist für die gute Stimmung schwierig.

Dabei tut es doch so gut, sich für etwas zu entscheiden. Glauben Sie mir.

Ich finde sogar, es hat etwas Befreiendes.

Und wie sagte letztens ein guter Freund von mir: »Auch eine Nicht-Entscheidung ist eine.«

Nämlich die zum Stillstand.

Sei es, dass Sie riskieren, bei »Shopping Queen« nackig über den Laufsteg zu gehen, nichts mehr zu essen zu bekommen, weil die Küche Feierabend gemacht hat, oder weitere zwanzig Jahre in einer unglücklichen Ehe oder mit einem unterbezahlten Job zu leben.

Sie entscheiden das alles, jeden Tag aufs Neue. Auch wenn Sie es Ihrer Meinung nach nicht tun. Denn dann tun Sie es unbewusst.

Sie haben Angst vor der falschen Entscheidung, darum halten Sie lieber im Gewohnten still? Na, und wenn schon! Wenn Sie eine falsche Entscheidung treffen, dann: Herzlich willkommen im Leben! Es gibt Schlimmeres. Sie haben mittlerweile schon x Möglichkeiten in Ihrem Werkzeugkoffer, um da wieder rauszukommen.

Also kommen Sie, lassen Sie uns heute ein paar Entscheidungen treffen!

Für Sie.

Für ein gesünderes Leben (beispielsweise).

Für mehr Bewegung.

Für die Aktion arschlochfreies Umfeld.

Für Ihr Glücksbuch

JETZT SIE!
Übung »Lernen Sie, sich zu entscheiden«

Üben Sie, sich zu entscheiden:
Was schieben Sie schon lange vor sich her?
Was hindert Sie an einer Entscheidung?
Wie können Sie dieses Hindernis aus dem Weg schaffen?
Wie glücklich würde Sie das machen?
Wann werden Sie es also tun?
Keine Sorge, so leicht kommen Sie mir nicht davon: Ich frag noch mal nach.

Woher soll ich das wissen?

Es ist so leicht gesagt, sich zu entscheiden.

Bevor wir das aber tun können, müssen wir erst mal wissen, was wir überhaupt wollen:

Was wollen wir Frauen, um glücklich zu sein?

Um diese Frage zu beantworten, müssen wir wiederum wissen, was uns glücklich macht.

Ist es ein Leben mit Sicherheiten, mit verlässlichen Größen? Oder leben wir lieber in den Tag hinein mit einem gewissen Risiko? Macht uns Treue glücklich oder eine offene Liebe? Ist es Rührei oder Spiegelei? Fisch oder Fleisch? Wohnwagen oder Vier-Sterne-Hotel? Stadt- oder Landleben? Yoga oder Bungee-Jumping?

Mit der Freiheit kommt die Qual der Wahl. Und streng genommen müssten wir alles erst mal probieren, um wirklich zu wissen, was das Richtige für uns ist.

Hinzu kommt noch: Nur weil wir es mit zwanzig mal probiert haben und mochten, heißt das noch lange nicht, dass es uns mit vierzig noch gefällt und andersherum.

Denken Sie nur an Rosenkohl!

Was für ein Segen war es, im Nachhinein betrachtet, wenn man als Kind alles mal probieren durfte (natürlich nicht bei Rosenkohl!), sich ausprobieren durfte.

Aber mal ehrlich, wie lange leben wir *Frauen* diesen Luxus? Die letzten Jahrhunderte war unsere Rolle klar definiert, insbesondere in dem, was wir *nicht* dürfen. Was aber, wenn uns genau das glücklich machen würde?

Viele meiner Leserinnen sind Frauen, die die sechzig Jahre schon überschritten haben. Und die schreiben mir als Feedback:

»So ein Buch wie die ›Schlagfertigkeitsqueen‹ hätte ich in meinen 20ern schon gebraucht. Vielleicht hätte ich dann früher erfahren, wie ich zu dem, was mich glücklich macht, auch stehen kann.«

Es ist also nicht nur nicht einfach, das zu *tun,* was einen glücklich macht, davor kommt erst mal der Riesenschritt: zu *wissen,* was man will. Und dazu muss man eben wissen, was einen *glücklich* macht.

Ich tendiere ganz stark dazu, anzunehmen, dass es wieder einmal nur mit dem »Sich-Spüren« geht, worüber wir schon so oft gesprochen haben.

Ein Prozess, der uns ein Leben lang begleitet.

In meinen Werkzeugkoffer für den Weg zum Glück packe ich:

- Ich weiß, was ich will. Und wenn ich es noch nicht weiß, probiere ich aus

Die Liebe

Was für ein großes Wort.
Wie viele Lieder, Bücher, Gedichte wurden wegen ihr geschrieben, wie viele Morde aus diesem Motiv begangen und wie viel »Geht nicht« mit diesem Antrieb beiseitegeschafft.
Die Liebe.
Hach ja.
Und doch findet sie doch auf so vielen Ebenen statt.
Die Arten, mit denen ich unlängst in Kontakt gekommen bin, sind diese drei:

1. die Sich-Wandelnde
2. die Frische
3. die Immerwährende

Die Sich-Wandelnde

Woran merkt man, dass eine Liebe zwischen Mann und Frau, die ursprünglich auf »für immer« ausgelegt war, im Wandel-Modus ist?
Woran merkt man als Frau, dass es trotz allen Schmerzes besser ist, einen Schlussstrich zu ziehen?
In meinem Fall war es ein Prozess und der zeigte sich auf vielen Ebenen, die es alle einzuordnen galt. Denn ein Familienkonstrukt, das löst man nicht leichtfertig auf.
Die häufigste gestellte Frage von außen war wohl:
»Sprecht ihr noch miteinander?«
Und unsere immerwährende Schallplatte war:
»Aber natürlich!«

Denn die Liebe, die war nicht weg, die hatte sich gewandelt. Aber ich glaube, der Zeitraum, in dem das möglich ist, ist nur ein kurzer. Bevor der Respekt und die Verbundenheit verloren gehen, wenn man sich auseinandergelebt hat, ist es meiner Meinung nach wichtig, die Tatsachen zu akzeptieren und auszusprechen. Denn dann ist noch alles möglich.

Es mag kitschig klingen, aber ich weiß, dass ich es von mir und ich glaube auch von meinem Ex-Mann sagen kann:

Wir lieben uns. Und das wird immer so bleiben.

Weil Patrick eine Position innehat, die ihm niemand mehr nehmen kann.

Er war derjenige, der bei der Geburt (und Zeugung!) der Kinder an meiner Seite war, und er war derjenige, der mir den Kopf rasiert hat.

Apropos: Das war übrigens der häufigste Vorwurf, den ich ungefragt von außen zu hören bekam. Von Menschen, zu 99 % von Frauen, die uns gar nicht kannten.

»Da ist er mit ihr durch diese schlimme Zeit gegangen und dann trennt sie sich!«

Diese Dinge prallten dank meines eigenen Schutzschildes an mir ab, denn ich gestehe es schon lange niemandem mehr zu, sich ein Urteil über Dinge zu bilden, von dem er oder sie keine Ahnung hat.

Würde man diesen Verurteilungen und Vorurteilen nämlich Gehör schenken, wäre der friedliche Schlussstrich einer Ehe quasi unmöglich. Man würde sich aufhetzen lassen und die Waffen polieren. Größte Leidtragende wären in letzter Konsequenz immer die Kinder.

Das wollten wir alles nicht und haben es schlussendlich auch nicht zugelassen.

Heute würde ich sagen, dass die Wandlung von einer romantischen Liebe in eine respektvolle, ewig verbundene Liebe absolut möglich und tatsächlich ein Riesengeschenk ist.

Es hatte für mich etwas von seelischem Aufräumen und Neudefinieren des gängigen Begriffes »gescheiterte Ehe«.

Heute sind wir zwei wieder glücklich, denn diese Art, eine Ehe abzuschließen, öffnet die Herzen für die Sorte Liebe, die ich dann wieder kennenlernen durfte:

Die Frische

Sie traf mich kurz nach der Scheidung. Ich stand, völlig autark, auf meinen eigenen, gesunden und glücklichen Beinen.

Wir, meine kleinen Jungs und ich, hatten uns das Leben neu organisiert und kamen wirklich gut zurecht. Beruflich lief es toll, Corona war zu diesem Zeitpunkt nur ein Bier, die Kinder hatten alles gut verarbeitet.

Nach einem »neuen Mann« stand mir so gar nicht der Sinn, weil alles so gut war, wie es war. Ich war glücklich. Ja, ich war ohne Mann grenzenlos glücklich.

Und vielleicht ist genau das das Geheimrezept. Sie wissen doch, wie das ist, wenn man nichts sucht. Oder wenn man sich mit Freunden auf nur höchstens ein Bier treffen will oder gar keine so wirkliche Lust auf eine Geburtstagsfeier hat … man geringe Erwartungen (siehe dazu auch »Du hast die Wahl« (auf Seite 147)) an irgendwas hat.

Dann trifft es einen in der Regel mit voller Wucht.

Da stand beziehungsweise in dem Fall saß er also plötzlich vor mir. Dieser Mann, der ebenso glücklich wie ich war, auch autark im Leben stand und ebenfalls nach gar nichts suchte. Der sein eigenes Ding machte und so gar nicht durch mich angetrieben werden musste. Der auch schon ein Leben gelebt, Prinzipien und Geschmack hatte.

Wir zwei standen plötzlich voreinander und – zack, da war die ach so starke Kwien auf einmal ein kleines, grinsendes und unglaublich unsicheres Mädchen.

Dass das überhaupt noch möglich sein sollte, dass ich mich einem Mann nach all den Operationen noch mal so würde öffnen können, das hatte ich schlicht für unmöglich gehalten. Meine lieben mitbetroffenen Frauen, das möchte ich euch genau an dieser Stelle so gerne zurufen: Es geht! Wir sind noch Frauen. Auch mit all unseren Narben und vielleicht sehr zarter Selbstliebe und Zweifeln. Und mit den neuen, nicht für alle nachvollziehbaren Bedürfnissen, mit all den neuen Fragen, die wir dem Leben stellen: Ja, wir sind noch Frauen!

Um es auch gleich an dieser Stelle klarzustellen: Ein Mann gehört für mich nicht in die Glücks-Base, aber die Frage, ob mich diese frische Liebe glücklich gemacht hat, die verdient ein glasklares: Aber na klar! Alles andere wäre gelogen.

Trotzdem: Es ist nicht die Basis für mein Glück.

Die versuche ich mir nach wie vor selbst zu schaffen. Aber deswegen darf ich mir ja noch die Kirsche auf der Sahne schnappen. Ich empfinde die Liebe als erwachsene und irgendwie vorbelastete Frau spannend und ich lebe sie so wahnsinnig selbstbewusst. Man geht nicht mehr wie ein Teenager an die Sache ran. In unserem Alter haben wir alle schließlich schon ein Leben gehabt, wissen, was wir können, was wir wollen und wahrscheinlich vor allem auch, was wir nicht wollen. Und wer das nicht hatte, vor dem sollten Sie besser davonlaufen.

In der »zweiten Runde« herrscht nicht mehr diese Wahnvorstellung vor, dass der Junge bzw. Mann alles für seine »Traumfrau« stehen und liegen lässt.

Ganz im Gegenteil. Ich will gar nicht mehr die erste Geige spielen. Und wissen Sie, was noch unglaublich schön ist? Diese ewige, eigene Unsicherheit, ob man gut ist so, wie man ist; ob man dem anderen gefällt; ob der andere auch permanent an einen denkt ... Das interessiert mich alles gar nicht mehr. Ich wecke keinen Mann nachts auf und frage verträumt: »Und, Schatz, hast du auch an mich gedacht?« Ist mir doch egal, wovon er träumt.

Ich habe auch keine Angst davor, dass er mich mit einer meiner Freundinnen betrügt, weil ich mir ganz sicher sein kann, dass *meine* Freundinnen so etwas nicht machen würden.

Und diese »Wer meldet sich zuerst«-Spielchen, die sind auch vorbei. Eine Meinungsverschiedenheit wird direkt ausgesprochen, weil beide wissen, dass das Leben zu kurz ist für Unausgesprochenes. Gegenseitiges Eifersüchtigmachen fällt weg, weil man schon weiß, was man an dem anderen hat. Und faule Kompromisse will auch keiner mehr, weil es allein viel zu schön ist, als dass eine Partnerschaft auf Biegen und Brechen aufrechterhalten werden muss.

Die Liebe in der zweiten Runde empfinde ich wie eine unausgesprochene Einladung an mein Gegenüber: Schau, das bin ich! Mit allen Ecken und Kanten. Also, mehr so rundliche Kanten. Und wenn dir das gefällt: toll. Wenn nicht: auch toll.

Und während ich diese Zeilen schreibe, überlege ich die ganze Zeit, ob ich mich erstmals überhaupt, nach fünf Büchern, während des Schreibens am sechsten Buch, zum Thema »Sex« äußern soll. O Gott, ich kriege schon Schnappatmung allein beim Gedanken daran.

Nicht, dass ich nicht gerne welchen habe, aber darüber zu schreiben … Vielleicht später. Oder im nächsten Buch.

Die Immerwährende

Ich beneide aus tiefstem Herzen die Ladys unter Ihnen, die ihren festen Seelenpartner gefunden haben, mit dem die großen Schritte des Lebens möglich sind.

Deren Ehe nicht nur »hält«, sondern durch alle Stürme des Lebens stärker wird. In der man sich nicht verliert.

Ich glaube, so jemanden zu finden, das ist ein ganz, ganz großes Glück. Und eine extrem große Seltenheit.

Ich durfte diese Erfahrung nicht machen. Und das ist okay. Und auch wenn ich gerade wieder glücklich verliebt bin, habe ich nicht mehr den Anspruch, dass etwas für ewig halten soll, gar *kann*.

Trotzdem, wenn meine Jungs mich fragen würden:

»Mama, gibt es die ganz große, wahre Liebe? Gibt es die Frau, mit der ich Kinder zeuge, Großvater werde und Hand in Hand sterbe?«, so würde ich mit »Ganz, ganz sicher« antworten. Die Liebe, mit der du all die großen Ereignisse des Lebens mitmachst und am Ende Seite an Seite einschläfst. Gerne nach einem selbstbestimmten Cocktail.

Ob man so eine Art partnerschaftliche Liebe findet, steht auf einem anderen Blatt.

Aber es *gibt* eine Liebe, die für mich für immer ist. Und sie ist so tief verwurzelt, dass sie bedingungslos ist. An keine, keinerlei Voraussetzungen ist sie geknüpft und auch wenn die ganze Welt einstürzt, diese Säule bleibt so lange stehen, bis das Herz aufhört zu schlagen.

Und vielleicht geht sie sogar noch darüber hinaus.

Das ist die Liebe zwischen Mutter und Kind.

Ich bin in der luxuriösen Situation, eine solche bedingungslose Liebe zu erfahren, und kann sie deshalb auch so weitergeben. Ich sage das wohl wissend, dass das nicht für alle meine Leserinnen der Fall ist und gerade diese Liebe oft mit argen Problemen belastet ist.

Ich habe sogar die Erfahrung gemacht, dass die Liebe einer Mutter magisch ist. Dass mit ihr ein gewisser siebter Sinn einhergeht.

Meine Mutter kann heute noch aus einem einfachen »Hallo, Mama« ad hoc heraushören, wie es mir geht.

Und da weiß ich manchmal selbst noch nicht, dass es mir nicht gut geht. Meine Mutter sah mir an, dass ich schwanger war, bevor ich einen Test gemacht hatte.

»Ach du je, du bist schwanger!«

»Quatsch, Mama! So schnell geht das nicht. Ich habe doch gerade erst die Pille abgesetzt.«

»Glaube es mir, du bist schwanger.«

»Du spinnst. Woher willst du das wissen?«

»Sehe ich.«

»Woran?«

»An deiner Haut und deinen Augen. Glaub es mir einfach. Besser, du trinkst keinen Alkohol mehr.«

Zehn Tage später hielt ich den positiven Schwangerschaftstest in den Händen.

In der zweiten Schwangerschaft konnte diese Fähigkeit, für die man vor fünfhundert Jahren noch auf dem Scheiterhaufen gestanden hätte, überprüft werden.

Ich weiß, dass meine Mutter alles für mich tun würde.

Und ich weiß, dass ich alles für meine Jungs tun würde.

Die Liebe zum Leben

Mit dieser Basis offenbart sich die Erkenntnis der »Liebe zum Leben« vielleicht etwas schneller. Denn als Frau, die tief im Innern immer noch an das Gute im Menschen glaubt, halte ich daran fest, dass uns Liebe *überall* begegnen kann.

Aber, und ich weiß, das klingt hart, das passiert nur, wenn man gewisse Menschen aus seinem Leben ausschließt. Ein guter Freund von mir brachte das letztens ziemlich gut auf den Punkt: »Ich muss mich abkapseln, damit ich nicht *alle* scheiße finde.«

Mein Herz schlägt für all diejenigen, die ihren Mitmenschen hilflos ausgeliefert sind, gerade solchen, die, ohne zu geben, immer nur nehmen, einen auslaugen und einen verletzen, und die hart an sich arbeiten müssen, dabei ein Menschenfreund zu bleiben.

Ich kenne Menschen, die nach zwanzig Jahren Arbeit im Service, in der Gastronomie oder im Supermarkt wirklich »kaputt«

sind und mit der Einstellung »Jeder ist im Kern gut« hart an ihre Grenzen kommen.

Ich persönlich lebe auch deshalb so weit ab vom Schuss, um die Tour-Phasen gut zu verkraften, wieder aufzutanken.

Und trotzdem: Ich liebe so unglaublich viele Menschen und bei kaum einem von ihnen besteht eine Blutlinie, die das genetisch voraussetzen würde.

Meine Herzensmenschen, die liebe ich.

Die Menschen, mit denen ich zusammenarbeiten und auch meine Freunde nennen darf, die liebe ich.

Ich liebe übrigens auch, mir glückliche Menschen anzuschauen. Das erwärmt mein Herz.

Und ich liebe nicht nur Menschen aus Fleisch und Blut …

Ich liebe das erste Kölsch an einem Abend, das nach mehr schmeckt.

Ich liebe es, am 11.11. auf 11:11 Uhr runterzuzählen.

Ich liebe den Wald, die Natur und natürlich gutes Essen.

Manchmal liebe ich auch die Klofrau, die wegguckt, wenn ich mich an Karneval aufs Männerklo schleiche.

Und ich liebe tatsächlich, wie eben erwähnt, einen Großteil der Menschen, denn mein eigenes Menschenbild ist von Liebe geprägt.

Ich glaube fest daran, dass der überwiegende Teil der Menschheit friedlich und freundlich ist. Die anderen, die sind nur leider so *laut*, zugegeben.

Aber wenn man jedem erst mal nur das Beste unterstellt, kommt man – aus meiner Erfahrung heraus – ganz gut durchs Leben.

In meinen Werkzeugkoffer für den Weg zum Glück packe ich:

- Liebe macht glücklich
- Suche die Liebe überall, nicht nur in deinem Partner

Geben Sie es zu, nach den letzten Zeilen haben Sie gedacht: Was immer die Alte geraucht hat, ich will es auch!

Ich gestehe hiermit hoch und feierlich: Ich habe in meinem ganzen Leben – vom Alkohol abgesehen – noch nie Drogen genommen. Ich habe weder einen Joint geraucht noch Kekse gegessen, geschweige denn etwas anderes zu mir genommen. Noch nie.

Nicht, dass die Gelegenheiten nicht da gewesen wären, doch, die waren da. Aber es hat mich nie gereizt. Zu Schulzeiten hatten wir ein paar Kiffer in der Stufe. Und alles, was ich von denen sah, war, dass sie müde waren und Hunger hatten. Dafür brauchte ich keinen Joint: »Hungrig« und »müde« ist mir in die Wiege gelegt. Und gestunken haben die Jungs. Bah!

Darum: Die Liebesbekundungen eben, die geschahen im nüchternen, drogenfreien Zustand. An einem Tag, an dem mein Gemüt alles abrufen konnte, was da war.

Kennen Sie solche Tage auch?

An denen es einem einfach gut geht?

Schlagen Sie noch mal eben Ihr Glücksbuch auf und gucken Sie kurz auf Ihre Liste, was Ihren Tag gut werden lässt.

Steht da vielleicht auch »gutes Essen«?

Wenn nicht, fügen Sie es womöglich nach dem nächsten Kapitel hinzu.

Du bist, was du … –
Sie wissen schon!

Ich nähere mich dem nun folgenden Thema von zwei Seiten: Einmal schildere ich das, was ich selbst erfahren habe, und dann stelle ich die Sicht der Wissenschaft dar.
Eines nehme ich vorweg, meine Damen: Es wird spannend. Bleiben Sie dran!

Und noch etwas muss ich vorwegnehmen: Ich finde das genauso nervig wie Sie. Denn wie gerne würde ich Ihnen schreiben, dass ich zwischen meiner Ernährung und meiner Gefühlslage so gar keinen Zusammenhang sehen kann. Denn das wäre viel einfacher. Man könnte die Ernährung damit abhaken und wieder zur Tagesordnung übergehen. Da wir uns aber in diesem Buch mit allen möglichen Techniken beschäftigen, die wir auf der Suche nach dem Glück in der Hand haben, kommen wir um die Ernährung nicht drum herum.

Ich habe mich in der Schreibphase dieses Buches einem Selbsttest unterzogen. Für die, die »Ich nehm' schon zu, wenn andere essen« nicht gelesen haben, eine kurze Einordnung:
Ich gehöre zu den Frauen, die nicht nur essen, um ihre inneren Organe am Leben zu halten. Ich esse aus Leidenschaft. Und ich habe mit meinem Gewicht seit Kindheitstagen zu »kämpfen«. Diesen inneren Kampf beschreibe ich in dem eben erwähnten Buch und vor allem, wie ich als Siegerin daraus hervorgehe. Denn ich habe vor knapp drei Jahren 30 Kilogramm abgenommen und – und das ist das eigentliche Wunder – ich halte mein Gewicht seitdem.
Der Weg dorthin führte über gesunde Ernährung und ausrei-

chende Bewegung. Damit habe ich das Rad nicht neu erfunden, ich weiß. Ich bin kein Gesundheitsapostel und für mich steht Genuss immer noch ganz oben, aber ich spürte irgendwann einen Zusammenhang zwischen dem, was ich mir (oft nebenbei) in den Mund steckte, und meiner Gefühlslage. Und diese Verbindung, die war mir in dieser Deutlichkeit neu.

An Tagen, an denen ich mal etwas lockergelassen und mir mit den Jungs meine heiß geliebten M&M's oder Ähnliches gegönnt habe, stellte ich kurz danach eine Stimmungsveränderung bei mir fest. Es kann gut sein, dass ich die nach dem Verzehr von Süßkram schon immer hatte, sie aber bisher als »schlechtes Gewissen« falsch gedeutet habe.

Kurzum: Ich war am Tag danach schlecht gelaunt.

»Von einer Handvoll M&M's?«, fragen Sie jetzt sicherlich verdutzt.

Nein! Aber, Kinders, mal ehrlich: Wer isst denn nur *eine* Handvoll?

Haben Sie sich im Leben schon mal ernsthaft gesagt: »Mmhh, jetzt gönne ich mir gleich vier M&M's«, also ich nicht. Ich verstehe bis heute nicht, wieso die Verpackungen zum Wiederverschließen sind … Wir schweifen ab. Zurück zur Stimmung.

Und dann ging ich in den Selbsttest: Ich ernährte mich die ganze Woche über gesund, so, wie ich das gewohnt war, und einen Tag pickte ich mir raus und aß Mist. Richtigen Mist. Ich muss dazu »Mist« genauer definieren: Sie finden bei uns zu Hause keinerlei Fertigprodukte in Form von Dosen- oder Tiefkühlnahrung. Mag ich alles nicht. Auch nicht in diesem Selbsttest. Mit »Mist« meine ich: Kekse, Kuchen, Zero-Getränke und so was.

Nach dem dritten »Ausreißer« war für mich klar: Es geht mir nicht nur körperlich schlechter, nein: Ich bin definitiv auch schlecht gelaunt. Geradezu depressiv und traurig. Und das bei nur *einem* Cheatday in der Woche.

Wenn ich mir im Nachhinein überlege, wie lange ich so gelebt habe …

Meine körperlichen Beschwerden habe ich zu der Zeit, ohne mit der Wimper zu zucken, auf die Hormonbehandlung, die Chemotherapie und sonst was geschoben. Stimmungsschwankungen und Müdigkeit sortierte ich unter »Fatigue« ein.
Ganz schön bequem, oder?
Nun bin ich Laie und leider keine Wissenschaftlerin.
Aber hier kommt *meine* Erklärung: Schlechte Nahrung lässt uns schlecht gelaunt werden. Diese Laune schlägt sich auf alles nieder. Unter anderem dann auch wieder auf die Entscheidung, nach welchen Nahrungsmitteln wir greifen. Und zack bist du drin im Teufelskreis und weißt es unter Umständen noch nicht einmal.
Nach meinem Selbsttest fand ich zum Glück – und erstaunlicherweise – für mich heraus:
»Du entscheidest, lebst und denkst, was du isst«.

Aber was sagen *wirklich* intelligente Menschen dazu?
Und jetzt, meine Damen, jetzt wird's spannend!
Riskieren wir also einen wissenschaftlichen Blick auf das Ganze: Den Zusammenhang zwischen Ernährung und Gesundheit haben die meisten von uns schon hergestellt. Wenn wir uns so umschauen, scheint das aber noch nicht auszureichen, um sich dauerhaft gesund zu ernähren. Vielleicht, weil die Gesundheit etwas so wenig Greifbares ist?
Was aber greifbar ist, das sind unsere täglichen Entscheidungen. Denn sie beeinflussen unser Leben von jetzt auf gleich.
So fand kürzlich die Universität zu Lübeck in einer Studie, geleitet von Frau Prof. Dr. Soyoung Park, heraus, dass die Wahl des Frühstücks die Entscheidungen, die wir über den Tag treffen, beeinflusst. Getestet wurde der Unterschied zwischen einem Frühstück vor allem aus Kohlenhydraten und einem aus Proteinen. Ein und dieselbe Person verhielt sich unterschiedlich beziehungsweise entschied sich anders, nur weil sie anders gefrühstückt hatte. Im Kern ging es darum, ob der Proband sich

auf ein augenscheinlich unfaires Angebot einließ, das für ihn aber von Vorteil wäre. Die Studie kam zu dem Schluss, dass Menschen mit einem proteinhaltigen Frühstück verantwortungsvoller und großzügiger handelten.

Man vermutet als Grund den Anstieg von Tyrosin. Diese Aminosäure reichert sich, wenn wir Proteine zu uns nehmen, im Blut an und ist ein Vorläufer von Dopamin, das wiederum als »Glückshormon« bekannt ist. Es gibt verschiedene Arten, wie wir auf natürliche Art und Weise unseren Dopaminspiegel erhöhen können.

Wenn Sie also gerade nicht so glücklich sind, wie Sie es gerne wären, dann hat das vielleicht auch körperliche, hormonelle Gründe. Und der einfachste Weg, das zu verändern, ist über das, was wir mindestens dreimal am Tag in der Hand haben: unsere Ernährung.

Bedeutet das im Umkehrschluss, dass wir uns glücklich essen können?

Wir könnten es zumindest probieren.

Denn wie ganz furchtbar schlecht sich ungesunde Ernährung auswirkt, zeigen ebenfalls neueste Studien.

Fett!

Wie wichtig in unserer Ernährung Omega-3-Fettsäuren sind, wird Ihnen mit Sicherheit schon mal untergekommen sein. Sie stehen schon lange im Verdacht, besonders wichtig für unsere Hirnaktivitäten zu sein, und sind daher so besonders, weil der Körper sie nicht allein herstellen kann. Sie müssen über die Nahrung zugeführt werden, zum Beispiel über fetten Fisch, gute Öle oder Nüsse.

Schauen wir uns nur mal die Kitas und Schulen an. Die Orte, an denen unsere Kinder, die noch in der Entwicklung sind, unter Umständen mehrfach in der Woche speisen. Wie oft, glauben Sie, finden diese Lebensmittel dort auf den Speiseplänen statt?

Und wenn Sie nicht so weit gehen wollen, schauen Sie auf Ihre Küche daheim …

Was passiert aber, wenn wir auf Omega-3-Fettsäuren verzichten?

Wissenschaftler haben genau das untersucht: an Ratten. Nach dieser speziellen Diät zeigten die Versuchstiere auffällige Verhaltensmuster: Forscherinnen setzten normal ernährte Ratten mit solchen auf Omega-3-Diät in einen Raum mit Licht und Schatten. Die normal ernährten Tiere erkundeten den hellen Bereich ausgiebig, motiviert und neugierig. Die Ratten ohne Omega-3-Fettsäuren verkrochen sich apathisch in die dunklen Ecken.

Daraufhin wollten die Forscherinnen wissen: Was passiert denn in den Rattenhirnen?

Das Ergebnis war alarmierend: Die Neuronen der Nagetiere ohne Omega 3 zeigten Anomalien und die Verbindung zwischen den Synapsen nahm ab. Ich übersetze mal salopp: Die Ratten verblödeten aufgrund eingeschränkter Gehirnfunktion.

Eine solche Mangelernährung ist im realen Leben natürlich die absolute Ausnahme. Aber was passiert, wenn wir grundsätzlich nährstoffarm, sprich einseitig essen?

Lassen Sie uns dazu einen Blick in die Vergangenheit werfen, denn aus der lässt sich bekanntlich einiges lernen. Das hat auch eine holländische Studie gemacht. Die Forscherinnen und Forscher nahmen sich »Kriegskinder« vor, die schon während der Schwangerschaft im Mutterleib unterernährt waren. Und dieser Jahrgang, der aufgrund der Kriegs- und Nachkriegsjahre von Mangelernährung geradezu geprägt war, verzeichnete im jugendlichen Alter einen deutlich höheren Anstieg krimineller Handlungen als andere Jahrgänge davor.

Auch bei Versuchen in Gefängnissen wurde Ähnliches festgestellt. Dank speziell angereicherter Nahrung fielen die Probanden später durch die Bank weg durch weniger Zwischenfälle auf. Es funktioniert also sowohl in die eine als auch in die andere Richtung: Gutes Essen macht »sanfter« und schlechtes Essen »aggressiver«.

Können wir also Aggressionen durch die richtige Ernährung mindern?

Muss der Trump einfach mal was Gesundes zu essen bekommen? So einfach ist es dann wohl doch leider nicht, denn unser Tun und Handeln wird von vielen Faktoren beeinflusst.

Aber einen Versuch, meine Damen, ist es doch wert. Und wenn nicht bei uns, dann bei unseren Kindern.

Sie kennen alle die alarmierenden Zahlen übergewichtiger Kinder. Während sie auf der einen Hälfte der Erdkugel verhungern, scheinen sie auf der anderen zu platzen.

Hier spricht keiner von ab und an mal Fast Food oder Süßes.

Aber ab wann *wird* es kritisch? Ab wann ist unsere Gesundheit in Gefahr?

Das dauert leider nicht so lange, wie Sie vermutlich denken (oder hoffen).

Denn Forscher konnten bereits nach vier (!!) Tagen ungesunder Ernährung Veränderungen im Hirn feststellen. Und die sind mehr als besorgniserregend.

Wieder hat man die armen Ratten vorgeschickt. Und zwar in einem weltweit einmaligen Experiment: Man fütterte die Versuchsnager so, wie die westliche Welt sich freiwillig ernährt: mit Fertigprodukten, zuckerhaltigen Lebensmitteln, Fast Food; das volle Programm (Marc-Uwe Kling nennt es in seinem Buch »QualityLand« FeSaZu, das steht für **FettSalzZu**cker).

Drei erschreckende Ergebnisse kamen bei der anschließenden Untersuchung ans Licht:

1. Die Ratten fressen fast doppelt so viel. Sie scheinen nie satt zu sein.
2. Die Ratten leiden unter immensem Gedächtnisverlust.
3. Der Hippocampus der Ratten verändert sich.

Der Hippocampus ist der Teil in unserem Hirn, der für das Gedächtnis und das Lernen zuständig ist.

Diese Schädigung hat man leider nicht nur an Ratten, sondern auch an Menschen nach nur vier Tagen Ernährung mit Junkfood festgestellt.

Und genau das hielt man bis dahin für nicht möglich, denn der Mensch hat einen Filter, der das eigentlich zu verhindern weiß, nämlich: die Blut-Hirn-Schranke. Sie sorgt dafür, dass eben keine Erreger oder Giftstoffe aus dem Körper ins Hirn gelangen. Und Fett, Salz und Zucker sind in einem ungesunden Maße eben Giftstoffe. Durch eine ungesunde Ernährung und durch die daraus resultierende Fettleibigkeit, wodurch der Körper in einer Art Dauerentzündung feststeckt, wird diese Schranke aber geschädigt und damit durchlässig. Es scheint, als seien die körpereigenen Bodyguards müde. Somit gelangt die Entzündung in die Hirnhaut.

Was dann passiert, schockierte die Wissenschaft (und mich!) enorm. Ich drücke das laienhaft aus: Das Hirn frisst sich quasi selbst auf. Zellen, die eigentlich nur tote Zellen fressen sollen, fingen an, noch gesunde zu futtern.

Man filmte das in vitro.

Wenn die Wissenschaft das doch aber alles weiß, warum reagiert dann keiner?

Warum reagiert die Politik nicht? Warum darf so ein Essen überhaupt in den Regalen stehen und, schlimmer noch, Werbung an Kindern dafür gemacht werden?

Warum werden die Kita- und Schulessen nicht endlich nach diesen Erkenntnissen umgestellt?

Ist die Lobby dieser »Schlechte-Ernährungs-Branche« wirklich so riesig?

Augenscheinlich!

Bauern, womöglich noch Bio-, die Obst und Gemüse anbauen, können den Politikern nach ihrer einen Karriere eben keinen Vorstandsposten versprechen.

Denken Sie nur an den Fleischskandal in Gütersloh während der Coronazeit ...

Wie kann es sein, dass es so viel einfacher ist, sich *un*gesund zu ernähren als gesund? Und damit meine ich nicht, dass es natürlich einfacher ist, ein Fertiggericht in die Mikrowelle zu stellen, als Karotten, Kartoffeln und Sellerie klein zu schnippeln, das Bio-Huhn auszunehmen und die Suppe anderthalb Stunden auf dem Herd köcheln zu lassen, um dann das kochend heiße und ein bisschen glitschige Huhn herauszuwuchten und Stück für Stück zu zerteilen. Nein, ich meine, dass die »schlechten« Lebensmittel uns in den Regalen der gängigen Supermärkte entgegenstrahlen von den oberen Regalen, in bunten Farben, während nicht mal alle ungesunden Inhaltsstoffe, die in ihnen stecken, auf der Verpackung verzeichnet sein müssen. Oder sie so versteckt sind, dass kein Sch... versteht, was es ist.
Ist es gar leichter, »verhaltensauffällige« Kinder mit Ritalin vollzupumpen? Rentiert es sich gar doppelt, einmal für die Lebensmittelbranche, einmal für die Pharmaindustrie? Googeln Sie mal aus Spaß, wie sich hier der Anstieg der letzten Jahre entwickelt hat.

Wissen Sie, wenn wir über Glück reden, dann müssen wir doch – und das vor allem – bei uns, im Inneren, anfangen. Starten können wir sowohl in der Psyche als eben auch physisch. Wenn Sie die Gefahr aber jetzt erkannt haben, können Sie sie bannen.
Zumindest in der Theorie.
Denn die Praxis, das weiß ich aus eigener Erfahrung, ist um einiges schwieriger.

Entzug

Was hindert uns daran, die richtige Entscheidung in puncto Ernährung zu treffen?

»Wir selbst«, werden Sie jetzt sagen. Und das stimmt auch. Aber ich möchte Ihnen auch eine Erklärung – nicht Ausrede – geben, warum das so ist. Warum Sie doch immer wieder zum »falschen« Lebensmittel greifen.

Noch einmal schauen wir uns die Ratten im Labor an. In einem weiteren Versuch wurden die Nager ausschließlich mit Kokain und Zucker großgezogen. Es gab nichts anderes. Irgendwann wurden die Ratten vor die Wahl gestellt, was möchtet ihr lieber: Koks oder Zucker?

Raten Sie, wofür sie sich entschieden haben! Und zwar viermal so oft! Für den Zucker.

Zucker macht auch süchtig.

Haben wir alle schon gehört.

Während wir unsere Kinder vor Drogen warnen, haben wir im Einkaufswagen die Milchschnitte liegen. Den gesunden Snack für zwischendurch.

Zucker macht nicht nur süchtig, nein, er führt uns hinters Licht, während wir danebenstehen, und lässt uns so die falsche Entscheidung treffen.

In einem spannenden Versuch ließ man zwei Gruppen von Studenten einen zuckerhaltigen Milchshake trinken. Die eine Gruppe trank ihn jedoch im Privaten regelmäßig, die andere nur einmal, und zwar im MRT.

Bereits nach dem ersten Schluck sah man im MRT, wie das Belohnungszentrum aktiviert wurde.

Daher auch: »Schokolade macht glücklich.« Macht sie nämlich wirklich beziehungsweise der Zucker in ihr. Er aktiviert unser Belohnungszentrum.

Aber Achtung: Bei der Gruppe, die den Shake auch im Alltag regelmäßig getrunken hatte, reagierte dieser Hirnbereich im

MRT kaum noch. Die Erklärung: Sie brauchten mehr Zucker für dasselbe Glücksgefühl.

Und als wäre das nicht schon dramatisch genug, entdeckten die Forscher bei den »süchtigen« Milchshake-Trinkern einen weiteren Effekt, ausgelöst vom Zucker:

Ihnen reichten *Bilder* (wie zum Beispiel Fernsehwerbung zu Schokolade), um den Wunsch nach Zucker in sich auszulösen. Was natürlich erneut für zuckerhaltige Nahrungsaufnahme sorgt, ohne dass die Probanden »echten« Hunger gehabt hätten. »Sie sind Herrin Ihrer Gedanken« scheint also nur sehr eingeschränkt zu stimmen, wenn wir dem Zucker verfallen sind.

So, jetzt wissen Sie das alles.

Und nu?

Ein wirklich gutes Gefühl macht Ihnen das wahrscheinlich nicht.

Das macht die alleinige Erkenntnis selten, wenn wir anschließend nicht ins Tun kommen. Und der Satz, der am meisten in uns herumgegeistert ist: »Aber was kann ich heute noch bedenkenlos essen?«

Das ist einfacher, als Sie denken, zumindest, wenn wir der Wissenschaft Glauben schenken: Kinders, ich sag nur: Bella Italia!

Es ist die mediterrane Küche. Mit einer abwechslungsreichen Auswahl an Obst und Gemüse (die Farben spielen tatsächlich eine große Rolle!), gutem Fisch, ein bisschen Fleisch, Hülsenfrüchten, Ölen und ab und an Pasta. Und: keinerlei Fertiggerichte.

So schwer ist das doch gar nicht, oder? Lassen Sie uns alle zu Italienerinnen werden!

Mich bestätigt das. Denn neben all dem Wissen darf der Genuss bitte nicht zu kurz kommen. Aber der *langfristige* Genuss. Was mich persönlich sehr entspannt und glücklich stimmt: Denn hungern und auf alles verzichten gehört *nicht* in meinen Werkzeugkasten hinein. Extremdiäten auch nicht. Sollten die bei Ihnen noch im Koffer liegen, können Sie sie jetzt getrost auspacken und Platz für Neues schaffen.

Wissen Sie, wir werfen so schnell ein Aspirin ein und hoffen auf die Wirkung. Aber dass Essen eine ebensolche haben kann, da kommen wir nur schwer drauf. Oder andersherum formuliert: Haben Sie nicht auch das Gefühl, dass der Zucker Ihnen, mir, *uns* im Weg (zum Glück nämlich) steht?

In meinen Werkzeugkoffer für den Weg zum Glück packe ich:

- Du bist, was du isst
- Falsches Essen schadet nachweislich nicht nur der Figur, sondern auch der Stimmung und dem Hirn
- Zucker ist ein Arschloch

So, liebe Damen, was muss jetzt passieren, damit Sie sich dieses Wissen zunutze machen?

Ausreden gibt's jetzt keine mehr.

Das Schöne ist: Sie essen jeden Tag. Vielleicht dreimal. Sie haben also allein täglich dreimal die Möglichkeit, es besser zu machen. Jedes Mal aufs Neue. Oder aber Sie machen es wie ich und versuchen mal was ganz anderes …

Das muss ich erst mal verdauen …

»Das liegt mir schwer im Magen.«
»Liebe geht durch den Magen.«
»Da dreht sich mir der Magen um.«
»Hör auf deinen Bauch.«

Während unser Sprachgebrauch schon lange die Bedeutung der Körpermitte kennt, scheinen wir diesen Bezug zu ihr in unserem Handeln über die Jahre ein bisschen verloren zu haben. Was schade ist.

Denn die grundlegende Veranlagung dazu, uns rein intuitiv für das »richtige« Essen zu entscheiden, ist hier ebenso verankert wie 80 % unseres Immunsystems.

Die Rede ist von unserem Darm.

Und während uns die eben erwähnten Sprichwörter immer noch den Weg zu ihm weisen, scheinen wir den Darm in der Schulmedizin irgendwann aus den Augen verloren zu haben. Und Sie wissen, welch große Freundin ich von der Schulmedizin bin, immerhin verdanke ich ihr mein Leben.

Aber Hand aufs Herz: Wie oft haben Sie schon gehört: »Der hat's am Magen. Das ist bestimmt psychisch bedingt.«

Wie *oft* werden Probleme im Magen-Darm-Bereich einfach als psychische Problematik abgetan?

Dahinter steckt die Denkweise: Hirn an Darm!

Jede von Ihnen, die schon mal mit Aufregung oder Lampenfieber zu tun hatte, kennt die Signale, die das Hirn an den Darm aussendet. Das Hirn ist unsere Schaltzentrale und wenn hier Probleme auftreten, leidet der ganze Rest des Körpers, gerne direkt der Darmbereich.

In meinem kleinen Selbstversuch, von dem ich Ihnen weiter oben berichtet habe, nämlich, ob mich Süßigkeiten schlecht gelaunt werden lassen, stellte ich mir nun selbst die Frage: Geht diese Hirn-Darm-Geschichte wohl auch andersrum?

Kann mich ein gesunder Bauch auch oben im Kopf glücklich machen?

Inwieweit hat der Darm eine Wirkung auf mein Hirn?

Während der Schreibphase führte ich also einen weiteren Versuch durch, nämlich das *Intervallfasten*. Gesunde Ernährung und ausreichende Bewegung sind bei mir schon seit Jahren zur Gewohnheit geworden, daher glaubte ich nicht, überhaupt einen Unterschied feststellen zu können. Wie sehr ich mich irren sollte …In der Schreibklausur auf Mallorca unterzog ich mich der selbst auferlegten Diät, wobei »Diät« natürlich das falsche Wort ist. Es gibt Phasen in meinem Leben, in die würde das Fastenmodell nicht passen, aber auf der Insel, so ganz allein, ohne meine Kinder, hier passte es perfekt.

Ich entschied mich für das klassische 16:8-Modell, was konkret bedeutet, dass meine Essensphase zwischen 12 Uhr mittags und 20 Uhr abends war. Die andere Zeit aß ich nichts, gar nichts, nahm auch keinen Alkohol zu mir, nur Wasser und ungesüßten Tee.

Bevor ich auf die einzelnen Beobachtungen eingehe, die ich während des Intervallfastens gemacht habe, erwähne ich noch rasch, wie ich die acht Stunden gefüllt habe, denn wie schrieb ich schon damals in »Ich nehm schon zu, wenn andere essen«: »Sie glauben ja nicht, was ich in acht Stunden alles verputzt bekomme.«

So ging ich aber nicht an die Sache ran, sondern aß beispielsweise um 12 Uhr einen kleinen Salat mit Lachs, danach Joghurt und Früchte und abends ging ich allein essen. Die mallorquinische Küche ist genau nach meinem Geschmack, daher gönnte ich mir dann immer das volle Programm: Vor-, Haupt- und Nachspeise. Letzteres war manchmal was Süßes, manchmal auch nur ein Espresso. Was ich Ihnen damit sagen will: Ich habe nicht gehungert oder gedarbt!

Ansonsten schrieb ich den ganzen Tag und walkte zwischen fünf bis zehn Kilometer. Im Prinzip alles so wie immer, nur eben diese 16 Stunden Nüchternheit, die ich wirklich konsequent durchzog.

Kommen wir nun zu den Ergebnissen.

Wo soll ich anfangen?

Vielleicht da, wo Frauenmagazine starten würden: Kinders, was hatte ich einen flachen Bauch! Und zwar den ganzen lieben langen Tag. Wenn Sie mich vorher gefragt hätten, ob ich mich aufgebläht gefühlt habe, hätte ich ganz sicher »Nein« geantwortet. Aber rückblickend im Vergleich muss es wohl doch so gewesen sein. Binnen einer Woche verlor ich *eine* Hosengröße.

Und das wiederum war irgendwie gut fürs allgemeine Wohlbefinden. Ich wollte gar nicht mehr abnehmen, ich weiß auch nicht, ob ich Gewicht verloren habe (von der Waage habe ich mich schon vor einer Ewigkeit verabschiedet), aber dieser flache Bauch beeindruckte mich.

Was aber noch viel erstaunlicher war, war meine geistige Fähigkeit. Ich schrieb wie eine Irre, kam mir manchmal vor wie eine Duracell-Häsin und zeigte null Komma null Müdigkeitserscheinungen. Und wenn ich nicht schrieb, dann las ich oder hörte Podcasts. In dieser einen Woche lief kein Fernsehen, keine Social Media, nichts. Ich kam mir ein bisschen vor wie eine Intellektuelle und, das ist die größte Errungenschaft: Ich kam so schnell zu mir selbst.

Ich mochte es, Zeit mit mir allein zu verbringen.

Apropos Zeit: Sie glauben ja nicht, wie viel Zeit Sie sparen, wenn Sie fasten. Das fängt beim Einkaufen an, geht übers Kochen und endet beim ewigen Gedanken: *Mmmmhhh, was könntest du denn jetzt mal essen?* Der war mit einem schnellen *Nix!* zu Ende gedacht.

Und als seien das nicht schon genug Gründe, um es mal auszuprobieren, verrate ich Ihnen jetzt den letzten:

Ich war so gut gelaunt wie noch nie in meinem Leben.

Und glauben Sie mir, dazu hätte es – bis auf die Tatsache, dass ich auf Mallorca weilte – eigentlich keinen Grund gegeben.

Das mag nun alles Zufall sein, klar. Aber ich habe das Intervallfasten auch zu Hause weiter durchgezogen und auch dort hat sich weder meine Laune verschlechtert noch blähte sich der Bauch.

Mein Resümee: Die langen Phasen ohne Essen bekommen mir mehr als gut. Körperlich, gesundheitlich und geistig.

Übrigens, auch hier galt für mich: Leben vor Fasten. Kam also eine spontane Einladung dazwischen, wurde das Projekt in Windeseile auf den nächsten Tag verschoben.

Und was sagt die Wissenschaft dazu?
Ich spreche mit Prof. Dr. Gregor Hasler, Professor für Psychiatrie und Psychotherapie an der Schweizer Université de Fribourg. Er beschäftigt sich seit seinem Medizinstudium mit den wechselseitigen Einflüssen von Ernährung, Darmbeschwerden und psychischen Beeinträchtigungen und schrieb mehrere Bücher zum Thema, darunter »Die Darm-Hirn-Connection«, welches ich nach meinem Selbstversuch las. Daraufhin schrieb ich ihn an und drei Minuten später quatschten wir schon via Skype.

Herr Prof. Hasler, können Sie meine persönlichen Beobachtungen wissenschaftlich untermauern?
Ja, kann ich beziehungsweise die Wissenschaft kann das.
Für das, was Sie gefühlt haben, nämlich, dass ein gesunder Darm Sie glücklich macht, gibt es einen Beweis. Einen Nerv. Den Vagusnerv. Er ist die wahrhaftige Verbindung zwischen Darm und Hirn. Und während man lange dachte, es funktioniere nur in die eine Richtung, so wissen wir heute: Es geht eben auch andersrum. In unserem Darm ist fast unser ganzes Immunsystem verankert. Hier werden über zwanzig Hormone gebildet, die über den Vagusnerv nach oben ins Hirn gelangen. Unser Darm kommuniziert also mit unserem Hirn.

Ich habe Ihr Buch »Die Darm-Hirn-Connection« gelesen und bin gleichermaßen fasziniert wie erschrocken, was wir mit dieser Erkenntnis dann doch alles in der Hand haben.
Und die Forschung ist erst am Anfang.
Natürlich können wir über den Darm nicht alles heilen, das muss ich Ihnen ja nicht sagen. Aber ich bin schon erschrocken darüber, dass in einem Krankenhaus oftmals zwanzig Arbeits-

therapeuten und kein einziger Ernährungstherapeut unterwegs ist. Ich rege mich auch regelmäßig über das Schulessen meiner Kinder auf. Denn bei den Kindern wird ja die Basis gelegt.

Und ein gesunder Darm, das ist kein Hexenwerk. Es braucht: Esskultur, Bewusstsein, Achtsamkeit und Zeit und dann schaffe ich es auch wieder, auf meinen Bauch zu hören.

Das ist interessant. Sie sagen nicht: Es braucht Kohlenhydrate, Ballaststoffe und was weiß ich. Ihr Ansatz ist woanders?

Ja. Weil es so viele unterschiedliche Esstypen gibt. Nur weil Ihnen Fasten gutgetan hat, heißt das nicht, dass das für jede Ihrer Leserinnen gut ist. Die Genetik in unserer Darmflora spielt eine Rolle zwischen 10–30 %. Die ist ja schon bei jedem anders. Die Umwelteinflüsse, die Esskultur, all das ist hochindividuell.

Haaaaa, meine Damen, wie beruhigend, dass ich das in jedem Buch sage … Stichwort: »die individuelle 8«! Auch hier gilt: Es gibt nicht den einen Weg, es gibt ganz viele.

Herr Professor, wenn jetzt jemand das Gefühl zu seinem Bauch verloren hat, wie könnte der- oder diejenige vorgehen?

Ich starte mit meinen Patientinnen grundsätzlich bei dem, was sie gut können. Auf das gesamte Leben bezogen. Da hole ich sie ab. Und dann schauen wir gemeinsam, wie regelmäßig sie essen, ob sie selbst kochen, wie sie das vertragen, was ihr Bauch sagt …

Wenn es ein langfristiger Erfolg sein soll, dann muss alles stressfrei geschehen. Manchmal müssen die Menschen erst wieder lernen, sich richtig zu fühlen. Umso erstaunlicher, dass Fächer wie »Achtsamkeit«, »Hauswirtschaft« oder »Kochen« nicht schon längst fester Bestandteil in unseren Schulen sind.

Da sprechen Sie mir aus der Seele.

Wenn wir das alles wissen, und ich meine, Sie sind Professor, Sie haben zahlreiche Studien, die Sie vorlegen können, warum hat sich das wertvolle Wissen noch nicht bis zu meinem Hausarzt rumgesprochen?

(Er lacht.) Manchmal muss erst eine Generation aussterben, bevor sich neue Erkenntnisse breitmachen. Und wie gesagt, wir sind noch ganz am Anfang. Aber unterm Strich können wir festhalten: Das Hirn kommuniziert nicht nur mit dem Darm, sondern der Darm kommuniziert auch mit dem Hirn.

Ich sprach noch lange mit dem Herrn Professor und kann Ihnen das Buch »Die Darm-Hirn-Connection« wirklich wärmstens empfehlen. Mich persönlich hat auch interessiert, ob er noch Fleisch isst, und zu meiner Erleichterung sagte er Ja. »Wenig, aber ja.« Seine Frau ist übrigens Italienerin und die schon vorhin erwähnte mediterrane Küche ist auch für ihn sein Weg zur Gesundheit.

In meinen Werkzeugkoffer für den Weg zum Glück packe ich:

- Höre auf deine Mitte!
- Ein gesunder Darm macht glücklich
- und Glück sorgt für einen gesunden Darm

3
EINE NEUE PERSPEKTIVE

Gewohnheitsglück

Wie aber komme ich jetzt ins Tun?
Wie kann ich es schaffen, all das unter Umständen neu erlernte Wissen erfolgreich in meinen Alltag einzubauen?
Sprich: Wie kriegen wir den Popo hoch?
Es gibt zahlreiche Bücher und Berichte mit Titeln und Überschriften wie: »Gewohnheiten erfolgreicher Menschen« oder »So starten erfolgreiche Menschen ihren Tag«.
Das hat bestimmt alles seine Daseinsberechtigung, aber ich würde so gerne von dem »erfolgreich« weg und hin zum »glücklich«. Wir brauchen also Gewohnheiten, die *glücklich* machen. Oder andersrum: Glück, das zur Gewohnheit führt. Aber Gewohnheiten, Ladys, das sage ich Ihnen: Die zu ändern, das war für mich mindestens so schwer wie früher der Matheunterricht.
Aber hier verrate ich Ihnen ein paar Tricks, wie ich es dennoch geschafft habe, wie ich etwas verändert habe, um mir einen gesünderen Lebensstil anzugewöhnen.

Bewegung/Sport

Die wohl häufigste Frage von Ihnen, liebe Leserinnen, an mich ist: *Was machst du gegen den inneren Schweinehund?*
Ich sage es Ihnen: Ich lass den liegen. Ich brauche den gar nicht für den Sport. Und was vielleicht noch wichtiger ist: Ich habe mir visuelle Reize geschaffen. Nicht in Form von Fitnessmodels, die ich mir in Postergröße aufgehängt habe, sondern: Meine

Sportgeräte stehen gut sichtbar im Schlafzimmer. Ich muss die nicht ein- und auspacken, die stehen immer da.

Und zwar: mein Trampolin und meine Gewichte.

Und die erinnern mich daran: Morgen früh ist es wieder so weit! Bevor Sie erwidern: »Da kann man doch Klamotten drüberlegen.« Ja, kann man, aber: Man kann das auch lassen. Kinders, so ein bisschen müsst ihr schon wollen!

Und den Morgen an sich, den gestalte ich mir so schön wie möglich. Ich mag meinen Handy-Wecker-Klingelton nicht, also lasse ich mich mit Musik wecken: Pachelbel – »Canon in D«.

Dazu lege ich mir schon abends die Sportklamotten neben mein Bett. Die ziehe ich noch vor dem Zähneputzen an und wenn die Kinder das Haus verlassen, dann gehe ich direkt wieder hoch und lege los.

OHNE – ich wiederhole: OHNE Umwege!

Es muss für mich dieses Ritual sein und es muss auch sein, dass die Sportgeräte stehen bleiben. Warum?

Da meine ich bei einem Kindergeburtstag eine interessante Beobachtung gemacht zu haben:

An Max' Geburtstag gab es ein kleines (von mir gemachtes – Applaus bitte!) Kinderbüfett und bevor ich das Knabberzeug an seinen Platz stellte, drapierte ich Obstspieße und Gurkenschiffchen. Die sahen für die Kinder anscheinend so ansprechend aus, dass sie gar nicht nach den Süßigkeiten fragten.

Oder im Hotel: Wenn ich das Obst da schon fertig geschnibbelt stehen sehe, habe auf Nutella gar keine Lust mehr.

Überlegen Sie doch mal: Ein hübsch angerichtetes Büfett, das besteht in den seltensten Fällen aus Tiefkühlpizza und Hamburgern. Es gehört buntes Obst und Gemüse dazu, gerne gutes Brot, eben alles, was frisch ist. Fast Food hätte daneben nur wenig Chance.

Daraus habe ich für mich gelernt: Ich brauche diese visuellen Anreize auch beim Sport.

Wir sprachen schon über die olfaktorischen Reize, die unsere

Nase kitzeln. Den Sehnerv nehme ich persönlich aber, zumindest, was Gewohnheiten angeht, als noch entscheidender wahr. Denn er holt mir die Dinge dorthin, wo sie hingehören: nämlich vor meine Augen. Mir helfen visuelle Reize einfach dabei, die Dinge, die mir zur Gewohnheit werden sollen, auch umzusetzen. Ob ich einen Inneneinrichtungspreis mit einem Trampolin im Wohnzimmer gewinne, ist fraglich. (Ich gewinne ihn aber ganz sicher nicht, wenn Klamotten auf selbigem liegen.) Aber: Einen Tod muss man bekanntlich sterben.

Gesunde Ernährung

Auch die Umstellung auf gesunde Ernährung funktioniert bei mir über visuelle Reize.

Am Anfang, als ich noch »wackelig« war, war eine Yogurette im Kühlschrank für mich das Ende. Wir haben eben gelesen, dass bei übermäßigem Zuckerkonsum das Belohnungszentrum tatsächlich schon auf Bilder konditioniert ist. Tja, bei mir war das wohl der Fall. Ich habe mir den sofort einsetzenden Heißhunger also gar nicht eingebildet, der war wirklich da.

Mir ist es leider nicht in die Wiege gelegt, nur eine Yogurette zu essen, sonst könnten wir die Sache hier verkürzen … Also trickste ich mich selbst mit einem absoluten Geheimtipp aus.

Aber pssst, was ich Ihnen jetzt kundtue, ist wirklich raffiniert, und bitte, verraten Sie es nicht weiter: Ich kaufte erst gar keine Yogurette mehr und wenn doch, weil meine Jungs mich zwangen, kam sie nicht mehr in mein Sichtfeld. Das ist bis heute so. Stattdessen finden Sie bei mir immer: frisches Obst in der Schale, frisches Gemüse in der Küche und meist noch frische Blumen. Dazu eine hübsche Karaffe mit stillem Wasser, Zitrone drin, fertig.

Diese optischen Anreize helfen mir tatsächlich mittlerweile spielend, den gesunden Lebensstil dauerhaft beizubehalten. Ich bin fast geneigt zu sagen, dass er ein fester Bestandteil meines täglichen Lebens geworden ist. Mehr noch, ich glaube, ich darf mittlerweile sagen: Ich bin ein gesund lebender, sportlicher Mensch. Ich habe Gänsehaut.

Und wie immer gilt: Wenn ich das schaffe, dann schafft es *jede*. Seien Sie geduldig mit sich. Rom wurde auch nicht an einem Tag erbaut. Die Zeit vergeht so oder so. Ob Sie gesund oder ungesund leben.

Und wenn wir es schaffen, uns neue, gesunde Gewohnheiten beizubringen, dann spinnen Sie das doch mal weiter: Wie wäre es, wenn wir aus lauter Gewohnheit *glücklich* sind? Wenn wir uns selbst in die Verpflichtung nehmen, glücklich zu sein. Wenn es nicht sofort und für immer geht, wie wäre es dann mit Dienstagabend so zwischen 18 und 19 Uhr?

So als neue Gewohnheit.

In meinen Werkzeugkoffer für den Weg zum Glück packe ich:

- Sei aus Gewohnheit glücklich

Für Ihr Glücksbuch

JETZT SIE!
Übung »Gewohnheitsglück«

Welche gute Gewohnheit würden Sie gerne fest verankern? Sie können auch erst mal mit einer beginnen.
Was könnte ein erster, vielleicht ganz einfacher Schritt dahin sein?
Reagieren auch Sie vielleicht positiv auf visuelle Anreize?
Wann werden Sie diesen ersten Schritt tun?
Wie hat sich die Umsetzung angefühlt?
Wann werden Sie es wieder tun?
Was könnte Ihnen bei der dauerhaften Umsetzung helfen?

Los jetzt!

Dass Bewegung und Glück tatsächlich unabdingbar zusammengehören, habe ich erst vor einigen Jahren herausgefunden. Bis dahin waren mir alle gut gemeinten Ratschläge, die mit erhobenem Zeigefinger um die Ecke kamen, oder Statistiken und Berichte zum Thema ehrlich gesagt keine Hilfe.

In den wenigsten Tipps fand ich mich wieder und bis ich letztlich Bewegung in meinen Alltag einbaute, war ich – schwupps – schon Mitte dreißig.

Natürlich könnte auch ich Ihnen jetzt unzählige Studien zitieren, die aufweisen, wie wichtig Bewegung für ein gesundes und vielleicht auch glückliches Leben ist.

Aber was nutzt Ihnen das, wenn es Ihnen am Ende so geht wie mir bis Mitte dreißig? Das wissen Sie erstens sowie schon und zweitens helfen diese Fakten nicht unbedingt, um ins Tun zu kommen. Davon kann ich leider ein Lied singen.

Im Zweifel würden Ihnen die Informationen ein schlechtes Gefühl machen, weil Sie erkennen würden, dass Wissen nicht unbedingt ein Faktor ist, der uns ins Handeln versetzt. Denn: Die Schwierigkeit, gute Gewohnheiten zu manifestieren, liegt selten in Wissenslücken oder Zeitmangel. Es ist viel häufiger ein »Ich weiß das alles und ich kriege den Schweinehund trotzdem nicht gebändigt«-Problem.

Daher möchte ich Ihnen im jetzt folgenden Kapitel das Thema »gute Gewohnheiten implementieren« aus einer anderen Perspektive nahebringen.

Ich habe dazu mit zwei Frauen gesprochen, die beide von sich jeweils mit Überzeugung sagen können:

»Ohne die Bewegung wäre ich nicht mehr hier.«

Wenn es so läuft, wie ich mir das vorstelle, schlagen Sie danach das Buch zu und gehen eine Runde um den Block. (Es gibt dieses Buch übrigens auch als Hörbuch.)

Annette Rexrodt von Fircks und ich lernen uns im Jahr meiner Genesung, also 2015, in Grömitz kennen. Denn hier ist die so einzigartige Mutter-Kind-Reha, die an Brustkrebs erkrankten Müttern und ihren Kindern hilft, nach der Behandlung wieder auf die Beine zu kommen. Annette hat sie ins Leben gerufen. Sie erkrankte selbst mit 35 Jahren an schon fortgeschrittenem Brustkrebs, ihre Kinder waren da noch sehr klein. Die Ärzte attestierten ihr nur eine sehr geringe Überlebenschance, denn der Krebs hatte bereits auf der Haut und in den Brustmuskel gestreut. Das ist jetzt 22 Jahre her. Ein Buch von ihr, das in dieser Zeit entstanden ist, lautet »Dem Krebs davonleben« und beschreibt eindrucksvoll, wie Annette sich immer und immer wieder für das Leben entschied.

Nach ihrer Erkrankung gründete sie eine Stiftung, unter der eben auch zwei Reha-Projekte laufen, die sich speziell um Frauen wie »uns« kümmern.

Ich sitze also in Grömitz mit noch anderen Mamas und lausche gespannt Annettes Vortrag. Solche Mut- und Hoffnungsmacher sind es, die uns in Momenten wie diesen sehr viel Kraft geben. Daher ist es mir selbst heute eine Ehre, wenn ich vor Brustkrebsbetroffenen sprechen darf.

Während ihres Vortrags und auch während der Reha wird uns die Wichtigkeit eines gesunden Lebensstils, sprich: Bewegung und ausgewogene Ernährung, nahegebracht. Annette ist uns ein lebendiges Beispiel dafür, wie viel wir offenbar doch selbst in der Hand haben von unserem Leben und unserer Gesundheit.

Nach dieser Begegnung kreuzen sich unsere Wege zwar nicht mehr »live«, aber »digital« verlieren wir uns nie aus den Augen. Ich glaube, ich kann für uns beide sprechen, wenn ich sage, dass es einfach schön ist, zu wissen, dass es der anderen gut geht.

Und darum fährt mir der Schreck in alle Glieder, als ich vor ein paar Monaten bei Instagram lese, dass Annette erneut schwer an Krebs erkrankt ist.

»Es ist eine sehr schwere und vor allem seltene Krebsform an der Lunge«, erzählt sie mir dann persönlich am Telefon.

»Ach, verdammt, das darf doch nicht wahr sein! Hängt es mit dem Brustkrebs von früher zusammen?«

»Höchstwahrscheinlich nicht, aber ganz sicher kann es niemand sagen. Ich bin überhaupt nicht die ›Zielgruppe‹ für diesen Krebs, daher hat auch die Diagnostik so lange gedauert. Als man es dann schließlich rausgefunden hat, hatte er schon gestreut.«

Die meisten von Ihnen werden wissen, was genau man unter »gestreut« versteht, aber für die, denen das Thema (hoffentlich und Gott sei Dank!) neu ist: »Gestreut« bedeutet, dass sich bösartige Krebszellen vom eigentlichen Krebs lösen und an einem anderen Ort im Körper ansiedeln. Man nennt sie auch »Fernmetastasen«.

Die Heilungschance des Krebses ist in einem solchen Fall deutlich schlechter, wenn nicht gar ausgeschlossen. In diesem Stadium ist die Lebenszeit darum oftmals wissentlich verkürzt. Das bedeutet nicht, dass die Betroffenen von heute auf morgen sterben werden, aber es heißt schon, dass man lernen muss, ab jetzt mit dieser Erkrankung zu leben.

Auch als Freunde und Familie steht man vor neuen Herausforderungen, denn die Formulierung »Kopf hoch! Das wird schon wieder« hat hier eine gar vernichtende Wirkung.

In Annettes Fall hatte dieser hochseltene Krebs nun in verschiedene, lungennahe Organe gestreut. Sie kam in ganz wunderbare, kompetente und einfühlsame Arzthände, die sich bereit erklärten, sie einer großen, nein, sehr großen Operation zu unterziehen.

»Acht Stunden lang hat man alles entfernt, was befallen war.«

Liebe Annette, wir beide könnten über nahezu alle Themen, um die sich dieses Buch dreht, sprechen. Weil Sie zu jedem Aspekt etwas sagen könnten. Ich möchte aber ganz gezielt von Ihnen wissen: Welche Bedeutung hat und hatte Bewegung für Sie? Sowohl jetzt als auch vor 22 Jahren?

Bis ich erkrankt war, habe ich Sport aus reinem Vergnügen gemacht. Zum Beispiel Ski fahren. Das tat ich, weil es mir Spaß machte, nicht weil ich einen gesundheitlichen Nutzen daraus ziehen wollte.

Als ich dann Mitte dreißig erkrankte, war die ärztliche Empfehlung in einer Chemotherapie: Schonen Sie sich! Das konnte ich aber nicht, denn ich hatte drei Kinder zu versorgen.

Und hier merkte ich erstmals, wie wichtig Bewegung für mein Wohlbefinden war. Ich kam einfach besser mit den Nebenwirkungen zurecht, wenn ich mich an der frischen Luft bewegte. Und so baute ich die Bewegung mit ein. Jeden Tag.

Und nach dem Krebs?

Habe ich damit nicht wieder aufgehört, weil es mir so gut ging. Ich muss Ihnen nicht von den Nachwirkungen einer Chemotherapie oder den Nebenwirkungen einer Hormontherapie erzählen. Bei alldem hilft Sport ungemein. Das sagt mir mein Körper und zeigen auch die Studien. Meine Prognose vor 22 Jahren hätte fast nicht schlechter sein können, aber durch Sport, und das *wissen* wir heute, verbesserte ich meine Überlebenschance.

Jetzt sind Sie leider erneut erkrankt. Wie ist Ihre Einstellung heute dazu?

Genauso.

Sie könnten ja auch sagen: Der Sport hat sich nicht gelohnt. Diese ganze gesunde Ernährungsweise … Hilft doch alles nicht, bist ja doch wieder krank geworden.

(Sie lacht.) Als ob ich eine Bank wäre! Das ist doch keine Investition ins Morgen, es ist eine Investition in mein Heute. Ich mache den Sport nicht, damit es mir morgen besser geht, sondern, damit es mir heute gut geht.

Kurze Pause, meine Damen.
Lesen Sie sich den letzten Satz noch mal durch.
Und noch mal …

Treiben Sie denn jetzt, nach so einer schweren OP und noch in der Chemo, auch Sport?
Schon auf der Krankenstation habe ich wieder damit angefangen. Die Physiotherapeuten kamen fünfmal am Tag zu mir aufs Zimmer. Ich weiß, der Volksmund sagt: Schon dich!, aber ich kann das nicht bestätigen. Natürlich, an den Chemotagen, also wenn das Medikament fließt, mache ich etwas langsamer, aber sonst gehört Sport zu meinem Alltag dazu. Ohne ihn würde ich mich verloren fühlen und es würde mir deutlich schlechter gehen.

Können Sie mir das genauer erklären?
Bereits vor der Diagnose durchlebte ich einen typischen Gewichtsverlust. Man nennt diesen Vorgang auch »Kachexie«, der Körper frisst sich im Prinzip selbst auf. Es ist ein Abbauprozess, der unter anderem durch eine Tumorerkrankung hervorgerufen werden kann. Man bekommt diesen Vorgang nur durch Muskelaufbautraining in Kombination mit eiweißreicher Ernährung gestoppt. Als ob der Körper dann wieder den Schalter umlegt und merkt: Hier wird nicht ab-, sondern aufgebaut! Es ist das, was ich in der Hand habe.
Also strampele ich täglich 30 Minuten auf dem Fahrrad, bei einem Puls von mindestens 130, mache Krafttraining sowie Übungen auf dem Trampolin, was super gegen die Polyneuropathie ist, und achte auf meine Ernährung. Noch mal: Das ist, was *ich* in der Hand habe.

Annette, ich staune: Und das alles während einer Chemotherapie?
Ja. Und es ist einmal das körperliche Wohlbefinden, das ich erhalte, welches eine Rolle spielt. Denn ohne diesen Sport müsste ich die Schmerzmedikation heraufsetzen. Und dann ist es vor allem Balsam für die Seele.

Wie meinen Sie das?
Ich spüre die Zügel wieder in meiner Hand. Beim Sport hole ich mir die Zügel des Lebens wieder zurück. Die Glücksgefühle, die hierdurch freigesetzt werden, kann mir kein Medikament der Welt geben.

Einem gesunden Menschen, der sich so gar nicht bewegt − was möchten Sie dem gerne sagen?
Vorweg: Unser ganzes Gesundheitssystem leidet an den Menschen, die sich nicht bewegen. So viele Ersatzhüften und -gelenke können in Zukunft gar nicht »eingebaut« werden. Aber es ist nicht meine Aufgabe, zu missionieren. Wenn mich jedoch einer fragt, dann kann es tatsächlich sein, dass ich etwas ungeduldig werde und auch ein bisschen böse, weil derjenige das Geschenk des Lebens nicht annimmt. Daher antworte ich auf »Ich habe keine Zeit/Lust/Kraft für Sport« mit: »Dann wird es mit dem Altwerden halt schwieriger.«

Meine Damen, bevor Sie vielleicht schon jetzt die Runde um den Block drehen wollen, warten Sie noch kurz! Lassen Sie uns erst noch einen Blick auf Katys Leben werfen.
Katy heißt eigentlich Katrin und ist eine intelligente, bildschöne, junge Frau, die Geschichtswissenschaften studiert hat. Sie hatte einen Lebensplan … Eigentlich …
Bis Katys Schwester ermordet wurde. Von ihrem eigenen Freund. Mit nur 21 Jahren.
Auf die Tat, das Trauma, welches die ganze Familie erleiden musste, möchte ich an dieser Stelle nur am Rande eingehen.

Über das, was geschehen ist, den Verlust und ihren Umgang damit hat Katy mittlerweile selbst ein Buch geschrieben: »Larissas Vermächtnis – Der schreckliche Mord an meiner Schwester und mein Weg zurück ins Leben.«

Neben dem Schreiben gab es einen weiteren Faktor, der Katy zurück ins Leben holte, und darüber darf ich mit der hoch inspirierenden Frau persönlich sprechen.

Liebe Katy, die schreckliche Tat, die dein, euer Leben von heute auf morgen verändert hat, ist 2013 geschehen. Mittlerweile hast du das Unternehmen »SeelenSport« gegründet. Der Name kann ja fast schon für sich allein stehen. Wie kam es dazu?

Das war ein langer Weg. Vorab muss ich sagen, dass meine Schwester Larissa sehr sportlich war und immer mit mir schimpfte, weil ich so faul war. Daher war das Thema »Sport« an sich für mich am Anfang schwierig, weil er mich an sie erinnert hat.

Kurz vor ihrem Tod hatte ich einen schlimmen Skiunfall und verletzte mich schwer am Knie. Das wurde dann in der ersten Trauerphase immer schlimmer, bis es kurz vor dem Versteifen war. Mein Arzt sprach deutliche Worte zu mir, dass, wenn ich nicht endlich anfangen würde, mich zu bewegen, ich nie mehr würde joggen können. Und da dachte ich: *Larissa würde alles dafür geben, noch mal joggen gehen zu können, und du kannst es bald nicht mehr, weil du zu faul bist.* Das legte einen Schalter bei mir um und ich ging endlich wieder ins Fitnessstudio.

Machte dich das glücklich?

Gar nicht! Es war für mich nicht die richtige Atmosphäre dort. Es gab damals noch keinen Tag, gar einen Moment, an dem ich nicht weinen musste. Mit der äußeren Bewegung spürte ich, wie ich mich auch innerlich bewegte: Die ganze Trauer durfte endlich mal sein. Und das ging in einem Fitnessstudio nicht. Weißt du, wie schräg du angeschaut wirst, wenn du die ganze Zeit heulst?

Was hast du dann gemacht?
Ich hatte einen sehr sportlichen Mitbewohner, der mir sagte:
»Du brauchst kein Fitnessstudio. Ich mache dir einen Plan für
zu Hause.« Diesen Plan packte ich ein und nahm ihn mit raus
in die Natur.
Und hier im Park oder im Wald, in der Natur, da durfte ich
dann so sein, wie ich bin. Da durfte alles raus und da *konnte* erst
überhaupt alles raus. Durch den Sport kam ich an die Gefühle
ran, ich spürte mich wieder, ich war noch da.

Also war Sport eine Art Ventil für deine Trauer?
Ja, absolut. Manchmal schreiben Journalisten über mich Über-
schriften wie »Sport gegen die Trauer«, aber es ist das genaue
Gegenteil. Ich arbeite nicht gegen, sondern *für* die Trauer. Die
Gefühle bekomme ich nicht geändert, nur meinen Umgang da-
mit.

*Was für ein toller Ansatz, Katy! Den Tod deiner Schwester be-
kommst du nicht weggelaufen. Kein Marathon der Welt bringt sie
dir wieder zurück. Aber wie du mit deiner Trauer umgehst, das
hast du wieder in der Hand.*
Genau. Und es war der einzige Moment, in dem ich *sein* durfte.
Ich habe mich den ganzen Tag zusammengerissen: in der Uni,
im Job, überall. Aber allein das Wissen, dass ich später beim
Sport wieder authentisch sein durfte, gab mir über den Tag ein
besseres Gefühl. Dass ich mich selbst wieder spüren durfte. Ein
völlig vernachlässigter Aspekt. Ich war so viel mehr als nur Trauer.

Was hat sich durch die Bewegung noch für dich verändert?
Es sind einmal die seelischen Aspekte, aber es ging mir auch
körperlich wieder besser. Durch das Trauma habe ich einen
schlimmen Ausschlag bekommen und litt unter starkem Haar-
ausfall. Von den Schlafstörungen ganz zu schweigen. Es macht

unglaublich glücklich, wenn man die erste Nacht einfach wieder schlafen kann. Diese gesammelten Glücksgefühle, die der Sport auslöste, die haben mich zurück ins Leben geholt.

Wie kam es dann zur Gründung von »SeelenSport«?
Davor muss man wissen: Ich passe den Sport an meine Gefühlslagen an. Wenn ich traurige Tage habe, dann ist es ein anderes Programm, als wenn ich der Angst Raum gebe. Ich vermeide bewusst den Ausdruck »gegen die Angst kämpfen«, denn mein Ansatz ist es, dass alle Gefühle erst mal sein dürfen und nicht bekämpft werden sollten.
Als Beispiel: Ich hatte lange Zeit wirklich Angst vor Männern, weil meine Schwester Opfer eines Femizids wurde. Durch Krafttraining lernte ich, dass ich mir und meinem Körper vertrauen kann und keine Angst mehr vor der Begegnung als solcher haben muss.
Soll heißen: Die Angst braucht etwas anderes als beispielsweise die Traurigkeit.
Nun hatte ich zwar mein Studium beendet, merkte aber, dass ich unbedingt etwas im sportlichen Bereich machen wollte. Ich nahm erst mal einen gut bezahlten, aber doofen Job an, nur, um Geld zu verdienen. Das investierte ich anschließend in alle Ausbildungen zum Thema »Sport«, die es gibt: vom Personal Trainer über Pilateslehrerin bis zum Instructor – ich nahm alles mit. Und daraus entwickelte ich eigene Programme, die ich mit Bildern verknüpfte.

Was heißt das?
Du kennst Kniebeugen?

Leider ja.
Etwas drückt dich in die Knie, ein Schicksalsschlag zum Beispiel, du schaffst es aber, dich aus eigener Kraft wieder rauszudrücken. So arbeiten meine Programme. Ich bilde mittlerweile

selbst zur SeelenSport-Trainerin aus und bin ganz glücklich, so vielen Menschen helfen zu können.

Lassen Sie uns nun unseren Werkzeugkoffer packen!
Und zwar gerne aus drei Perspektiven:

Annettes Sicht:
- Sport ist eine Überlebensstrategie gegen die Kachexie
- Sport als Mittel der Selbstbestimmung
- Bewegung und Ernährung ist das, was ich in der Hand habe
- Sport ist keine Investition oder gar Garantie für das Morgen, es ist eine Investition in mein Heute

Katys Sicht:
- Sport schafft Raum für Authentizität
- durch äußere Bewegung in die innerliche Bewegung kommen
- sich selbst wieder spüren
- Glücksgefühle verhelfen zu körperlichem Wohlbefinden

Meine Sicht:
Im Prinzip sehe ich mich in allem bestätigt, was wir in diesem Buch schon besprochen haben und noch tun werden: Der Schlüssel liegt oftmals im Sich-selbst-Spüren (lesen Sie noch mal nach im Kapitel »Fühl mal hin« ab Seite 64).

Denn nur, wer sich selbst spürt, kann wissen, was er braucht, um glücklich zu sein. Und nur durch dieses Wissen, besitze ich die Handlungsvollmacht, etwas zu ändern, mich glücklich zu machen.

Mein eigener Weg zur regelmäßigen Bewegung war lang und hart. Es hat bestimmt drei Jahre gedauert, bis es von Qual zu Gewohnheit wurde, aber es bedeutet auch ganz klar: Wenn ich es schaffe, meine Damen, dann schaffen Sie es auch.

Ich hoffe inständig, dass Ihnen diese zwei sehr persönlichen Geschichten das Thema »Bewegung« noch mal auf eine andere Weise ein bisschen nähergebracht haben.

Zugegeben: Die Glückshormone, die beim Sport entstehen, sind zu Beginn noch vom Muskelkater überlagert. Aber irgendwann gewinnen erstere die Oberhand. Ganz, ganz sicher.
Und apropos Hormone: Was spielen die eigentlich für eine Rolle für unser Glücklich- oder Unglücklichsein?
Sind wir ihnen hilflos ausgeliefert oder haben wir auch hier ein großes Stück selbst in der Hand?
Wenn Sie von Ihrem Spaziergang zurückkommen, geht es damit weiter …

Das sind alles die Hormone!

Eigentlich müssten wir Frauen allein dafür eine schon mit der Geburt einsetzende Sonderausgleichszahlung bekommen. Jetzt mal ehrlich, hormonell gesehen haben wir doch unser Leben lang die A…karte gezogen. Der früh einsetzende und hormonell stark begleitete Blutverlust, der dann Jahre später übergangslos in die Menopause gleitet. Von Schwangerschaften oder Babyblues-Hormonlöchern ganz zu schweigen. Frauen sind, und das schreibe ich jetzt einfach mal, ohne mich bei Google informiert zu haben, hormonell schlechter dran als die Jungs. Die bekommen 'ne Midlife-Crisis und damit das Recht, zwischen Cabrio und Liebhaberin unterscheiden zu dürfen. Ja, ich weiß, jetzt geht's gerade mit mir durch! Wahrscheinlich hormonell bedingte Hysterie.

Wie auch immer, für mich war dieses große Thema Grund genug, mich mit einer Fachfrau auszutauschen. Und zwar darüber, ob wir unseren Hormonen eigentlich hilflos ausgeliefert sind oder ob wir auch hier ein bisschen was beeinflussen können.

Liebe Rabea, du bist Hormon-Coach, magst du uns verraten, was genau das für ein Beruf ist?
Als Hormon-Coach unterstütze ich Frauen im Einzel- oder Online-Gruppencoaching, hormonell bedingte Beschwerden auf natürlichem Weg, das heißt, ohne Hormonersatzpräparate, loszuwerden.
Zum Glück haben wir selbst nämlich einen großen Einfluss auf unsere Hormonbalance und sind unseren Hormonen nicht hilflos ausgeliefert.

Inwieweit machen uns Hormone glücklich beziehungsweise unglücklich?

Das Thema »Hormone« wird häufig auf Monatsblutungen, Schwangerschaft oder Wechseljahre reduziert. Dabei beeinflussen und regulieren diese chemischen Botenstoffe einfach alles: Körpertemperatur und Herzschlag, Blutzucker und Fruchtbarkeit, Fettverbrennung und Muskelaufbau, Schlafrhythmus, unsere Stimmung und unsere Fähigkeit, Freude und Glück zu empfinden.

Glück aus medizinischer Sicht meint dabei die Freisetzung ganz bestimmter Hormone und Neurotransmitter, die auch als »Glückshormone« bezeichnet werden. Sechs dieser Hormone, die Glücksgefühle und Wohlbefinden hervorrufen, sind Serotonin, Dopamin, Noradrenalin, Endorphine, Phenethylamin und Oxytocin. Besonders spüren wir ihre Wirkung, wenn wir frisch verliebt sind, unsere Lieblingsschokolade essen, beim Meditieren, gutem Sex, beim Sport, wenn die Sonne scheint, beim Blick aufs Meer oder wenn wir unser Kind umarmen.

Wenn wir regelmäßig in unserem Alltag Dinge tun, die unsere Glückshormone freisetzen, verbessert sich automatisch unser Wohlbefinden und unsere Stimmung: Wir sind voller Energie und haben Spaß am Leben, sind einfach glücklich.

Im Gegensatz dazu steht: Wenn wir chronisch gestresst sind, uns keine Zeit für Pausen, Beziehungen, Bewegung, Natur oder gesundes Essen nehmen, können wir kaum Glückshormone bilden. Und das wirkt sich negativ auf unsere Stimmung aus.

Was davon habe ich in der Hand? Was kann ich tun?
Ich habe immer das Gefühl, dass das Trampolinspringen mich glücklich macht. Kannst du das wissenschaftlich belegen oder bin ich bekloppt?
Um deine erste Frage zu beantworten: Natürlich spielen genetische Veranlagung oder (Kindheits-)Erfahrungen eine Rolle, wenn es um Gesundheit, Psyche und Emotionen geht. Deshalb wird

es einigen leichter fallen, positiv zu denken und entspannt und glücklich zu sein, als anderen. Hier und jetzt können wir aber eine ganze Menge dafür tun, um Glückshormone freizusetzen. Insbesondere dann, wenn wir wissen, was sie brauchen.

Womit ich zu deiner zweiten und sehr persönlichen Frage komme: Dass dich Trampolinspringen glücklich macht, hat tatsächlich auch etwas mit Hormonen zu tun. Unter anderem wirken hier nämlich Endorphine und Phenethylamin, die nach körperlicher Anstrengung Glücksgefühle auslösen.

Ich vermute auch, dass das Trampolinspringen eine kindliche oder sogar meditative Bewegungserfahrung ist, die dich ins Hier und Jetzt versetzt – weg vom Kopf, rein in den Körper –, ein Zustand, in dem wir Glück besonders gut wahrnehmen können.

Jetzt wollen wir das Thema »Glück« nicht rein auf die Hormone abwälzen, aber aus deiner Sicht auf den Punkt gebracht: Was kann ich heute, jetzt ändern, um mich hormonell glücklich zu stimmen? Da gebe ich dir meine persönliche Glücksformel mit auf den Weg: 5 x S = Glück

• Sonne
• Sport
• Spinat
• Schlaf
• Sex

Sonne: Im Besonderen die UVB-Strahlung der Sonne senkt effektiv den Cortisolspiegel, also unseren Stresspegel. Merke generell: Weniger Stress – mehr Glück! Die im Sonnenlicht enthaltenen Infrarotwellen wirken über Rezeptoren in den Augen beruhigend auf das Gehirn. Und: Sonnen- beziehungsweise Tageslicht regt zur Serotoninbildung an – du erinnerst dich? Eines unserer Glückshormone! Absolutes Minimum: 30 Minuten Tageslicht täglich.

Sport: Wenn wir schon draußen sind, sollten wir uns auch bewegen. Am besten schon gleich morgens, um die Serotoninbildung mit dem ersten Tageslicht zu aktivieren. Sei es Trampolinspringen, Joggen oder ein Spaziergang – Bewegung setzt Endorphine frei.

Spinat: Nicht nur Spinat, sondern viele andere grüne Blattgemüse wie Grünkohl oder Mangold enthalten Wirkstoffe, die das Gehirn zur Herstellung unserer Glückshormone braucht und die eine entspannende, angstlösende Wirkung haben, vor allem Vitamin B_6, Folsäure, Magnesium und Tryptophan. Tryptophan ist nicht nur Ausgangsstoff für das Glückshormon Serotonin, sondern auch für das so wichtige Schlafhormon Melatonin. Starte den Tag doch öfter mal mit einem grünen Smoothie.

Schlaf: Tiefer, ungestörter Schlaf (vor 23 Uhr und mindestens sieben Stunden) ist wichtig für Immunsystem, Hormonproduktion, Entgiftungs- und Reparaturprozesse und tiefe, körperliche und geistige Entspannung. Jeder kennt das – eine Nacht mit wenig Schlaf macht uns launisch, erhöht unseren Kaffee- und Zuckerkonsum und trübt die Stimmung. Also: Schlaf hat oberste Priorität, auch für unser Glücksempfinden.

Sex: Das überrascht dich nicht, oder? Ein Orgasmus überflutet uns mit dem Hormon Oxytocin, auch bekannt als »Kuschelhormon«. Aber es muss nicht immer gleich Sex sein. Schon eine Umarmung von 20 Sekunden mit einer geliebten Person, das Streicheln eines Haustiers oder ein gutes Gespräch mit der besten Freundin kurbelt die Oxytocinproduktion an. Das Pflegen enger Beziehungen ist daher ein wichtiger Baustein zum Glück.

Falscher Ansatz?

Mit all diesem Wissen, mit all dem Wissen über eine gesunde Lebensweise, die uns womöglich sogar zu (mehr) Glück führt, finden Sie es da nicht auch erstaunlich, wohin unsere Diskussionen führen?

Wir müssen uns doch nur das aktuelle kollektive Trauma ansehen: die Corona-Epidemie. Ich glaube wirklich, dass es sich um ein kollektives Trauma handelt. Jeder und jede muss das für sich allein, aber auch im Kollektiv verarbeiten.

Die größte Sorge von uns Eltern in der Zeit des Lockdowns war, und damit war man irgendwie sowohl allein als auch in einem Kollektiv: Wie bekomme ich den Lehrplan in die Kinder? Und wenn wir uns dieser Sorge nicht von allein bewusst waren, dann gab es genug Medien, die uns daran erinnerten. Dass die Kinder *ja* keinen Unterricht verpassen, das war Thema No. 1. Lehrstoff eines Lehrplans, der, wenn Sie so wollen, die Welt doch erst dahin gebracht hat, wo wir heute stehen.

Hätten wir nicht ganz woanders ansetzen müssen in dieser Zeit? Wir leben schließlich in einem Zeitalter, in dem alles Wissen in Sekundenschnelle abrufbar ist – gleichzeitig aber mit so vielen digitalsüchtigen Kindern wie nie.

Die allgemeinen Empfehlungen bei ansteigenden Infektionszahlen waren: Ziehen Sie eine Maske an, halten Sie Abstand und waschen Sie sich regelmäßig die Hände. Absolut sinnvolle Angaben, wie wir alle sehen durften, keine Frage.

Aber wäre es nicht genauso wichtig gewesen, die Menschen an einen allgemein gesünderen Lebensstil zu erinnern? Gerne auch unabhängig von Corona, aber auch, um das Immunsystem, um sich selbst von innen heraus in dieser besonderen Zeit zu stärken.

Wenn ich mir nicht nur die Infektionen mit Covid-19, sondern im zeitlichen Vergleich auch die Anmeldungen bei den Anonymen Alkoholikern oder den Weight Watchers anschaue, dann scheinen wir in der Kommunikation irgendetwas vergessen zu haben. (Vom Anstieg der häuslichen Gewalt mal ganz abgesehen.)

Wie kann es also sein, dass wir uns Sorgen um einen Lehrplan machen, wenn unsere Kinder parallel in die Computersucht abdriften? Wenn sich unsere Kinder offenbar nicht mehr selbst spüren?

Seien Sie mir nicht böse, aber für mich passt das nicht zusammen.

Wäre es nicht sinnvoll, genau hier, an diesem Punkt, anzusetzen? Sodass es das Thema »Gesundheit« endlich in unser aller Bewusstsein, in unsere Schulen schafft?

Wäre es nicht sinnvoll, dass wir endlich erkennen, dass alles mit allem zusammenhängt?

Alles ist miteinander verbunden, irgendwie.

Sowohl im Körper, Sie erinnern sich an die Darm-Hirn-Connection, als auch auf der Welt. Corona ist doch der beste Beweis dafür.

Ich kann diese hochkomplexen Themen hier nur anreißen, alles andere würde den Rahmen und letztlich meinen Intellekt sprengen.

Auf den Punkt gebracht, würde ich aber gerne Folgendes in unseren Werkzeugkoffer für den Weg zum Glück packen:

- In einem gesunden Körper wohnt ein gesunder Geist

Und um das zu erreichen, haben wir doch eine ganze Menge in der Hand.

In Ihnen schlummern Selbstheilungskräfte, die vielleicht »nur« durch gesunde Ernährung und ein bisschen Bewegung wach gekitzelt werden können. Und wenn Sie den Begriff »Selbstheilungskräfte« für esoterisches Blabla halten, dann nehmen Sie sich mal ein Blatt Papier und schneiden sich damit in den Finger. Diese Wunde macht Ihr Körper von allein wieder heile. Einfach so. Weil er es kann.

Und auch hier gilt, wie eigentlich immer: Bitte, denken Sie nicht in Schwarz und Weiß, sondern gerne in diversen Graustufen. Denn vor allem mir muss niemand erzählen, dass die Selbstheilungskräfte unseres Körpers an ihre Grenzen kommen. Krebs allein mit Ernährung und frischer Luft heilen zu wollen, ist vor allem eines: Quatsch. Und da mag ich noch nicht mal ein anderes Wort für suchen.

Aber: Um diesen Weg, diesen speziellen Therapieweg, gut gehen zu können, brauchen Sie Ihre Selbstheilungskräfte mehr denn je. Und gesunde Ernährung und Bewegung sind mit Sicherheit nicht die schlechtesten Begleiter bei einer Chemotherapie.

Wissen ist erlernbar, heute sogar über *einen* Tastendruck abrufbar, aber den Geist so fit zu bekommen, dass er sich für das Wissen interessiert, es aufnimmt, verarbeitet, erweitert und dann auf der körperlichen Ebene anwenden kann, scheint eine besondere Herausforderung dieser neuen Zeit zu sein.

Glückliche Mitarbeiter

Muss sich vielleicht auch unsere Arbeitswelt genau dieser Herausforderung stellen? Es gibt ganz sicher noch viele Unternehmen, die sehen »glückliche Mitarbeiter« nicht als ihre Aufgabe.

Ich hörte letztens einen Chef sagen: »Ob meine Mitarbeiterinnen glücklich sind oder nicht, ist mir relativ schnuppe, solange sie jeden Tag ins Büro kommen.«

Das ist aus meiner Sicht sehr kurz gedacht. Daher habe ich mich auf die Suche gemacht, ob es überhaupt schon »modernere« Denkweisen gibt.

Und was für eine gute Nachricht: Es gibt sie! Zuhauf.

Mit einem nicht ganz unbekannten Human Resources Manager durfte ich kürzlich darüber sprechen: Cawa Younosi, der Personalchef der SAP Germany.

Lieber Herr Younosi, wie wichtig sind »glückliche« Mitarbeiter für ein Unternehmen? Ist das überhaupt Ihre Baustelle?

»Happy Employees« im Sinne von »begeisterte Mitarbeiter*innen« ist für mich weder begrifflich noch faktisch eine »Baustelle«, wir betrachten sie ganz bewusst nicht als »Vorgang« oder »Arbeit«, sondern als das wahre Fundament, auf dem wir aufbauen.

Glückliche Mitarbeiter*innen sind unser Ziel, denn uns ist klar und bewusst, dass wir von *ihrer* Zufriedenheit und Begeisterung leben. Sie ist unsere Quelle. Daraus ziehen wir unsere Motivation, das ist unsere Währung, denn »Happy Employees« bedeutet auch in einer direkten Kette »Happy Customers«, also »glückliche Kunden«.

Was tun Sie als Personalleiter der SAP dafür, dass Ihre Mitarbeiter »happy« sind?

Einfach nur ein paar Angebote in den Raum werfen im Sinne von »Mach mal« reicht nicht, es entzündet nicht den Funken. Mitarbeitende sind individuell, befinden sich in verschiedenen Lebensphasen, die ständig schwanken. Unterschiedliche Wünsche und Bedürfnisse sind ein Fakt, die kann man nicht eindampfen auf einen fixen Nenner. Was für den einen die Mobilarbeit ist, ist für die andere der Dienstwagen Auch das Thema von sozialgesellschaftlicher Verantwortung und sinnstiftender Arbeit wird für viele Mitarbeiter*innen und Bewerber*innen immer wichtiger.

Mit unserer Arbeit möchten wir darum Sinn stiften und gleichzeitig Dinge tun, die uns und anderen Spaß machen. Und da muss man manchmal unkonventionelle Wege gehen, die allerdings denkbar einfach sind: Wir starten damit, dass ich als Mönch »gephotoshopt« werde oder als Jedi-Ritter, aber das schafft nur die Aufmerksamkeit für die Botschaft dahinter. Und die versuchen wir so rüberzubringen, dass das Thema nicht sofort in eine Schublade gesteckt wird, sondern von unseren Mitarbeitenden auch angenommen wird.

Nehmen wir das Thema »Achtsamkeit«, das finden im Grunde alle wichtig, da sagt kaum jemand »Nein danke, ich bin lieber gestresst und völlig durch«. Trotzdem rennt man dann wie bisher weiter und findet den Einstieg nicht. Daher nehmen wir das Thema raus aus dem teuren Regal mit den exotischen Expertenzutaten und packen es rein ins Supermarktregal, ganz vorne an die Kasse, da, wo die »Quengelware« in Augenhöhe liegt. So haben wir das größte Achtsamkeitsprogramm der deutschen Industrie entwickelt mit über 10 000 Teilnehmer*innen 2019.

Gibt es für Sie auch »hoffnungslose Fälle« unter den Mitarbeitern?

Nein, mit einer »Doch, das geht!«-Mentalität begegnet man Herausforderungen positiv. Unser Ziel ist es, die ganze Bandbreite anzubieten, um möglichst viele Mitarbeiter und Mitarbeiterinnen mitzunehmen. Nicht alles ist für jeden oder jede etwas. Sonst kommt man vom Anpacken ins Bedenkentragen, bremst sich eventuell, bleibt stecken und die guten Ideen bleiben unvollendet.

Werden Sie für Ihre Führungsart kritisiert und wenn ja, von wem?
Tja … kritisiert weniger, aber kritisch beäugt. Insbesondere, wenn wir Themen angehen, die nicht dem klassischen, oft als rein administrativ wahrgenommenen Human-Resources-Bild entsprechen. Eine solche Vorgehensweise polarisiert natürlich, wir sind aber froh, dass die überwältigende Mehrheit unserer Mitarbeiter*innen und Stakeholder unsere Initiativen befürwortet.

Was sagen Sie denn denen, die Sie »kritisch beäugen«?
Skeptiker beziehen sich oft auf Daten, denn mit Zahlen kann man erst mal neutral arbeiten. Wir versuchen also nicht nur emotional, sondern genauso mit harten Fakten zu überzeugen, indem wir regelmäßig Daten erheben über die Akzeptanz und Resonanz unserer Mitarbeiter*innen. Denn hierauf kommt es am Ende des Tages an: Der Köder muss dem Fisch schmecken und nicht dem Angler.
Ein weiterer Ansatzpunkt ist, Buzzwords wie »Walk the Talk« (»auf Worte Taten folgen lassen«) auch zu leben und dem Vorwurf, nur gutes Marketing-Gehabe an den Tag zu legen, inhaltlich zu begegnen. Das heißt: »Make it, don't fake it«; wahrheitsgemäß berichten und jubeln erst, wenn auch geliefert wurde.

Woher glauben Sie zu wissen, dass Ihr Weg der »richtige« ist?
Wir können sehr gut messen, wie glücklich unsere Mitarbeiter*innen sind. Egal, ob es direktes Feedback auf E-Mails, persönliches Feedback an mich oder die Ergebnisse der regelmäßigen Mitarbeiterumfragen sind.

Gerade aktuell in der Coronakrise hat sich gezeigt, dass wir den richtigen Weg eingeschlagen haben, denn unsere Zustimmungswerte bei der Belegschaft sind in der Krise sogar gewachsen, weil unsere Bemühungen klar wahrgenommen und positiv beurteilt werden.

Was ist denn für Sie Glück?
Ich seh das ganz pragmatisch: die Abwesenheit von Pech.

Cawa Younosi ist meiner Meinung nach ein lebendes Beispiel dafür, dass »Glück« oftmals eine *Entscheidung* ist und man hart an sich arbeiten muss, um es zu erlangen.
Sein Lebensweg war alles andere als leicht, denn mit nur 14 Jahren flüchtete er aus Kabul über Indien nach Deutschland und musste sich hier, ohne seine Familie, ganz allein sein Leben aufbauen. Was ihm damals geholfen hat, wird er nicht müde zu erzählen: »Hoffnung! Die Hoffnung darauf, etwas von meiner Familie zu hören.« (Lesen Sie dazu auch das Kapitel »Das Prinzip Hoffnung«, Seite 281.)
Das, was ihn heute, neben einer wirklich bemerkenswerten Integrationsgeschichte und natürlich seinem beruflichen Werdegang (er studierte später Jura), auszeichnet, ist seine hohe soziale Kompetenz: sich auf neue Gegebenheiten einstellen, die Bedürfnisse seines Gegenübers erkennen und eine zielstrebige Diplomatie an den Tag legen. Eigenschaften, die man nicht unbedingt auf einer Uni lernt, sondern im Leben. Die Flucht, aber auch seine ersten »einfachen« Jobs wie Handyverkäufer oder Kioskbesitzer, haben ihn mit Sicherheit mit zu dem gemacht, der er heute ist.

Warten auf ...

Der Wetterdienst sagt entweder: »Am Dienstag kommt *endlich* der Regen, den die Natur so sehr braucht!«, oder: »*Wann* sehen wir die Sonne wieder? Ganz Deutschland wartet auf den Sommer!«

Und zu Hause sagen oder hören wir:

»Ich hasse Montage, wann ist *endlich* wieder Freitag?«

»Nur noch 24 Tage bis Weihnachten. Juhuuu!«

»Ich kann es kaum erwarten, bis wir Ferien haben. Dann fahren wir *endlich* in den Urlaub!«

»Noch drei Monate, dann heiraten wir endlich!«

»Wenn ich erst mal 18 bin, dann ...«

»Wenn ich erst mal in Rente bin, dann ...«

»Wenn ich erst mal die Schule/Studium/Ausbildung fertig habe, dann ...«

Eigentlich besteht unser ganzes Leben nur aus Warten. Warten auf irgendwas, in der Hoffnung, dass wir uns im Heute damit besser fühlen.

Um dann, in dem Moment, auf den wir so lange gewartet haben, mit Fotosmachen beschäftigt zu sein, mit Posten, damit wir uns später daran erinnern und zeigen können, wiie schön es war, auf das wir die ganze Zeit gewartet haben.

Wenn wir das auf das ganze Leben runterbrechen, fängt unser Warten mit der Geburt an.

Viele Menschen kommen aus dem Wartezimmer des Lebens leider nicht raus. Manchmal, gerne dann, wenn die »echten« Probleme auftauchen, merken wir, dass die Wartezeit, die »gute alte Zeit« von gestern, das Wertvollste war, was wir heute in der Erinnerung haben. Und wir begreifen, dass nichts wieder zurückkommt.

Wie singt Udo Jürgens doch so schön: »Heute beginnt der Rest deines Lebens.«

Also, worauf warten wir? Denn erstaunlicherweise sind wir oftmals mit dem, was sich dann einstellt, gar nicht zufrieden.

Denken Sie nur an das Wetter … Ist die langersehnte Hitze endlich da, geiern wir auf eine Abkühlung. Oder aber wir merken in unserem »erwachsenen Alltag«, dass die Eltern einst mit »Genieße die Schulzeit, sie ist die schönste im Leben« irgendwie recht hatten. Liegt es in der Natur des Menschen, immer zu warten, anstatt heute und jetzt sein ganzes Potenzial zu entfalten? Was hindert uns daran, uns zumindest die Wartezeit, worauf auch immer, so schön wie möglich zu gestalten? Wer garantiert uns denn, dass sich mit diesem oder jenem Ereignis das große Glück wirklich einstellt? Vielleicht wird es auch ein Riesenflopp. Und dann? Warten wir aufs Neue?

Mir kamen diese Gedanken mitten in der Coronakrise, als die Aussichten für die Veranstaltungsbranche so schwarz wie die Nacht waren. Alle Künstler*innen, Theater, freie Mitarbeiter*innen, eben alle, die mit dieser Branche in Verbindung stehen, warteten auf ein positives Signal. Sei es ein fixes Datum, wann es wieder losgehen darf, oder ein Zeichen der Regierung, dass es noch eine Alternative zu Hartz IV für uns gibt.

Diese Wartezeit hat uns kirre gemacht. Aus mehreren Gründen: Teils fühlten wir uns unverstanden, wir fühlten uns beschnitten und dessen beraubt, was uns ausmacht, teils hatten wir Angst vor der Zukunft. Ganze Lebensmodelle wurden über den Haufen geworfen und diese Gefühlslage trug so gar nichts zur Kreativität bei. Wir wurden somit von heute auf morgen alle unfreiwillig in die Warteschleife geschoben, quasi unfähig, irgendetwas zu tun.

Und dann fiel mir Constantin ein.

Dieses Kind hat mit seinen acht Jahren schon viel Zeit in Warteschlangen vor Achterbahnen verbracht.

»Und zack, Mama, wir stehen gut drin!«, ist stets seine Bemerkung, wenn er schnellen Schrittes auf das Ende der Schlange zuläuft. Als hätte er das erste Etappenziel erreicht.

Es ist zu unserer Familientradition geworden, dass wir die ersten drei Tage des Jahres ins Disneyland nach Paris fahren. Weil sich der Januar gerne mal von seiner »schwierigen« Seite zeigt, geben wir dem Ganzen damit ein bisschen Farbe. Bevor Sie fragen: Ja, es ist voll. Und ja, Sie warten überall eine Ewigkeit, aber nein, das macht uns nichts aus. Weil wir uns die Wartezeit so schön machen. Handys hat von uns dreien keiner am Start, womit wir aber die Einzigen wären. Ganz ehrlich: Es gibt so viel zu entdecken in den Warteschlangen und sei es nur das Verhalten der anderen Menschen.

Und für Constantin ist die Wartezeit, die er mit den oben zitierten Worten kommentiert, die reine Vorfreudezeit.

Meine Empfehlung: Lassen Sie sich auf die Wartezeiten des Lebens ein, denn: Auch das ist Lebenszeit!

Um bei dem Beispiel »Disneyland« zu bleiben: Wir warten mitunter 60 Minuten und mehr für 90 Sekunden Fahrt. Wenn ich rechnen könnte, würde ich Ihnen das Verhältnis ausrechnen. (Vielleicht wäre Mathelernen mal ein guter Wartezeitenfüller.)

»Ach du liebe Güte, das wäre mir zu viel Zeitverschwendung!«, sagen jetzt mit Sicherheit einige von Ihnen. Eben nicht, wenn Sie sich vom Begriff »Wartezeit« verabschieden und ihn stattdessen gegen »Lebenszeit« eintauschen. Denn wenn wir warten, klingt das immer so, als würden wir Zeit vergeuden.

Wie kann denn bitte die Zeit, die ich mit meinen Kindern verbringe, jemals eine vergeudete sein? Auch die Wartezimmerzeit, die man mit einem guten Buch überbrücken könnte (Werbung Ende!), oder die Wartezeit in der Supermarktschlange: letztlich alles Lebenszeit, meine Damen!

Es gibt natürlich ein paar Hindernisse, die dieser Einstellung im Weg stehen. Das größte ist wohl das Handy. Wenn jedes Familienmitglied das digitale Endgerät zückt und sich in diese andere Welt verabschiedet, dann wird die Wartezeit vielleicht auch gut genutzt, aber nicht in Hinblick auf die Familienkommunikation. Dann wird es vielleicht auch »schön«, aber eben nicht gemeinsam.

Sie wissen nicht mehr, wie man ohne Handy »leere« Zeit mit Kindern füllt? Dann habe ich hier ein paar analoge Tipps für Sie:

- »Ich sehe was, was du nicht siehst«

Kennt jeder, hat nie einer Lust drauf. Am Ende sind alle mit Feuereifer dabei.

- »Bei Müllers hat's gebrannt, brannt, brannt
- da bin ich hingerannt, rannt, rannt
- da kam ein Polizist, zist, zist
- und schrieb mich auf die List, List, List«

Kennen Sie, oder? Wenn Sie dieses Klatschspiel mit Ihren Kindern in der Öffentlichkeit spielen, gucken die anderen Sie an, als kämen Sie von einem anderen Stern. Die wach gewordenen Digitalschläfer starrten zu uns rüber mit einer Mischung aus »Die Deutschen schon wieder« und purer Faszination. Und ich schwöre Ihnen: Wir hatten Nachahmer.

- »Der Lehrer wischt die Tafel ab und macht ein Riiiiiiesenfragezeichen. Mit welchem Finger macht er den Punkt?« Sie streichen mit der Hand ein Fragezeichen auf den Rücken Ihres Kindes und setzen mit einem beliebigen Finger den Punkt darunter. Jetzt muss geraten werden, welcher es war.
- Oder aber eine zugegeben gewagte, aber wirklich tolle Beschäftigung: Unterhalten Sie sich! Über das, was Sie sehen und wahrnehmen. Aber dafür *müssen* Sie es erst mal wahrnehmen.

Ich will gar nicht klugscheißermäßig daherkommen oder mit dem erhobenen Zeigefinger und ich will den Handys ja auch nicht alle Schuld geben, denn letztlich benutzt sie der Mensch freiwillig.

Aber drehen Sie es mal um, stellen Sie sich vor, Sie treffen sich mit einer Freundin wozu auch immer und die guckt ununterbrochen in ihr Smartphone. Fänden Sie auch blöd, oder? Oder habe ich Sie jetzt etwa ertappt? Oha. Mein persönlicher Rat: handyfreie Zone auf Tischen jeglicher Art (ob mit Kindern oder ohne). Und wenn Sie zu alldem keine Lust haben, ist das auch in Ordnung. Wir sind schließlich nicht die Entertainer unserer Kinder. Also, ich verstehe mich zumindest nicht als eine solche. Dann würde ich von denen nämlich Gage bekommen.

Dann starren Sie eben in der Gegend herum, auch super. Oder Sie machen es wie meine Jungs: Die futtern mir in der Wartezeit, äh, Lebenszeit nämlich gerne den gesamten Rucksack leer. Nur: Wenn wir uns bewusst für eine »Warteposition« entschieden haben, dann bitte gerne ohne Jammern. Und das gilt nicht nur für die Warteschlangen in Vergnügungsparks.

Glückstipp am Rande

Wir sprachen schon so oft über die Fähigkeit der Selbstreflexion. Jeden Punkt, den wir hier besprechen, können wir immer von zwei Seiten betrachten. Wenn Sie das Warten nervt, dann schauen Sie mal von der anderen Seite, nämlich: Wann haben Sie das letzte Mal jemanden warten lassen?

»Und was bitte hat das Ganze mit der Coronazeit zu tun?«, werden Sie jetzt fragen. Sag ich Ihnen! Diese unfreiwillige »Wartezeit«, in die wir alle auf die eine oder andere Weise geschubst wurden, versuche ich zu nutzen:

Es ist, was es ist, aber es wird, was du daraus machst. Und streng genommen: Wir wissen nicht mal, worauf wir warten.

Denn dann könnte man gar von Vorfreude sprechen.

Denken Sie nur an Weihnachten. Da wartet man 24 Tage in freudiger Erwartung auf die große Bescherung.

Wir aber warten, wenn überhaupt, auf einen Impfstoff.

Die Ausrede hat bei meinem Finanzamt allerdings so gar nicht gezogen.

»Frau Staudinger, wir warten auf Ihre Erklärung.«

»›Warten‹ ist ein gutes Stichwort. Das mache ich auch gerade.«

»Ach? Worauf denn?«

»Auf 'nen Impfstoff.«

Die Lacher waren sehr einseitig, sage ich Ihnen.

Auch kann ich natürlich nicht den ganzen Tag mit den Kindern »Bei Müllers hat's gebrannt, brannt, brannt« spielen, aber ich kann die Wartezeit – die ich ja, wir erinnern uns, »Lebenszeit« nenne – einigermaßen gut nutzen.

(Sie gestatten einen kleinen Werbeblock am Rande? Ich habe nicht nur das Buch und den Podcast »Scheiter heiter« erschaffen, ich habe auch meine eigene AkadeMe gegründet. Auf www.akademe-staudinger.de finden Sie weitere Infos, damit ich den Werbeblock hier ganz kurzhalten kann.)

Du kannst jetzt looooooooslassen

Um bei Disney zu bleiben … Die Überschrift dieses Kapitels ist ein Zitat von Dorie aus »Findet Nemo«, einer der philosophischsten Filme aller Zeiten. Muss ich mal irgendwann ein Buch drüber schreiben.

Dorie kann gut loslassen, weil sie an nichts festhält. Gut, das mag daran liegen, dass sie unter Gedächtnisverlust leidet, aber wer hält sich schon mit so unwichtigen Details auf? Und, mal ganz ehrlich:

Wie angenehm, irgendwie. Wenn du nicht weißt, wer du bist, kannst du ja sein, wer du willst. Find ich gar nicht so verkehrt …

Wir schweifen ab.

Wieder ist es mein Sohn, der mir am Ende der Warteschlange zeigt, wie das mit dem Loslassen funktioniert.

Denn wenn ich in einem dieser Höllengefährte namens Achterbahn sitze und angeschnallt werde, dann will ich wieder raus. Sofort! Ich bekomme Schiss. Wann ist das Ding zum letzten Mal geprüft worden? Gibt es in Frankreich überhaupt einen TÜV? Und sind die Mitarbeiter bei der Abnahme nüchtern oder mit gutem französischem Rotwein voll?

»Mama, auf drei haben wir Spaß, okay?«

»Schon auf drei?? Nicht lieber auf vier, dann kann ich ein bisschen länger panisch sein?!«

Er lacht! »Neeeee, auf drei. Eins, zwei, dreeeeeei!«

Und es geht. Ich schwöre es Ihnen. Das mag vor allem an meinem Zauberwesen liegen, das ich leider nicht hergebe, auch nicht als Leihgabe. Er zeigt mir immer wieder, wie es geht. Loslassen. Eintauchen. Sich freuen. Was passieren soll, passiert ja eh (siehe Kapitel »Es passiert sowieso« auf Seite 116).

Also düsen wir für 90 Sekunden durch Paris und jauchzen.

Aber …

Wenn das mal so einfach wäre.

In der Achterbahn mag das noch relativ leicht gehen, aber sonst? Familie Müller freut sich seit sechs Monaten auf den Sommerurlaub. Da haben sie das schöne Ferienhaus in Kroatien gebucht. Sie verharren aber nicht diese sechs Monate in der Warteposition, sondern wandeln die Zeit um: in beflügelnde Vorfreude.

Mama Müller zieht natürlich noch schnell eine Diät nach der anderen durch, um am Strand eine gute Figur zu machen, und die pubertierende Tochter checkt die YouTube-Kanäle nach lässigen Beachfrisuren. Nur Papa Müller findet sich so, wie er ist, mit seinem ganz und gar wundervollen Bierbauch perfekt. Die sollen froh sein, dass er die kroatische Küste bald mit seinem Antlitz verfeinert.

Endlich ist der langersehnte Moment da. Die Familie erreicht das Domizil, welches ihnen für 14 Tage alle Last, Sorgen und Nöte abnehmen und durch Ruhe, Sonne und pure Erholung ersetzen soll.

Mama Müller putzt erst mal rasch durchs Haus, weil, so richtig sauber ist das nicht. Die Tochter bekommt Durchfall und Papa Müller ist mit seinen Gedanken überall, nur noch nicht im Urlaub.

Es geht eben nicht immer auf drei, das mit dem Spaßhaben.

Wie sollte es denn auch?

Wir können doch nicht 351 Tage im Jahr durchs Leben hetzen und dann ad hoc an den 14 Tagen Urlaub lockerlassen.

Worauf ich hinauswill: auf die berühmte Zeit des »Ankommens«.

Witzigerweise ist das etwas, was man kleinen Kindern noch am ehesten zugesteht.

»Er fremdelt ein bisschen, der Torben-Pasquale. Der Kleine muss erst mal in der neuen Umgebung ankommen.«

Nicht nur Torben-Pasquale, sondern wir alle!

Das Problem dabei ist nur: Wenn Sie von den 14 Tagen erst mal acht zum Einfinden brauchen, dann wird's hintenraus eng mit der Erholung.

Jetzt, meine Damen, die gute Nachricht: Sie können das üben. Das kann ich deswegen so voller Überzeugung sagen, weil ich es mittlerweile in Perfektion beherrsche, und das als größtes Gewohnheitstier und Heimweh-Queen aller Zeiten!

Man kann das schnelle Ankommen üben!

Innerlich wie äußerlich.

Angekommen!

Auch auf die Gefahr, mich zu wiederholen: Für mich führt der innere Weg zum sofortigen Ankommen wieder einmal über das Jetzt.

Ich setze mich gedanklich an meinen inneren Scheinwerfer und stelle die volle Wattzahl auf das Jetzt. Das stellt alles andere, sei es eine schmutzige Ferienwohnung oder Durchfall (für den es Medikamente gibt), in den Schatten. Ich ignoriere es einfach.

Weil ich mir das selbst schuldig bin. Verdammt noch mal, ich habe mich da soo drauf gefreut und wenn ich das dann nicht genießen kann, dann sind nicht nur die zwei Wochen Urlaub im Eimer, nein, auch die Vorfreude-Zeit habe ich verplempert. Sie, und zwar nur Sie, sitzen an *Ihrem* inneren Scheinwerfer!

Wie man diese Einstellung üben kann?
Indem man sich Gelegenheiten schafft.
Und auf sich selbst hört.

Ich bin keine große Urlauberin, weil ich gar nichts habe, von dem ich mich erholen müsste. Ich empfinde meine Arbeit nicht als Arbeit. Aber ich habe gerne Abwechslung. Nicht nur für die Seele, sondern fürs Auge und vor allem für die Kreativität. Daher fahren wir auch selten diese berühmten zwei Wochen im Jahr weg – ganz im Gegenteil, die Ferien über sind wir fast immer zu Hause und erkunden von dort die Gegend, machen durch das Jahr auch immer wieder hier und da Tages- oder Wochenendtrips. Wenn Sie aber nur das Wochenende haben, dann ist schnelles Ankommen essenziell. An diese kurze Zeit habe ich dann auch nicht den Anspruch, dass sie die maximale Erholung abrufen, sondern einfach eine schöne Zeit werden soll.
Quasi Spaß auf drei.

Glückstipp am Rande

Ich, oder besser: wir haben es uns zur Routine gemacht, dass wir da, wo wir ankommen, erst mal einen langen und zwar ganz langen Spaziergang machen. Noch bevor irgendwas ausgepackt wird. Direkt nach dem Pipimachen.
Das hilft beim Akklimatisieren und Autofahrtvergessen ungemein.

Jetzt haben wir wieder einiges gesammelt,
was wir in den Werkzeugkoffer für den Weg
zum Glück packen können:

- Wartezeit ist Lebenszeit
- Lass los! Wir haben Spaß! Auf drei: Eins, zwei, dreeeeeiiiii!
- Schnelles Ankommen kann man lernen
- Stellen Sie Ihren Scheinwerfer richtig ein

Zum Punkt »schnelles Ankommen« würde ich gerne noch etwas loswerden. Denn wie immer gilt: sofern gewünscht! Wer sagt denn, dass Sie überhaupt schnell ankommen müssen oder wollen?
Letztlich entscheiden Sie es selbst.
Aber (Sie ahnen es bereits): gerne bewusst.
Beschweren Sie sich nachher bitte nicht bei Ihrer Freundin: »Bis ich endlich ›angekommen‹ war, war der Urlaub rum.« Das wäre nämlich fremdgesteuert. Wenn Sie, weil Sie reflektiert auf sich selbst geschaut haben, feststellen, dass Sie einfach etwas länger zum Ankommen brauchen, dann ist das so. Macht Sie auch nicht zum schlechteren Menschen. Oder den Urlaubsort weniger liebens- und entdeckenswert.
Und: Auch da gibt es Wege raus. Sei es der vorgeschlagene Spaziergang, der das Ankommen vielleicht beschleunigt, oder aber die Erkenntnis, dass Sie das nächste Mal *drei* Wochen wegfahren.

Engagierte Ablenkung

Ich möchte nicht, dass bei Ihnen der Eindruck entsteht, dass der Weg zum Glück nur darin besteht, sich und seine eigenen Bedürfnisse ständig und überall wahrzunehmen und diese voranzustellen und auf Teufel komm raus durchzusetzen.

Ich bin ganz ehrlich zu Ihnen: Solche Menschen finde ich verdammt schwierig.

Der Grat zwischen sich selbst wichtig und sich selbst *zu* wichtig zu nehmen, ist schmal.

Ein großer Glücks-Faktor ist auch zu erkennen: Es geht hier gerade *nicht* um mich. Jetzt zählen andere Dinge. Stell du dich mal hinten an, du trauriges Einzelschicksal.

Das zu erkennen und zu akzeptieren, finde ich sowohl für mich als erwachsene Frau als auch schon für Kinder wichtig.

Und nicht nur das: Ich glaube sogar, es verhilft uns zum Glück, wenn wir andere auf die Bühne bitten. Nicht nur selbst strahlen, sondern andere erstrahlen lassen.

Ich habe diese Technik ganz bewusst in der Coronakrise angewendet, als meine eigene Karriere auf Eis gelegt wurde. Ab einem gewissen Zeitpunkt erkannte ich, dass es an der Zeit war, Freundinnen, Kolleginnen, Menschen, insbesondere Frauen, aus meinem Umfeld Unterstützung anzubieten. Dezent, aber aktiv. Das führte so weit, dass ich auf meinem Hof ein exklusives Netzwerktreffen organisiert habe für Menschen, von denen ich annahm, dass es sinnvoll wäre, wenn sie sich mal kennenlernen.

Immer getreu dem Motto: Jeder macht, was er kann.

Und ich habe eben einen großen Hof und die passende Atmosphäre dazu, also bot ich genau das an.

Wenn es bei dir mal nicht rundläuft und du mit Denken nicht

weiterkommst, dann finde ich diese Art der, nennen wir sie mal: »engagierten Ablenkung« ganz wundervoll.

Man stellt sich hinten an, befasst sich gleichzeitig mit etwas Schönem, das dann vielleicht wieder Kreativität für etwas Neues bei einem selbst schafft.

Es ist ein Kreislauf.

Und die Alternative dazu wäre: Ich bleibe zu Hause und denke weiter allein und einsam auf meinen Problemen herum.

Entscheiden Sie!

In meinen Werkzeugkoffer für den Weg zum Glück packe ich:

- engagierte Ablenkung: Wenn bei dir selbst gerade nichts geht, dann hilf anderen

Popobacken

Und Sie werden es nicht glauben, aus dieser engagierten Ablenkung sind durch Kreativität (auf die kommen wir später noch zu sprechen) ganz neue Ideen entstanden. Was davon dann umgesetzt wird, das steht immer noch auf einem anderen Blatt. Aber auch schon das Bauen von Wolkenschlössern hilft der Wiedererweckung des Glücks ungemein weiter.

Vielleicht reicht Ihnen dieser kleine Denkanstoß für ein eigenes Engagement für andere. Um den Blick über den Tellerrand zu wagen und seine eigenen Bedürfnisse zurückzustellen.

Das mag für ein Glücksbuch etwas paradox klingen, hilft aber nach meiner Erfahrung spätestens dann, wenn es um Dinge geht, um die keine von uns auf Dauer herumkommt.

Denn manchmal treffen wir im Leben auf Situationen, die können wir nicht erst noch ausleuchten, deuten und interpretieren. Da muss einfach gemacht werden: Arztbesuche, große Operationen, Fensterputzen, Steuererklärungen, was weiß ich. Und dafür brauchen wir manchmal eine Fähigkeit, die man aus meiner Sicht gut trainieren kann. Unter anderem mit der eben erwähnten »engagierten Ablenkung«.

Noch suche ich nach einem Synonym, nach einer netteren Umschreibung dessen, worauf ich gerade hinauswill. Aber ich fürchte, ich muss das so raushauen.

Für alles, was nix mit Glück zu tun hat, aber trotzdem gemacht werden muss, gilt: Pobacken zusammen und durch!

Manchmal steht die Eitelkeit im Weg, weil man sich zu fein oder zu schick ist oder zu wichtig nimmt. Also weg damit!

Über Disziplin, meine Damen, haben wir schon gesprochen. Vielleicht ist es ab und an angebracht, uns mit Disziplin in den Allerwertesten zu treten.

Also, wenn es nach mir ginge …

… dann würde ich den Tag immer mit Sport beginnen. Aber mir fehlt leider die Zeit, weißt du? Kennen Sie, oder?
Kenne ich auch.
Ich will jetzt nicht zum x-ten Mal auf den Sport hinaus, das könnte den Eindruck erwecken, als führte auf dem Weg zum Glück kein Weg an ihm vorbei. Was Unsinn ist.
Ich möchte diesmal auf etwas anderes hinaus. Passen Sie auf!

Ich war plötzlich, als berufstätige Mama von zwei Kindern, allein.
Klingt trauriger, als es soll. Mit »allein« meine ich jetzt aber tatsächlich *körperlich* allein. Als meine Jungs ganze zwei Wochen bei ihrem Papa verbrachten, nämlich. Da war ich allein. So ganz für mich. Und ich gebe ehrlich zu, das hat mich ein bisschen überfordert. Wie amputiert war ich.
Kein Frühstückmachen, kein »Habt ihr schon Zähne geputzt?«-Check, auch kein Mittagessenmachen, eigentlich gar kein Essenmachen, kein Hinterherräumen, Streitschlichten, aber auch kein Kuscheln, Spielen, Auas-Wegpusten und Trösten. Quasi von hundert auf null.
Da es nur eine begrenzte Zeit war, wollte ich das denken und fühlen, was man vom Hörensagen kennt: Da hast du endlich mal Zeit für dich! Me Time, sozusagen.

Aber ganz ehrlich: Wie geht das? Bin ich doch schon seit zwölf Jahren Mama.
Zeit für sich?? Was ist denn das? Wie startet man in den Tag oder streng genommen: Was habe ich eigentlich früher den ganzen Tag lang gemacht?

Mein übliches Morgenritual Sport (jetzt schreibe ich es schon wieder!) fiel flach, denn ich hatte mir eine Rippe gebrochen und war zwar schmerzfrei, aber stark bewegungseingeschränkt. Aus dumpfen Erinnerungen heraus sah ich mich plötzlich wie früher lesend im Bett. In einem Buch. Einem gedruckten und gebundenen Buch. Also kochte ich mir einen Kaffee, machte mir Pachelbels »Canon in D« an (Sie wissen schon: mein Wohlfühlweckton) und las. Frühmorgens. Nur ich. Allein im Bett. Und nach drei Minuten merkte ich: Wie schön ist das denn bitte?

Lesen macht mich ohnehin glücklich und dazu die leichte, klassische Musik und ein guter Kaffee. Was für ein Start in den Tag! Grandios. Und das jetzt 14 Tage lang.

An Tag zwei wusste ich ja schon, was mir guttut, und wiederholte das neu gewonnene Ritual. Zumindest hatte ich es vor …

Bevor ich mir das Buch nehme und weiterlese, gucke ich noch gaaaaaaanz kurz auf Instagram.

Und auf Facebook.

Und noch mal gaaaaaaanz kurz Insta…

Ach, schwupps schon eine halbe Stunde vorbei und ich musste zum Zoom-Meeting.

Die Zeit, auf die ich mich so gefreut hatte, war vorbei. Verplempert am Handy. Dieses wiederum hat auf mich definitiv nicht die gleiche Wirkung wie ein Buch. Ich weiß das!

Ganz enorm ist mir das mal des Nachts in einem Hotel aufgefallen, als ich nicht schlafen konnte und im Dunkeln viel Zeit über dem grell leuchtenden, kleinen Display verbrachte. Das Ergebnis war, dass ich *gar* nicht mehr weiterschlafen konnte, weil vor meinen geschlossenen Augen alles wie wild geflackert hat. Diese kleinen Lichtblitze verfolgten mich die ganze Nacht. Eine solch negative Auswirkung hat kein Buch auf mich. Im Gegenteil: Ich empfinde sowohl das Einschlafen als auch das Aufwachen mit einem Buch als pure Luxussituation.

Also: Obwohl ich das alles weiß und sogar Studien gelesen habe, die das mit dem »Augenflackern« bestätigen, hatte ich dieses doofe digitale Endgerät in der Hand. Und da stand niemand neben mir und sagte:

»JETZT NIMM DAS HANDY ODER ICH ERSCHIESSE DICH!«

Obwohl ich auch noch immer nach dem suche, der mich über Jahre hinweg zwang, jeden Tag ein Snickers zu essen. Oder das Leberwurstbrot.

Mal Hand aufs Herz: Wie oft passiert uns das: Obwohl wir wissen, was uns guttut, tun wir es *nicht*. Wir sprachen in Ansätzen bereits im Kapitel »Gewohnheitsglück« drüber (siehe Seite 182).

Und auch mit diesem Wissen intus und den erlernten Fähigkeiten, wie wir gute Gewohnheiten verankern, muss ich Ihnen leider gestehen: Es passierte mir trotzdem. Diese Handysache, von der ich Ihnen berichtet habe, sie passierte mir trotzdem. Vielleicht bin ich einfach ein willensschwacher Mensch.

Was mir geholfen hat, um das wieder sein zu lassen? Es war weder Meditation noch Yoga noch sonst was geistig Hochtrabendes. Nein, es war reine Disziplin. Doofe, unsexy klingende Disziplin.

Wenn Sie dieses Wort (von mir aus auch übers Handy) nachschlagen, dann finden Sie sinngemäß:

Vorschriften einhalten und den eigenen Willen, die eigenen Gefühle beherrschen, um etwas zu erreichen.

»Willenskraft« klingt netter, trifft es aber nicht ganz.

Jetzt werden Sie vielleicht einwenden: »Jaaa, aber Disziplin muss ich doch schon so oft an den Tag legen und jetzt auch noch in meiner Freizeit? Das finde ich doof.«

Jaaa, antworte ich dann, müssen Sie natürlich *nicht*, denn Sie *müssen* ohnehin nichts, aber: Wenn Sie, so wie ich, merken, dass Sie mit gewissen Ritualen besser in den Tag starten als mit anderen, ist das nicht Grund genug, ein bisschen Disziplin walten zu lassen?

Man will es doch meinen. Da diese Erkenntnis aber auch bei mir leider nicht ausreichte, wendete ich einen Trick an.

Noch mal zurück in die morgendliche Situation, jetzt Tag drei: Ich stand auf, kochte mir einen Kaffee, den ich dann wieder mit ins Bett nehmen wollte, um genüsslich in meinem Buch zu lesen und dann – vergaß ich doch ganz aus Versehen unten in der Küche mein Handy! Ich ließ es da einfach liegen.

Leben am Limit, sage ich Ihnen. Es hat was von einem kalten Entzug und ja, die Gedanken driften ab, wer jetzt alles gerade anrufen oder schreiben könnte. Welche Samstagabend-Show mir gerade durch die Lappen geht.

Aber aus der Erfahrung heraus bekomme ich a) sowieso kein Angebot für eine Samstagabend-Show, weil ich eine Frau bin, und b) wenn, dann kommen sie selten um 6:50 Uhr.

Also: Locker durchs Nachthemd atmen, Handy unten lassen und in Ruhe Kaffee trinken und Buch lesen.

Denn dann, meine Damen, erreiche ich einen Zustand, von dem man so oft spricht und genauso oft gar nicht weiß, was damit eigentlich gemeint ist. Ich komme oder gehe, ich weiß gar nicht, wie das richtig heißt, in den Flow!

**Davor aber packe ich in meinen Werkzeugkoffer
für den Weg zum Glück:**

- ein bisschen – aber wirklich nur ein bisschen – Disziplin, damit wir die Dinge, die uns guttun, auch machen können

In den was?

In den Flooooow!
Auf Wikipedia finde ich dazu sinngemäß, dass der Flow ein beglückendes Gefühl beschreibt, während man komplett vertieft in eine Tätigkeit ist, die einem dann wie von selbst von der Hand geht. Wörtlich übersetzt heißt *flow* (aus dem Englischen nämlich) »rinnen, fließen, strömen« und sinngemäß kann man es mit »Tätigkeitsrausch« übersetzen.

Für alle, die jetzt an Yoga und Meditation denken und ein bisschen brechen müssen, die Entwarnung: Auch ich habe beides noch nicht für mich entdeckt, was die gute Nachricht bereithält: Wir müssen nicht alle in den Namaste-Wahn verfallen, um in den Flow zu gelangen.

Denn die Wege dorthin sind vielfältig.

(Ich möchte an dieser Stelle betonen: Ich habe nichts gegen Yoga. Nichts Wirksames. WITZ! Ich finde das toll. Ganz ehrlich. Das Einzige, was ich daran doof finde, ist, dass ich dem nichts abgewinnen kann. Aber wer weiß, was noch so passiert. Irgendwann gebe ich vielleicht mal Kurse auf Bali. Und bis dahin: Namaste, Freunde!)

Die wissenschaftlichen Ansätze zum Thema »Flow« reichen weit zurück, schon alte Philosophen beschrieben den Zustand mit »der Welt entrückt sein«. Und auch ich finde, die Umschreibung trifft es am besten.

Heute geht man davon aus, dass man in den Flow mit einer Tätigkeit kommt, die einen nicht unter- und auch nicht überfordert.

Und das macht mir den Flow so sympathisch. Endlich können wir mal in der Komfortzone bleiben! Endlich! Und werden dafür noch mit dem Flow belohnt.

Ich erlebe ihn jeden Tag. Denn genau wegen diesem »Der-Welt-entrückt-Sein« gehe ich laufen. Mal joggen, mal walken, wie ich gerade Lust habe. Mir hilft gute Musik, ich kenne aber auch viele, die sagen: »Wie kannst du dabei nur Musik hören?«
Der Flow ist total individuell.
Sally (die wundertolle Bäckerin von YouTube) erreicht ihren Flow garantiert beim Backen. Da erreiche ich hingegen die entrückte Verzweiflung.
Einige sagen, dass Gartenarbeit oder gar Unkrautzupfen für sie eine ebensolche Flow-Wirkung hat.
Wieder andere finden den Flow im Stricken.
Oder Schreiben.
Oder Lesen. Denn auch, wenn man ein Buch beendet hat, hat man etwas für sich geschafft. Und wenn es ein gutes Buch war, waren Sie auch der Welt entrückt.
Alles, was ohne große Anstrengung, aber vor allem ohne große Ablenkung passiert, bei dem Sie danach etwas geschafft oder erschaffen haben, das bringt uns den Flow.
Und der lässt Sie garantiert gut durch den Tag fließen.
Und gleichzeitig holt er sie nach einem schwierigen Tag runter.

Wenn Sie sich mit dem Begriff »Flow« näher beschäftigen, werden Sie schnell auf den Namen Mihaly Csikszentmihalyi (vielleicht erreichte er den Flow allein durch Aussprechen seines Namens, wer weiß) und den Begriff der »Ekstase« stoßen. Der Wissenschaftler interviewte verschiedene kreative Menschen und fand heraus, dass sie im Flow – also im fließenden Arbeitsprozess – in eine Art Ekstase verfielen. Sie spürten keinen Hunger mehr, keinen Durst oder gar Müdigkeit und waren zu diesem Zeitpunkt hoch konzentriert und extrem aufnahmefähig.
Wenn ich richtig im Schreibprozess drin bin, meine Damen, ja, dann ist das genauso. Ich entrücke mich der Welt, ich tauche voll in meine Beschäftigung des Schreibens ein, sehe nichts, höre nichts – nur Hunger, den habe ich wohl leider trotzdem.

Und dennoch: Diese Phase im Jahr, die ist somit die schönste überhaupt. Ich plane sie meist im Voraus.

Eventuell mögliche Recherche findet vorher statt und dann organisiere ich, in welchen Wochen ich mich komplett, und zwar wirklich *komplett,* rausziehen kann.

Jetzt, wo meine Jungs auch mal beim Papa sind, klappt das super, aber auch *mit* den Jungs war es nur eine Frage der Kommunikation.

Denn meine Familie, die weiß mittlerweile: Die Mama ist so komisch in dieser Zeit. Und »komisch« im Sinne von »seltsam« und nicht »witzig«. Sie spricht wenig und scheint immer in Gedanken und desinteressiert.

Ja, genauso ist das. Selbst dann, wenn ich nicht auf die Tastatur einhämmere, denke ich nach. Auch in einer Art Flow.

Bei diesem Buch war es ganz extrem, weil ich in die Wohnung von Freunden auf Mallorca eingeladen worden war und eine Woche ganz, ganz, ganz allein dort verbringen durfte. Und diese Erfahrung war auch für mich neu.

Wenn ich nicht schrieb, dann hörte ich einen Geschichts-Podcast, irgendwie hatte ich das Bedürfnis, mein Hirn wieder zu füllen. Als wäre es zwischendurch leer geschrieben. Und neben diesem Buch sind x neue Ideen entstanden. Weil ich in eine derart ekstatische, kreative Phase verfallen bin, die es auszunutzen galt.

Es ist ein ganz wundervolles Gefühl, sich über mehrere Tage so intensiv auf seine »Arbeit« stürzen zu können, da kann ich dem Mann mit dem unaussprechlichen Namen nur zustimmen.

Für mich unterstützt der Flow meine Kreativität. Und Kreativität macht mich glücklich.

Für Ihr Glücksbuch

*Und jetzt ist es Zeit für eine wichtige Zwischenfrage, wie ich finde.
Liebe Damen, zücken Sie schon mal Ihr Glücksbuch und notieren
Sie:*
Was könnte Sie in den Flow bringen?
Wie könnten Sie sich dafür Zeit schaffen?
Wann fangen Sie an?

Ich bin ja nicht soo kreativ …

… werden Sie jetzt vielleicht sagen.

Glaub ich nicht.

Schauen wir mal auf die sinngemäße Definition: Kreativ zu sein bedeutet, etwas Neues oder besonders Originelles schaffen zu können, das nützlich oder brauchbar ist.

»Siehste«, sagen Sie jetzt, »ich sag doch, dass ich nicht kreativ bin.«

Haben Sie schon mal gekocht? So frei Schnauze?

Tadaaa! Da waren Sie schon kreativ. Wenn es dann noch geschmeckt hat, sind Sie quasi die Kreativ-Queen.

Sie können überall kreativ werden. ÜBERALL! In jedem Job, in jeder Situation. Immer da, wo Ihnen die vorgegebenen Lösungen nicht gefallen, suchen Sie sich andere. Als es keine Mundschutze mehr gab, wie viele Leute haben da zur Nähmaschine gegriffen und sind kreativ geworden?

Ich gehörte allerdings nicht dazu, denn Nähen kann ich leider nicht. Aber ich habe die Maske dafür hochkreativ aufgesetzt.

Kinder sind von Natur aus wahnsinnig kreativ – und das Schulsystem gibt sich alle Mühe, diese Kreativität zu zerstören.

Dabei: Sollte es nicht das oberste Gut sein, genau diese zu erhalten und gar zu fördern?

Muss Kreativität nicht das oberste Lernziel sein?

Und nun ist es besonders hanebüchen, dass diese gottgegebene Eigenschaft erst unterdrückt wird, um sie dann aber wieder unbedingt abrufen zu wollen.

Eine Szene aus dem Homeschooling:

»Ach, Schatz, jetzt malst du wieder! Ich hatte doch gesagt, erst Mathe.«

»Ich mach nur den Comic fertig. Guck mal, Mama, ich habe eine ganze Geschichte erfunden ...«

»Toll, Schatz, wirklich. Aber Mathe muss auch sein.«

Eine halbe Stunde später:

»Mamaaaa, mein Heft ist voll!«

»Hast du keins mehr?«

»Neee!«

»Dann lass dir was einfallen, mein Schatz. Sei mal ein bisschen kreativ!«

Merken Sie selbst, ne?

Ich bekam die Szene mit, sie ist nicht bei uns passiert, denn ich würde meine Jungs tatsächlich nicht vom Comicmalen abbringen, weil Mathe warten kann in meiner Welt. Immer.

Was dieser Planet braucht, sind kreative Menschen.

Dass es so nicht weitergeht in dieser Welt, liegt auf der Hand. Wir brauchen kreative Lösungen zur Rettung der Natur und letztlich für uns selbst. Die bisherigen waren anscheinend alle nix.

Wir brauchen auch neue, friedliche und kreative Kanzler, Präsidenten und Gründer! Besser noch: kreative Kanzlerinnen, Präsidentinnen und Gründerinnen!

Wie oft höre ich aber: »In der Schule lernen wir nichts Realitätsnahes. Ich weiß noch nicht mal, wie eine Steuererklärung geht oder so.«

Ich verstehe diesen Ansatz nicht.

Ich trage nämlich die Hoffnung in mir, dass die Schule junge Erwachsene hervorbringt, die das System neu machen, fairer, einfacher, besser. Und nicht konforme Lemminge, die blind hinterherlaufen.

In der Biografie von Steve Jobs lese ich, dass der berühmte Apple-Gründer annahm, das System würde immer nur das System reproduzieren. Wahrscheinlich ist das die Antwort auf meine Frage ans Schulsystem.

Wir wissen also, wie wichtig die Kreativität ist.

Wir wissen es insbesondere in Bezug auf unsere Kinder. Nicht umsonst steht es doch als Verkaufsargument Nummer eins auf jedem pädagogisch angehauchten Spiel: Gut für die Kreativität! Warum, ja warum findet dieses Thema (wie auch die Themen »Gesundheit« und »Achtsamkeit«, wir sprachen schon darüber) nicht auf dem Stundenplan statt?

Wieder einmal muss ich die Waldorfschule rausnehmen.

Max liebt zum Beispiel Werken und Gartenbau. Hier passiert nämlich genau das: Die Kinder kommen ins kreative Schaffen und gehen danach, im Flow-Schwung, sozusagen, noch mal an Mathe ran.

Und wie viele Kritiker haben wir im Umfeld, die rufen: »Werken? Das braucht doch heute kein Mensch mehr!«

Vielleicht gerade doch. Vielleicht sogar mehr denn je.

Für unseren Werkzeugkoffer gilt an dieser Stelle:
Lassen Sie sich gerne auch eine andere, kreative Bezeichnung
einfallen, falls Sie »Werkzeugkoffer« doof finden.
Oder aber, Sie malen sich den Koffer in bunten Farben an.

- Kreativität führt uns schneller zum Glück, weil sie der Zugang zum eigenen Glück, zum eigenen *way of life* ist
- Kreativität löst vielleicht keine Probleme, weist aber viele neue Lösungen auf

Glückstipp am Rande

Vielleicht noch ein paar Gedanken, wie Sie selbst Ihre Kreativität fördern können. Wieder kann ich nur über meine eigenen Erfahrungen berichten, denn ich lebe quasi von meiner Kreativität.

Bei mir ist alles förderlich, was mich zum Selbst-Denken auffordert. Sei es ein gutes Buch oder noch lieber ein gutes Hörbuch,

Gedichte (oft längt vergessene!), Theater, ein Konzert, Treffen mit Freunden ... Übrigens alles Sachen, zu denen wir wenig Zugang haben in der Coronazeit. Wenn man in der Presse über »Wir stellen die Freizeitbewegungen ein« spricht, so kann ich mich darin nicht wiederfinden, ist es doch im Prinzip meine tägliche Routine zur Förderung der Kreativität.

Meine Kinder werden übrigens von ganz allein kreativ. Was sie dafür brauchen? Keine nervende Mutter, die »Komm jetzt bitte und nein, du kannst den Stock nicht mitnehmen!« tönt. Gottlob lasse ich mich meist mit »Aber Mama, schau, der sieht gaaaaanz anders aus als die anderen und den kann ich für mein Boot gebrauchen« umstimmen.

Gebildetes Glück?

Macht Bildung eigentlich glücklich?
Oder: Sind gebildete Menschen glücklicher?
Das kann ich streng genommen gar nicht beurteilen, denn wirklich »gebildet« bin ich wahrscheinlich nicht. Das bemerke ich nur zu häufig bei diversen Quizsendungen.
Aber: Ich arbeite gerne an meiner Allgemeinbildung. Ich habe Spaß daran, mir Wissen anzueignen oder mich zu belesen – wenn mich eine Sache interessiert. Und mich beeindrucken gebildete Menschen zutiefst. Ich finde es toll, wenn man Zusammenhänge (er-)kennt.
Wenn man weiß, welche geschichtliche Epoche die andere geprägt hat, warum Kriege angezettelt wurden und woher verschiedene Ausdrucksweisen stammen.

Aber: Ich habe auch eine Zeit erlebt, in der ich feststellen musste, dass Unwissenheit eine ganz wunderbare Sache ist. Wenn man ein bisschen naiv in etwas reinplumpst und eben nicht die Details, Gefahren oder Risiken kennt.
Diese »Unwissenheit« empfand ich sowohl bei der Geburt der Kinder als auch in der Krebstherapie als sehr zuträglich. Ohne beide Ereignisse miteinander vergleichen zu wollen, aber unterm Strich kann ich sagen: Was für ein Glück, dass ich nicht wusste, was auf mich zukommt. Wie gut, dass ich in beiden Bereichen ungebildet war.
Und bis heute gestehe ich mir das Recht zu, nicht alles wissen zu müssen.
Manchmal ist Wissen eben auch eine Belastung.
Wie häufig werde ich von Betroffenen angemailt, die entscheiden müssen, ob sie einen Gentest für die Wahrscheinlichkeit

einer Wiedererkrankung machen wollen. Und sie möchten von mir Rat haben. Den ich sowieso nie gebe, wenn überhaupt, dann teile ich nur meine ganz eigenen Erfahrungswerte mit.

Dazu kann ich immer nur sagen: Ich finde es wichtig, dass man sich vor einer solchen Entscheidung bewusst ist, wie man handeln würde, wenn man ein negatives Ergebnis erfährt.

In diesem konkreten Fall reden wir über den Gentest zur BRCA-Mutation. Wäre ich bereit, die nötigen Schritte einzuleiten? Sprich: Mastektomie und Eierstockentnahme. Wenn nicht, sollte ich mir die Frage stellen: Warum will ich es dann wissen? Na klar, das eine ist die Früherkennung, aber das andere ist die seelische Belastung und die darf man nicht unterschätzen.

Jetzt ist dieses Gen bereits gut erforscht und es gibt Handlungsmöglichkeiten, aber wie viele Tests untersuchen heutzutage Krankheiten, für die es (noch) gar keine Heilung gibt? Sprich: Mein Wissen führt zu nichts, außer eben, dass ich nicht mehr unbeschwert sein kann.

Genau aus diesem Grund habe ich mich bei beiden Kindern gegen eine pränatale Untersuchung zur Feststellung eines möglichen Downsyndroms entschieden.

Diese Diagnose wäre für mich nämlich kein Anlass gewesen, die Kinder nicht zu bekommen. Was also sollte ich mit einer möglichen emotionalen Belastung in der Schwangerschaft?

Das ist nur meine Sichtweise und es gibt (mal wieder) keine einfache Antwort, nur die Erkenntnis, dass Wissen nicht immer hilfreich und Unwissenheit nicht immer blöd ist.

Zurück zur Bildung.

Der Zugang zu Bildung, sprich, die Möglichkeit, eine Schule zu besuchen, der ist ganz sicher glücksbildend. Denn: ohne Bildung keine Zukunft.

Was ich aber gleich daneben einordnen würde, ist eben die Kreativität. Sie ist für mich so wichtig wie Lesen und Schreiben. In Zukunft wird sie vermutlich eine noch größere Rolle spielen, als das heute ohnehin der Fall ist. Weil doch alles schon da ist. So viel Wissen, das noch dazu keiner Bibliothek mehr bedarf, es reicht ein einfacher Bildschirm (und manchmal sogar ein ganz kleiner).

Wir erleben es heute schon und es wird garantiert mehr werden, dass Jobs wegfallen. Einfach weg.

Da bleibt doch die Frage offen: Wofür bilden wir die Kinder heute aus? Ist der aktuelle Lehrplan überhaupt noch zeitgemäß und zukunftsorientiert? Ist die Banklehre für junge Menschen noch up to date, wenn die Schalter bald von Künstlicher Intelligenz übernommen werden?

Sollten wir nicht wieder viel stärker dahin zurück, gottgegebene Talente unserer Kinder zu fördern?

Wenn wir uns unserer Talente und Fähigkeiten nicht bewusst werden, wird vermutlich irgendwann ein Großteil der Menschen aus unseren Breiten unnütz zu Hause sitzen und damit konfrontiert sein, dass er oder sie nicht mehr »systemrelevant« ist.

Und glauben Sie, dass das zuträglich ist für unser Glück? Sowohl für das Glück des Einzelnen als auch für das der Menschheit allgemein.

Wir haben es in Auszügen bereits kennengelernt und wieder mal ist Corona »schuld«: das Gefühl, mit unserer ganz eigenen Aufgabe scheinbar nicht wichtig genug für das System zu sein. Scheinbar.

Und ist nicht genau das auch der Sinn des Lebens: sein Talent, seine Passion zu finden?!

Picasso war davon überzeugt, dass alle Kinder geborene Künstler seien.

Und ich bin mir ganz sicher, dass auch Picasso mal von seinem Lehrer ermahnt worden ist, nicht so blödes Zeug zu malen.

Unser Bildungssystem aber ist auf Akademiker ausgerichtet. Ohne Abitur bekommt man heute kaum noch eine Lehrstelle.

Die mittlere Reife ist völlig verpönt, vom Hauptschulabschluss ganz zu schweigen. Die Zahl der Studenten hat sich seit 1970 vervierfacht, während ein Studienabschluss heute längst kein Garant mehr dafür ist, einen guten (und gut bezahlten) Job zu finden.

Jeder will sein Kind aufs Gymnasium schicken, alle wollen Abitur. Das wäre doch der Super-GAU, wenn das Kind sagen würde: »Ich will Künstlerin werden.«

Künste sind oft verpönt. Und Künstlerinnen zu erkennen, darauf ist unser Bildungssystem nicht ausgelegt, dafür sind unsere Lehrer gar nicht geschult. Und abgesehen davon gibt es gar keine Fächer, in denen die Kinder ihre eigene Kreativität zeigen könnten. Selbst das Fach »Kunst« wird in einer Regelschule benotet. Das allein will mir schon nicht in den Kopf.

Ich finde Akademiker toll. Ich verdanke ihnen mein Leben.

Aber ich empfinde es als anmaßend, dass wir dem einen Menschen, der den dringenden Wunsch verspürt, Arzt zu werden, diese Möglichkeit durch einen Numerus clausus verweigern und den »Zappelphilipp« mit Ritalin vollpumpen, der vielleicht ein wundervoller Choreograf hätte werden können. (Googeln Sie mal die Geschichte von Gillian Lynne. Sie »litt« an diversen Lernschwächen, dabei wollte sie nur tanzen. Gott sei Dank erkannte man ihr Talent, sodass aus ihr die weltberühmte »Cats«-Choreografin werden konnte.)

Ganz abgesehen davon: Man muss doch gar nicht Künstler *oder* Akademiker sein. Abgesehen davon, dass viele Künstler ein bewundernswertes Studium in ihrem Fach oder beispielsweise eine Schauspielschule besucht haben, so ist für mich ein Architekt ein ebenso großer Künstler wie ein Arzt, der ein Brandopfer mehrfach operiert, oder eine Sängerin, die alles in ihre Performance legt.

Und alle haben sie auf jeden Fall eines gemeinsam: Sie brauchen für ihr Glück Kreativität.

**In meinen Werkzeugkoffer auf dem
Weg zum Glück packe ich:**

• Sei dir deiner eigenen Stärken und Leidenschaften bewusst
und verfolge sie

Lassen Sie uns unsere eigene und die Kreativität unserer Kinder
beflügeln, fördern und vor allem annehmen! Denn das bringt
Sie mitunter auch gleich in den kreativen Flow.

Für Ihr Glücksbuch

JETZT SIE!
Übung »Kreativität«

Haben Sie Ihren »kreativen Flow« schon gefunden?
*Früher, da nannte man das noch einfach »Hobby«. Aber ich gebe
zu: Das klingt recht banal gegenüber dem »Flow«. Vielleicht kom-
men Sie durch diesen Vergleich aber schneller drauf.*
Also: Was ist Ihr Flow?
Und wenn Sie noch keinen haben: Was könnte Ihrer werden?
*Wenn Sie ihn dann gefunden haben, fragen Sie sich bitte: Was
macht er mit Ihnen?*
Wie fühlt es sich an, wenn Sie im Flow sind?
Was hindert Sie daran, das öfter zu tun?
Und: Warum ist dieses Hindernis in Ihrem Leben?

Geld macht glücklich –
macht Geld glücklich?

Das wohl gängigste Sprichwort zu diesem Thema ist doch: »Geld allein macht nicht glücklich, aber es beruhigt.« Und diesen Satz würde ich auch genauso unterschreiben. Ich finde dennoch, es lohnt, das Thema »Geld« genauer zu beleuchten.

Wie ist das mit dem lieben Geld?
Brauchen wir es nun, um glücklich zu sein?
Auch hier gibt es bestimmt keine pauschale Antwort, aber ich möchte Ihnen gerne von einem Schlüsselmoment berichten, in dem ich lernen musste, welche Priorität Geld tatsächlich hat.

Vorab zur Einsortierung: Meine Familie ist nicht wohlhabend. Weder die direkte noch die etwas weiter gefasste. Ich habe demnach keinen wohlhabenden Onkel siebten Grades oder eine reiche Cousine in der Schweiz. Wir – und damit meine ich auch die Generationen vor mir, die ich noch persönlich kannte – waren nichtakademische, ehrlich arbeitende Menschen. Meist Kaufleute, manchmal auch im Handwerk tätig. Keiner ist mit dem, was er gemacht hat, reich geworden, aber allemal waren die Menschen in meiner Familie mit ihren Tätigkeiten glücklich und konnten von dem erwirtschafteten Geld leben. Das übrigens empfinde ich als wahnsinnig wichtig. Dass man von einem (und zwar jedem) ehrlichen Beruf leben kann. Natürlich jeder nach seinen Maßstäben, nicht jeder in einer Villa oder auf einer Jacht, aber friedlich und sorgenfrei leben, das finde ich, muss in einer Gesellschaft wie dieser möglich sein. Und die Grundregel: Fleiß und harte Arbeit zahlen sich aus. Letztens sah ich einen TV-Bericht über eine Köchin. Ein wirklich harter, anstrengender Beruf, mit nicht wirklich lustigen Arbeitszeiten.

Die Frau, über die berichtet wurde, kam gebürtig aus München und hat dort eine ganze Zeit gelebt, bis die Mieten sich ins Exorbitante entwickelten. Die Köchin musste so weit nach »draußen« ziehen, dass die Fahrtzeit zu ihrer Arbeitsstelle zwei Stunden betrug.

Das kann es doch nicht sein. Bevor Sie jetzt gleich (zu Recht) rufen: »Staudinger! Du schweifst schon wieder ab!«, ja, Sie *haben* recht, aber: Gehört das denn nicht auch zum Glück dazu? Dass ich von meiner Arbeit leben kann? Und dass ich auch dort leben kann, wo ich arbeite?

Das ist leider etwas, was wir nicht allein in der Hand haben. Denn: Die Mietpreisentwicklung kann die Köchin nicht beeinflussen. Da müsste dann, meiner Meinung nach, die Politik ansetzen. Und zwar zügig.

Zurück zum Thema Geld.

Worauf ich ursprünglich hinauswollte, ist, dass ich nicht mit dem goldenen Löffel im Mund geboren wurde. Meine Mutter, gelernte Arzthelferin, und mein Vater, gelernter technischer Zeichner, aber Wunsch-Taxifahrer, brachten mir von Beginn an bei, dass man für sein Geld zu arbeiten hat. Aber Geld war nie wirklich Thema bei uns. Wohl aber bei anderen. Ich bekam oft mit, wie sich die Eltern meiner Freundinnen – vorzugsweise die Mütter – unterhielten:

»Hast du das gesehen? Die Müllers, die haben doch schon wieder ein neues Auto! Wie machen die das bloß?«, oder: »Die Meiers fliegen im Sommer nach Fuerteventura! Er hat bestimmt 'ne Gehaltserhöhung bekommen.«

Solche Gespräche gab es bei uns schlicht nicht. Meine Eltern haben nie, wirklich NIE, neidisch auf andere Menschen geblickt oder ihnen gar irgendetwas missgönnt. Demzufolge war ich als Kind auf dem »Angeber-Ohr« auch taub.

»Unser Garten ist viiiiiel größer als eurer«, nahm ich nicht als Hänselei, sondern eher als Feststellung wahr.

Toll, dachte ich, empfand dabei aber nicht im Geringsten einen Nachteil für mich.

Geld wurde bei uns auch nicht gebunkert, sondern ausgegeben. Es wurde nicht investiert, sondern verlebt. Ich schreibe dies übrigens (wie immer) völlig wertfrei und möchte keinesfalls diesen Weg als »richtigen« Weg anpreisen, ich erzähle es nur zum Einsortieren.

Das wiederum hat und hatte zur Folge, dass Geld mir persönlich schlichtweg nichts bedeutet. Ich finde es schön, wenn ich welches habe, aber ich verspüre kein Glücksgefühl damit. Anders sieht es mit den Dingen aus, die ich für Geld bekomme. Und damit meine ich nicht nur materielle Dinge, sondern in erster Linie eine unternehmerische Freiheit. Wenn ein plötzlicher Geschäftstermin in München ansteht und ich nicht lange überlegen muss, ob ich mir das Bahnticket leisten kann, finde ich das toll. Denn da gab es auch ganz, ganz andere Zeiten.

Mit 31 hatte ich mich mit meiner ersten Firma selbstständig gemacht. Ich war zwar Einzelunternehmerin und hatte keine teure GmbH gegründet, aber bis Homepage, Logo, Visitenkarten etc. standen, ist zwar wenig Zeit, aber für meine Verhältnisse viel Geld ins Land gegangen, nämlich knapp 18 000 Euro. Damals unser gesamtes Erspartes. Die Tatsache, dass mir Geld nichts bedeutet, erleichterte die Entscheidung enorm, alles zu investieren. Und obwohl ich kurz nach der Gründung fies gefallen bin, würde ich es heute wieder genauso handhaben.

Denn, wie viele von Ihnen wissen, bekam ich nur ein paar Wochen später die Diagnose Brustkrebs. Frisch selbstständig, kein Erspartes mehr und dann das.

Dazu kam dann, dass mein Mann am Tag meiner ersten OP mit den Jungs einen schlimmen Autounfall hatte, bei dem, gottlob, alle unversehrt blieben, bis auf das Auto. Das war nämlich komplett hinüber.

Wissen Sie, was das war?

Ganz, ganz großer Mist war das!

Mein Mann war von jetzt auf gleich alleinernährend mit einer krebskranken Frau, die nichts mehr zur Familienkasse beisteuerte, ganz im Gegenteil, sie hatte kurz zuvor das gesamte »Vermögen« in eine Bierlaune investiert.

Kinders, es wurde finanziell ganz schön knapp. Über die akute Zeit hinweg half meine Berufsunfähigkeitsversicherung, aber nach der Genesung, als ich wieder bei null anfing, da galt für unseren Kontostand im Prinzip selbiges.

Jedoch: In der Zeit dazwischen, also in der Behandlungszeit, ist etwas mit mir passiert.

Ich lag irgendwann auf der Couch, mal wieder schwer lädiert durch die Chemo samt ihren Nebenwirkungen, als ich per Zufall die Ziehung der Lottozahlen verfolgte. Ich selbst habe zwar nie gespielt, aber meine Familie, allen voran meine Oma und mein Vater, der bis heute noch sein Glück versucht. Lotto hatte also bei uns zu Hause immer ein bisschen was Traditionelles.

Ich lag also sorgenbelastet und an dem Tag auch tieftraurig auf der Couch herum und dachte auf einmal: *Was würde dir denn jetzt ein Lottogewinn bringen?*

Ich sah mich selbst ein paar Wochen zuvor, als ich noch »gesund« gewesen war, vor einem Schaufenster stehen und auf eine Handtasche schauen.

Eine wirklich schöne, edle Tasche, für viel Geld. Und damals dachte ich: *Ach, wie schön wäre es, wenn du dir die mal irgendwann leisten könntest!*

Aber was hätte mir diese Handtasche unter Todesängsten auf der Couch gebracht? Nix. Gar nix.

Ebenso wenig wie ein Lottogewinn.

Ich kaufe mir gerne Dinge und bestimmt auch etliche, die gar nicht nötig wären. Aber: Da hängt für mich kein Glück dran. Weder damals noch heute. Und während der Therapie schon mal gar nicht.

Allerdings, und damit sind wir beim hinteren Teil des Sprichworts angelangt: Geld beruhigt. Aus meiner Erfahrung heraus erhält Geld, wenn man es *nicht* hat, allerdings eine Wertigkeit, die ihm gar nicht gebührt.

Und ja, trotz allen wirklich existenziellen gesundheitlichen Problemen, vor denen ich schon stand, beunruhigt es auch mich, wenn ich nicht weiß, ob die EC-Karte den nächsten Lebensmitteleinkauf noch deckt. Wenn es Überschneidungen von Steuervorauszahlung und noch offenen Rechnungen gibt. Kenne ich alles. Und finde ich wirklich richtig fies, tut auch nichts für die Kreativität oder fürs Glück.

Aber heute belastet es mich nicht mehr so immens wie noch vor ein paar Jahren, denn wenn ich eines gelernt habe: Irgendwie geht es immer weiter und ich für meinen Teil tue alles dafür, damit sich das Rad weiterdreht.

Ich arbeite, so viel ich kann, ich bezahle alles immer pünktlich, ich betrüge und hintergehe nicht. Und wenn dann trotzdem mal ein Engpass kommt, so hat mich die Erkenntnis »Nur sprechenden Menschen kann geholfen werden« bisher immer weitergebracht. Und auch hier gilt dann wieder, wie bei der Schlagfertigkeit, letztlich: Der Ton macht die Musik.

Diese Kombination hat mich auch in der Coronakrise gerettet. Denn hier trat wirklich alles zeitgleich auf: Steuernach- und -vorauszahlungen plus Berufsverbot, dazu unzählige Stornos und eine ungewisse Zukunft.

Ich wusste nicht, wie es weitergeht. Finanziell stand ich mit dem Rücken zur Wand.

Was mir geholfen hat?

Arbeiten, kommunizieren, um Aufschub bitten und mit reiner Weste in Verhandlungen gehen.

Hat funktioniert. Zumindest bei mir. Zumindest bis heute.

Mir ging es nicht darum, unseren Luxus nicht zu verlieren, es ging mir nicht darum, auf eine teure Handtasche zu verzichten oder auf einen Urlaub in Honolulu, mir ging es darum, meinen Jungs und mir unser Zuhause zu erhalten.

Und da erhielt das Geld nun mal wieder eine Wichtig- und Wertigkeit, die ich ihm nur ungern zugestehe.

Dabei: Fehlendes Geld ist nicht direkt das Problem, das, was dadurch ausgelöst wird, kann aber zu etwas führen, was fernab von Glück liegt.

Andersrum darf uns mangelndes Geld nicht als willkommener Schutzschild zur Glücksabwehr in die Quere kommen.

Beispiele dafür, die ich selbst erlebt habe:

- Ich kann keinen Sport machen, ich kann mir das Fitnessstudio nicht leisten
- Ich kann mich nicht erholen, weil ich mir den Urlaub nicht leisten kann

Natürlich gibt es viele Dinge, die man (nur) mit Geld machen kann, gar keine Frage. Aber es ist *doch* wieder die Frage, worauf wir uns fokussieren. Denn im Umkehrschluss, das weiß ich aus eigener Erfahrung, gibt es *mindestens* genauso viele Dinge, die wir dem entgegensetzen können:

- Ich brauche für meine Bewegung kein Fitnessstudio, ich kann auch im Wald trainieren
- Klar wäre ein Urlaub zur Erholung schön, aber darauf zu warten, bringt mich nicht weiter: Ich versuche es mit einem Bad / Buch / guter Musik

Für Ihr Glücksbuch

JETZT SIE!
Übung: »Geld macht glücklich?!«

Glauben Sie, dass zu wenig Geld Ihrem Glück im Weg steht?
Wenn ja, warum empfinden Sie so?
Was brauchen Sie jetzt, was Sie mit mehr Geld haben könnten?
Jetzt noch mal: Liegt es wirklich am Geld?
Oder: Warum, glauben Sie, brauchen Sie dieses Etwas fürs Glück-
lichsein?
Steht es vielleicht stellvertretend für etwas anderes?

Gucken wir uns diese Frage, ob Geld glücklich macht, mal von
einer anderen Perspektive an.
Glauben Sie, dass es für Bill Gates noch einen Unterschied
macht, ob er 90 oder 95 Milliarden auf dem Konto hat?
Glauben Sie, dass Jeff Bezos glücklicher ist als der Dalai-Lama?
Vermutlich begrenzt Geld das Glücksgefühl nach oben und
kommt an die wirklichen, tiefen Glücksgefühle nicht ran. Wenn
Sie sich jedes halbe Jahr ein neues Auto kaufen, dann hält das
Glücksgefühl, das Sie dabei verspüren, nur kurz vor. Relativ
schnell wird aus dem Geschoss dann doch wieder ein Ge-
brauchsgegenstand, welcher Sie von A nach B bringt.
Meine ganz persönlichen Erfahrungen mit Menschen, die viel
Geld haben, unterscheiden sich im Wesentlichen dadurch, wie
diese Menschen dazu gekommen sind.
Die, die ihr Geld wirklich hart erarbeitet haben, nehme ich an-
ders wahr als die, denen es sozusagen zugeflogen ist, in welcher
Form auch immer.
Die, die von unten kommen, stehen dem Geld meist mit einer
gewissen Demut und großer Dankbarkeit gegenüber, die anderen halten es eher für selbstverständlich.

Und was ich auch beobachtet habe: »Haben« scheint von »Halten« zu kommen.

Geizige Millionäre empfinde ich als unschön.

Nicht, dass Menschen mit Geld eine Verpflichtung hätten, dieses unter die Menschheit zu bringen, aber … Kurzum: Ich kann mit Geiz so gar nicht.

Meist geben die, die tendenziell eher wenig haben, gerne und offenherzig.

**In meinen Werkzeugkoffer für den
Weg zum Glück packe ich:**

* Gelingt mir vielleicht gar die Trennung von Glück und Geld?
* Kann ich mit Geld etwas Glückliches auf den Weg bringen?

Geld um jeden Preis?

Es gibt zahlreiche Umfragen und Untersuchungen, die die Aussage »Geld allein macht nicht glücklich« untermauern.

Die Frage ist sowieso: Wie soll man das messen? Wie kann man realistisch einschätzen und mit Zahlen abbilden, welchen Einfluss Geld auf das Glück des Einzelnen hat? Sind es doch höchstens Momentaufnahmen, die man von sich selbst machen kann. Wie häufig hat man schon die Geschichte vom reichen Geschäftsmann gehört, der von jetzt auf gleich alles hinwarf, um auszuwandern.

Und warum?

Weil ihm womöglich der Sinn gefehlt hat.

»Geld stinkt nicht« stimmt aus meiner Sicht nur so halb. Nämlich erst recht dann nicht mehr, wenn es dadurch anderen schadet. Dann würde ich es nicht haben wollen. Nicht mal geschenkt.

Stellen Sie sich vor, Sie würden einen Koffer voller Geld finden

und es würde sich herausstellen, dass es mit Kinderhandel er-
wirtschaftet wurde. Oder man schlägt Ihnen einen Wahnsinns-
deal vor, bei dem Sie steinreich würden, Sie finden aber heraus,
dass die Rendite durch Organhandel entsteht.

Sie würden aller Voraussicht nach Nein sagen, oder?

Dazu kommt: Geld allein schafft auch keinen Sinn. Es sinnvoll
einsetzen, das muss der Mensch machen.

Mit viel Geld kann man sinnvolle Dinge tun.

Genau genommen können Sie das im Ehrenamt aber auch.

Sie können es drehen und wenden, wie Sie wollen: Der Lottogewinn wird Ihnen nicht zum langfristigen Glück verhelfen.
Aber: meine Sicht. Klären Sie für sich bitte Ihre!

Neid

Der Neid ist kein Gefühl, das wir aus dem Bauch heraus mit Glück verbinden.

Der Neid, gerne eng gefolgt von Missgunst, steht sogar dem Glück im Weg, und zwar von beiden Seiten betrachtet.

Missgunst oder destruktiven Neid zu erfahren, ist unangenehm, aber Neid in sich selbst zu spüren, ist mindestens genauso fies.

Neid führte zum ersten Brudermord in der Geschichte der Menschheit, denn Kain ertrug es nicht, dass Gott Abel bevorzugt behandelte. Hätte es doch damals schon mein Buch gegeben, dann hätte er vielleicht anders reagiert.

Neid ist etwas, was man gerne von sich schiebt:

»Ich doch nicht. Ich bin niiiieeee neidisch!«

Was für ein Quatsch.

Also, ich bin ganz oft neidisch.

Die Frage ist doch nur, was ich mit diesem Gefühl mache.

Und auch ein wenig, was für eine Art Neid es ist. Denn es wird unterschieden zwischen »konstruktivem Neid« und »destruktivem Neid«. Konstruktiv neidisch ist man, wenn man das, was jemand anders hat (oder kann), auch gerne hätte (oder könnte). Konstruktiver Neid kann einen im besten Falle sogar dazu führen, etwas schaffen zu wollen, er kann ein Motor sein.

Destruktiv ist Neid dann, wenn man sich wünscht, dass auch das Gegenüber das verliert, was wir ihm neiden. Und ebendieser geht oft einher mit Missgunst oder kann gar als solche bezeichnet werden.

Nach der dritten Chemotherapie war ich körperlich kurzfristig ziemlich am Ende. Die Übelkeit erreichte ihren Höhepunkt, ebenso die Knochenschmerzen, und der Ausblick darauf, dass ich noch 13 Sitzungen vor mir hatte, gab mir den Rest. Es waren Sommerferien. Es war das schönste Wetter. Und ich lag im abgedunkelten Schlafzimmer, mit Fenster zur Straße.

Gegenüber hörte ich unsere Nachbarn das Auto packen für den dreiwöchigen Urlaub. Die Kinder jauchzten vor Freude, die Mama lief hundertmal vom Auto ins Haus, damit auch ja nichts vergessen wird. Und ich lag im Bett und schaffte es nicht allein ins Bad.

Und ja, da war ich neidisch. Konstruktiv zwar. Aber trotzdem neidisch.

Ich wollte das auch.

Ich wollte meinen Jungs auch so eine Mama sein.

Ich wollte auch mit meiner Familie in den Urlaub.

Ich wollte nicht hier liegen und um mein Leben kämpfen.

Still und automatisch kullerten mir Tränen das Gesicht runter.

Ich habe diese Familie beneidet.

Aber, und da liegt jetzt der wichtige Unterschied zum destruktiven Neidgefühl: Ich missgönnte es ihnen nicht.

Mein Leid wird schließlich nicht besser, wenn Familie Müller daheimbleibt.

Und dennoch: Allein bei der Normalität anderer zuzuhören, machte mich traurig und eben neidisch.

Anderes Beispiel:

Letztes Jahr waren wir mit Freunden am See verabredet. Viel zu lange hatte ich die Familie nicht mehr gesehen. Wir kennen sie schon aus der Krabbelgruppe von Max und der Kontakt ist nie ganz abgebrochen. Die Familie hat vier Kinder und eben Mama und Papa.

Die Freude war groß, als wir uns wiedersahen.

Während die Kinder gemeinsam in den See stürmten, blieb Katja bei mir und zog sich um, um auch schwimmen zu gehen.

Katja hat, wie gesagt, vier Kinder zur Welt gebracht und ist unwesentlich älter als ich.

Sie zog ihr T-Shirt aus, unter dem sie einen Bikini trug. Allein dafür müsste man sie schon töten. Spaß!

Ein wundervolles, strahlend gelbes Bikinioberteil, in Triangelform geschnitten.

Und in dem Oberteil steckten noch dazu zwei wunderschöne, echte Brüste.

Ich bin durch und durch heterosexuell und trotzdem glaube ich, noch nie einen so schönen Busen gesehen zu haben. So echt. So unvernarbt.

Wie der Rest ihres Körpers. Katja ist nicht Frankensteins Monster so wie ich.

Und ja, Asche auf mein Haupt, auch da war ich neidisch.

Ich lag da im Badeanzug, mit weit über ein Dutzend Mal operierten, nicht mehr echten, tauben, gefühllosen Brüsten und einer Narbe über dem Bauch, die durch den Badeanzug gottlob niemand sah.

Ich beneidete Katja für ihren unbelasteten, ungezeichneten Körper.

Aber: Ich missgönnte ihr diesen nicht.

Was machen wir also, wenn wir Neid spüren?
Es gibt, wenn Sie mich fragen, mehrere Möglichkeiten.

Starten wir bei Möglichkeit eins:
Annehmen.
Kennen Sie schon. Tun wir in diesem Buch andauernd.
Ich habe viel recherchiert, ob es Möglichkeiten gibt, seine Gefühle generell, also auch den Neid, zu beeinflussen. Ob man gegen hochgeschwemmte Emotionen etwas tun kann. Nein, kann man nicht. Und das ist auch gut so. Emotionen und Gefühle kommen ganz natürlich nach oben.

Ausgelöst werden Gefühle über äußere Signale. Einige von ihnen haben sogar einen evolutionären Sinn. Wie zum Beispiel Angst. Unsere Vorfahren, die keine Angst vor dem Säbelzahntiger hatten, sind nämlich nicht unsere Vorfahren, die wurden gefressen.

Angst hat sich also ausgezahlt und wird uns daher bis heute evolutionär in die Wiege gelegt. Daher tun wir besser daran, sie anzunehmen.

Auch die Angst vor Spinnen und Schlangen ist übrigens fest in uns verankert, weil diese Tiere früher giftiger waren, als sie es heute sind, auch in unseren Breiten. Wenn Sie also das nächste Mal bei einer Spinne die Wand hochgehen, sehen Sie es mal so: Sie haben einfach nur einen echt guten Draht zu unseren Vorfahren.

Zurück zum Annehmen unserer Gefühle: Auch Neid können wir annehmen.

Und dann schauen wir uns den von allen Seiten an.

Dahinter versteckt sich gerne etwas, nämlich: Das will ich auch! In meinem Fall: Gesundheit.

In beiden beschriebenen Beispiel-Neidfällen versteckt sich mein Wunsch nach Gesundheit. Ein nicht allzu übertriebener oder gar anmaßender Wunsch, wie ich finde. Und wenn ich das erkannt habe, kann ich handeln.

Zunächst einmal kann ich mein Gefühl in bewusste Freude für mein Gegenüber umwandeln, indem ich denke: *Toll, dass* sie *gesund ist.*

Was Sie dafür brauchen, ist Liebe und Empathie und letztlich ein gutes Herz. Sie sind Frauen und Buchleserinnen, Sie können entspannen, Sie haben ganz sicher diese Voraussetzungen.

Stellen Sie sich als Hilfe auch gerne die Frage: Wäre *mein* Leben jetzt besser, wenn mein Gegenüber dieses oder jenes (in dem Fall eben Gesundheit) nicht hätte?

Glückstipp am Rande

Ich stelle mir die Frage oben übrigens auch immer selbst bei Dingen, auf die die Gesellschaft vielleicht mit Unverständnis reagiert. Zum Beispiel: Nach einer Diagnose wie der meinen auf eine Feier zu gehen.
Das passt für viele nicht zusammen. Für mich gehört es mittlerweile sogar fest zusammen. Was mir in solchen Momenten, gar Unsicherheiten hilft, ist die Frage: Wird mein Leben heute und jetzt besser, wenn ich es nicht mache?

Also: Freuen wir uns erst mal nur für die anderen, dann legt sich dieses fiese neidische Gefühl von allein ad acta.
Und dann gucken wir uns den versteckten Wunsch an.
Ja, ich wünschte, ich wäre eine immer gesunde Frau.
Aber wäre ich dann die, die ich heute bin?
Der Krebs hat sich im Nachgang für nichts »gelohnt«, aber sehr wohl die Erfahrungen, die ich durch ihn gemacht habe, und die Folgen, die irgendwie aus ihm entstanden sind, das Bücherschreiben, die tiefe Dankbarkeit. Und letztlich ist es doch so: Du kannst es nicht ändern. Es ist, wie es ist.

Merken Sie, was alles freigesetzt wird, wenn Sie es schaffen, das Gefühl anzunehmen?
Mithilfe einer geänderten Wahrnehmung, mit dem berühmten zweiten Blick, da können Sie Ihren Neid ganz anders einsortieren. Und, meine Damen, die Geschichten sind ja noch nicht zu Ende …

Drei Wochen nachdem die Familie Müller in den Urlaub gefahren war, ging es mir körperlich schon besser und ich saß draußen vor der Türe und beobachtete die Kinder beim Spielen.
In dem Moment kam das Auto der Müllers um die Ecke. Alle Familienmitglieder stiegen total mürrisch aus.

»Ist was passiert?«, fragte ich nach der Begrüßung.

»Der Urlaub war ein Reinfall. Das Hotel wurde renoviert und unser Liegeplatz am Pool, auf den sich die Kinder so gefreut hatten, lag in Schutt und Asche.«

»Okay«, noch sah ich das Drama nicht, »aber da waren doch bestimmt noch andere Liegeplätze?«

»Du weißt doch, wie das ist: Wenn man sich ganz arg auf etwas freut und das ist dann nicht da.«

Ja, ich wusste, wie das ist. Allerdings nicht auf einen Pool bezogen.

Und da, spätestens da musste ich meinen Neid noch mal ganz anders bewerten. Denn ich dachte ad hoc: *Für nichts in der Welt möchte ich mit irgendjemandem tauschen.*

Da bin ich lieber die glatzköpfige Mama, die dankbar auf den Treppenstufen sitzt und ihren gesunden Kindern beim Spielen zuschaut, als dass ich gestresst aus dem Urlaub wiederkomme, weil mein Liegeplatz belegt war!

Und meine Freundin Katja in ihrem wundervollen Bikini, die berichtete mir, dass sie gestern im Handy ihres Mannes eine recht eindeutige Nachricht ihrer besten Freundin gefunden habe.

Sie war völlig fertig und am Boden zerstört und brauchte den heutigen Tag am See, um sich zu sammeln und einen Plan zu schmieden, wie es weitergehen sollte. Mit vier Kindern. Da war mein neidisches Gefühl auch ganz schnell wie weggeblasen.

Meine Damen: Unter jedem Dach ein Ach.

Vor diesem Hintergrund gibt es gar keinen Anlass, neidisch zu sein.

Nicht, dass Sie jetzt hinter allem und jedem ein großes Schicksal vermuten sollen, aber häufig ist eben das, was nach außen hin so wahnsinnig perfekt wirkt, es nach innen gar nicht.

Und daher tut auch Neid nicht not.

Er macht nur hässlich und gelb.

Bleiben Sie bei sich.

Denn Neid entsteht meist durch Vergleiche.

Ich habe meine Brüste mit denen von Katjas verglichen.

Wenn ich bei mir bleibe, sieht das schon anders aus Denn ich muss sagen: Für so viele Operationen sehen meine Brüste verdammt gut aus.

Und wenn ich bei *mir* bleibe, dann fällt auch das aufrichtige Mitfreuen um einiges leichter und das wiederum ist ein neuer Türöffner fürs Glück.

In meinen Werkzeugkoffer für den Weg zum Glück packe ich:

- Du bist dem Neid nicht ausgeliefert (wie auch keinem anderen Gefühl), sondern du kannst ihn umwandeln
- Davor musst du dein Gefühl aber annehmen
- Erkenne *deinen* Wunsch hinter dem Neid
- Freue dich für deine Mitmenschen, alles andere ändert nichts an *deinem* Leben

Hokuspokus – nicht mehr neidisch!

Allein mithilfe der Annahme können wir den Neid also ruckizucki umwandeln. Und das können Sie schon, denn es ist das gleiche Prinzip wie das Verwandeln Ihrer »Was kann ich nicht sooo gut«-Seite (lesen Sie dazu gern noch mal das Kapitel »Ausflug in die Schlagfertigkeit« auf Seite 79).

Und jetzt wird's noch besser: Wenn ich mir bewusst bin, dass ich auf die Gesundheit anderer Frauen neidisch bin, und spüre, dass dem Neid mein großer Wunsch nach Gesundheit zugrunde liegt, kann ich das doch als Ansporn für mich nutzen.

Tue ich denn genug für meine Gesundheit?

Achtung: Wer hier nicht ehrlich zu sich selbst ist, der braucht damit erst gar nicht anzufangen!

Wenn Sie selbst ein paar Kilos zu viel haben und Sie blicken neidisch auf schlankere Frauen, dann braucht es kein Psychologiestudium, um den Wunsch hinter dem Neid zu erkennen.

Und auch hier folgt, bei genauer und ehrlicher Selbstbetrachtung, wieder die Frage: Tue ich denn genug dafür, um selbst ein bisschen schlanker zu sein?

Mit Ihrer Antwort und am besten dem daraus folgenden Handeln können Sie Neid in etwas wirklich Wirksames umwandeln.

Ich wünschte, ich könnte Ihnen mal etwas anderes erzählen, aber es läuft doch immer wieder darauf hinaus: Ehrlich zu uns selbst zu sein und Selbstreflexion verhelfen uns zum Glück.

**In meinen Werkzeugkoffer für den
Weg zum Glück packe ich also außerdem:**

• Nutze den umgewandelten Neid als Motivator und Ansporn

Für Ihr Glücksbuch

JETZT SIE!
Übung »Gefühlswelten«

Welche negativen Gefühle fühlen Sie?
Und wenn Sie sie definiert haben, fragen Sie sich:
Was glauben Sie, steckt dahinter?
Wenn Sie es herausgefunden haben, können Sie das Gefühl dann annehmen und akzeptieren, dass es da ist?
Und: Wie könnten Sie es dann vielleicht sogar in etwas Positives umwandeln?

Innerer Frieden

Wenn Sie das Gefühl des Neides oder andere negative Ge-fühle öfter verspüren, haben Sie vielleicht etwas ganz Entscheidendes noch nicht gefunden in Ihrem Leben. Wenn ich Sie jetzt aber frage: Womit verbinden Sie Glück?, dann wür-den Sie mir vielleicht auch eine dieser Antworten geben:

- mit einem Sonnenuntergang am Meer
- mit einem guten Essen
- mit Zeit für meine Kinder

Sie zählen mit Sicherheit ganz viele Dinge auf, die Sie zum Glück brauchen. Eine gängige Redensart ist in dem Fall: »Ich habe alles, was es zum Glück braucht.«
Denken wir diese Redensart weiter.
»Ich *habe* alles, was es zum Glück braucht.«
Und was ist, wenn Ihnen etwas fehlt?
Was ist, wenn Sie eine Sache verlieren?
Fehlt Ihnen dann das Glück?

Vielleicht ist das Problem, dass wir Glück gerne als kurzfristigen Zustand, als etwas »Erworbenes« betrachten. Die Kirsche auf der Sahne sozusagen.
Die Kirschen liegen da aber selten besonders lange. Und wie sie liegen, ist außerdem von so vielen Faktoren abhängig, wie zum Beispiel dem Aggregatzustand der Sahne. Und streng genom-men auch vom Eis.

Wenn wir uns von dieser Denkweise verabschieden, wenn wir Glück nicht mehr »haben«, sondern »sind«, dann öffnet sich aber eine ganz neue Perspektive.

Wenn wir Glück fest in unserem Wesen verankern, wenn es quasi die Basis von allem ist, was wir tun und denken, dann kommen wir vielleicht dorthin, worauf ich mit Ihnen hinauswill.

Ich bin viel im Wald.

Und in dem stehen Bäume.

Einige sind uralt und riesengroß und haben schon mehr Winter als Sie und ich gesehen. Der Baum ist in seiner Optik vom Wetter und den Jahreszeiten abhängig. Im Winter wird er kahl (zumindest der Laubbaum), im Herbst bunt und wenn ein Sturm vorüberzieht, kann er sogar Äste verlieren. Die sichtbaren Äußerlichkeiten sind Schwankungen unterlegen und je nach äußeren Faktoren unterschiedlich.

Aber wissen Sie, was sich davon grenzenlos unbeeindruckt zeigt?

Die Wurzeln.

Die Wurzeln interessiert beispielsweise der Sturm nicht.

Die Wurzeln sind immer solide und fest im Boden verankert, da kann oben noch so der Teufel los sein.

Lassen Sie uns doch *so* werden.

Lassen Sie uns Glück in unseren Wurzeln verankern.

Dann »brauchen« Sie dafür nämlich nichts, es ist einfach immer da und bildet das Fundament von dem, was Sie tun, denken und letztlich sind.

Und selbst wenn Sie obenrum mal nackig sind (sogar, wenn Sie Haare, Wimpern, Brüste, alles verlieren, wenn Sie verzweifelt sind und nicht mehr weiterwissen) – Ihre Wurzeln bilden das Fundament und haben die Kraft, alles neu zu formen.

Mit einem soliden, glücklichen Fundament schafft es jeder Baum, sich immer wieder neu zu erschaffen.

Wenn wir das schaffen, wenn wir Glück also nicht mehr »haben«, sondern »sind«, dann brauchen Sie weder einen gelben Bikini noch Urlaub, Schmuck, ein Auto oder sonst ein Luxusgut. All diese Dinge lassen vielleicht Ihre Blätter schöner strahlen, aber das ist in letzter Konsequenz nur Geschmackssache.

Viel wichtiger ist die Erkenntnis, dass das eine mit dem anderen nicht korreliert. Diese Luxusgüter oder schönen Blätter, die reichen nicht ans Wurzelwerk heran. Sie verändern es nicht. Sie haben keinerlei Einfluss darauf. Aber das Gegenteil ist sehr wohl der Fall.

Vielleicht ist das der »innere Frieden«, von dem man so häufig liest oder hört.

Und vielleicht ist es das eigentliche Ziel, Glück als Wurzel, als Basis, und nicht als Zustandsbeschreibung zu sehen.

In meinen Werkzeugkoffer für den Weg zum Glück packe ich:

* Lasst uns Glück nicht haben, lasst uns Glück *sein,* in unseren Wurzeln

Gefunden! Oder?

Woher weiß ich aber, ob ich meinen inneren Frieden gefunden habe?

Ach du je! Fragen Sie mich doch so was nicht!

Also sagen wir mal so: Wenn Sie notorisch unzufrieden sind und nur meckern, dann könnte das ein Anzeichen dafür sein, dass Sie ihn noch nicht gefunden haben.

Und den kompletten inneren Frieden, den leben möglicherweise die Buddhisten auf irgendeinem Berg in absoluter Einsamkeit und Ruhe. Den kann man aber nicht unbedingt mit dem Wäscheberg, einem Job und vier Kindern vergleichen.

Und auch wenn ich glaube, eine Person mit innerem Frieden zu sein, so gibt es immer mal wieder Phasen, in denen ich merke: Du kannst ihn gerade nicht abrufen.

Das äußert sich bei mir so, dass ich ständig danach suche, was das Heute für mich besser macht.

Zu 90 % bin ich mit dem Heute sehr zufrieden und glücklich, aber manchmal bin ich eben auch ein unruhiger Geist.

Und das merke ich oft im Kleinen:

Ich friere, mache die Heizung an, dann ist es mir zu warm.

Ich habe Hunger, weiß nicht, worauf, esse Mist, Gelüste nicht gestillt, esse weiter, bis ich mit offener Hose zerknirscht auf der Couch liege.

Will Sport machen, bekomme mich nicht aufgerafft.

Schaffe es nicht, das angefangene Buch weiterzulesen.

Lade mir Freunde ein, die mir kurz darauf zu viel sind.

Schaue einen Film und bekomme nichts mit.

All diese Dinge verraten mir: Irgendwas stimmt nicht.

Ganz viele Menschen würden jetzt zur Meditation greifen. Die werfen einen Blick in sich selbst und suchen.

Meditation ist nachgewiesenermaßen sowohl gesund als auch hilfreich.

Ich habe das auch schon probiert.

Das Problem ist nur: Ich finde da nichts in mir. Doch. Langeweile. Ich finde Meditieren so langweilig, dass ich einschlafe. Ob das Sinn und Zweck erfüllt, weiß ich nicht.

Wenn Sie mich fragen, ist dieser innere Frieden ein Prozess, der im Alter vielleicht leichter geschieht. Machen Sie sich also keinen Stress, wenn Sie ihn weder im Yoga noch in der Meditation finden.

Ich finde ihn übrigens im Wald mit guter Musik auf den Ohren.

Ich finde ihn auch manchmal allein im Auto.

Oder wenn ich im Flow (den wiederum finden Sie auf S. 225: »In den was?«) bin.

Ich finde ihn, wenn ich eine wichtige – nicht immer bequeme – Entscheidung getroffen habe (können Sie nachlesen auf Seite 152: »Welches Glück hätten Sie denn gerne?«).

Oder nach acht Stunden Schlaf (siehe »Das sind alles die Hormone«, Seite 197, einem guten Gespräch mit einer Freundin (Seite 142, »Menschen«) oder – lachen Sie jetzt nicht! – nach dem Fensterputzen.

Hören Sie in sich hinein. Mit allen Mitteln, gerne auch mit den durch dieses Buch neu erworbenen Fähigkeiten.

Und lassen Sie uns schon jetzt darauf achtgeben, dass wir auch unsere Kinder mit dem richtigen Wurzelwerk ausstatten.

Glückstipp am Rande

Haben Sie gemerkt, dass viele Dinge, die zum inneren Frieden führen, gleichzeitig entdeckte Glückstechniken sind? An den Seitenverweisen hätten Sie es erkennen können …

In meinen Werkzeugkoffer für den Weg zum Glück packe ich:

- Der innere Frieden ist ein Prozess
- Wir suchen den inneren Frieden dort, wo *wir* ihn finden, und lassen uns dabei nicht unter Druck setzen

Wenn wir das geschafft haben, wenn sich in uns Glück verankert hat und es nicht mehr an irgendetwas hängt, dann fällt uns das Fliegen, das Wagen, das Mutigsein viel leichter.

Bisher in jedem Buch durfte ich Frauen dazu animieren, über sich hinauszuwachsen und die Angst zu scheitern mit Schlagfertigkeit, Resilienz und Loyalität besser abzufedern.

Ich möchte diese Möglichkeiten nun gerne um einen für mich neuen Aspekt anreichern, den ich per Zufall neulich auf den Ohren hatte.

Ausweglos. Nicht.

Ich höre den Podcast vom Handelsblatt mit dem Verhandlungsführer Matthias Schranner. Der ehemalige Polizist wurde unter anderem vom FBI ausgebildet und ist einer der besten Verhandlungsprofis der Welt. Egal, was verhandelt werden muss, seien es Konzernübernahmen, Firmenverkäufe oder Geiselnahmen, man ruft ihn an. Außerdem unterrichtet er an mehreren Unis und hat diverse Bücher geschrieben, darunter »Faule Kompromisse«.
In dem Podcast wird er gefragt:

Aber, Herr Schranner, was machen Sie denn, wenn es so richtig ausweglos ist?
Was meinen Sie?

Na, wenn so nichts mehr zu gehen scheint. Wenn beide Parteien nicht zu einer Lösung bereit sind.
Aber das ist doch mein Ziel.

Bitte?
Wissen Sie, erst dann, wenn es so richtig ausweglos erscheint, fangen wir doch an, uns mit den Alternativen zu beschäftigen. Das zeigen viele Beispiele. Wie die Digitalisierung der Schulen. Das Thema ist nicht neu. Wir wissen schon länger, dass da etwas getan werden muss. Aber es ging ja irgendwie. Irgendwie haben wir es hinbekommen. Und solange es noch *irgendwie* geht, so lange sucht man nicht ernsthaft nach Lösungen.
Dann kam Corona und es ging eben *nicht* mehr. Von jetzt auf gleich. Da *musste* man sich mit den neuen Wegen befassen, weil die alten aussichtslos waren.

Und ich sagen Ihnen: Das hat etwas mit mir gemacht.

Insbesondere zu der Zeit, in der ich das hörte.

In mir passierte: »Na guck, Madame, dann kann es dir so schlecht gar nicht gehen. Sonst hättest du dich (um bei dem direkten Beispiel zu bleiben) digital als Trainerin besser aufstellen können.«

Und ich dachte weiter: *Aber du musst nicht erst abwarten, bis es aussichtslos ist, du könntest jetzt schon Onlinetrainings anbieten.*

Was ich dann auch getan habe und siehe da, daraus wurde dann meine Akademie.

Was stand der Initiierung im Weg? Allein ich.

Wer kann das Hindernis aus dem Weg räumen? Allein ich.

Haben wir vor dem Ausweglosen deshalb Angst, weil es hier so richtig unbequem wird? Weil wir ab da wirklich neue Wege gehen müssen? Sie manchmal sogar ganz neu bauen müssen?

Schauen Sie sich das Wort mal genau an:

ausweglos.

Das Gegenteil dazu könnten wir gerade mal neu erfinden (weil ich im Flow bin):

»neuweghaft« vielleicht? Wenn der Weg zu Ende ist, braucht es einen neuen. Oder: neue Denkweisen.

Hier schließt sich dann wohl der Kreis in puncto Kreativität. Denn wie schnell Sie neue Gedanken abrufen können, ist eine Frage der individuellen Kreativität.

Üben Sie die also besser, dann sind Sie im Zweifel schneller.

Abgesehen davon finde ich den Denkansatz von Schranners »Aber das ist doch mein Ziel« so unglaublich inspirierend. Alle fürchten sich vor dem Punkt der Ausweglosigkeit, nur er, er steuert geradewegs darauf zu.

Was wir da alles in unseren Glückskoffer einpacken können. Wahnsinn!

Ich fange mal mit dem Packen an:

- Hab keine Angst vor dem Ausweglosen! Mit ihm – und erst mit ihm – öffnen sich neue Wege
- Manchmal muss man ganz unten angekommen sein, um sich kräftig abzustoßen

Und wie oft hat man das schon gesehen oder gar selbst erlebt: den Herzinfarkt, der die bisherige Lebensweise ins Ausweglose geführt hat und nach dem sich erst eine neue, gesündere, bewusstere Art des Lebens auftut.

Den Jobverlust, der einen dazu zwingt, sich (endlich) mit seinen eigenen Potenzialen und seiner eigenen Unzufriedenheit auseinanderzusetzen.

Lassen Sie sich auch von solchen Momenten im Leben (oder gerade von denen) ermutigen, nutzen Sie ihren »Drive«. Denn: Wenn wir selbst vor dem Ausweglosen keine Angst mehr haben und wenn dazu noch unser Glück in den Wurzeln liegt, ja, was soll uns dann überhaupt passieren?

Was soll schon passieren?

Na gut, bleiben wir bei der Frage »Was soll passieren?«.

Eine Frage, die schon öfter in meinen Büchern auftauchte, gerne im beruflichen Kontext, wenn ich meine Seminarteilnehmerinnen zum Fliegen ermutige. Zum beruflichen Höhentrip, quasi.

Diese Frage lässt sich auch ganz wunderbar auf das Glück beziehen. Statt die Dinge, die uns (vielleicht) glücklich machen, auf später zu verschieben, könnten wir sie auch einfach jetzt mal ausprobieren.

Und jetzt los: Stellen Sie sich selbst die Frage: Was soll schon passieren?

Der Lebenstraum von guten Bekannten von mir ist es, eine kleine Wohnung auf den Balearen zu besitzen. Yvette ist Südländerin und kommt mit dem deutschen Sommer psychisch an ihre Grenzen. Ich nehme sie als fleißiges Ehepaar wahr, denn sie besitzen zusammen einen Friseursalon und arbeiten beide rund um die Uhr, während sie ihren kleinen Sohn großziehen. Weil wir uns schon lange kennen, frage ich sie geradeaus:

Warum macht ihr es nicht einfach?
Wir haben doch schon so viele Schulden.

Für was?
Für den Salon.

Na ja, das sind doch keine richtigen Schulden, also, ich meine, dafür habt ihr ja einen Gegenwert.
(Vielleicht sehe ich das mit meinen Nicht-Finanzaugen auch falsch, aber für mich sind »Schulden« etwas, was ich gemacht habe, weil ich über meine Verhältnisse gelebt habe und nicht, weil ich in meine Zukunft beziehungsweise Arbeit investiere.)

Warum liebäugelt ihr denn überhaupt mit einer Wohnung im Süden?
Weil mir zwei Tage Sonne so viel Energie geben wie sonst kaum etwas. Ich habe das schon des Öfteren beobachtet: Die Sonne tankt mich regelrecht auf. Ich bin dann fitter im Salon und auch mein Kleiner hat eine entspanntere Mama.

Also, Ladys, wenn das so wäre, wenn ein materielles Ding, egal welches, eine solche Wirkung auf mich hätte, ja dann: machen! Das ist doch eine Investition in dich selbst.
Das habe ich auch zu Yvette gesagt und fügte hinzu:

Was soll schon passieren?
Dass wir uns überschätzen und es uns nicht mehr leisten können.

Dann verkauft ihr die Wohnung wieder. Da gibt's Schlimmeres.
Könnte irgendetwas Lebensbedrohliches passieren? Irgendwas, was
dich, deine Familie oder andere in Gefahr bringt?
(Sie überlegte.) Nö.

Als wir uns das nächste Mal sahen, berichtete sie mir, dass sie es
gewagt hätten und seitdem regelmäßig zur Erholung auf der
Insel seien – und dass es die beste Entscheidung ihres Lebens
gewesen sei.

»Ich trau mich nicht« ist ein legitimes Gefühl im Leben. Aber
manchmal ist man eben auch übertrieben vorsichtig. Na klar,
Sie könnten mit Pauken und Trompeten untergehen, aber es
könnte auch tatsächlich megageil werden.
Sie persönlich brauchen vielleicht keine Wohnung auf Mallorca, um glücklich zu sein.
Aber wenn es Ihr Wunsch ist, dann ran an den Speck.
Und im Zweifel?
Ganz ehrlich? Welchen Satz möchten Sie später mal sagen:
»Hätte ich das doch nur gemacht!«
Oder: »Habe ich versucht. Und die Erfahrung war Gold wert.«
Denn nichts anderes kann es werden: entweder ein Erfolg oder
eine Erfahrung.

In meinen Werkzeugkoffer für den
Weg zum Glück packe ich:

- Herzenswünsche? Erfüllen, machen! Was soll schon passieren? In den allerseltensten Fällen etwas Lebensbedrohliches

Und wenn Ihnen Ihre Lage doch ausweglos erscheint, blättern Sie bitte ein bisschen zurück, denn: »ausweglos« ist das neue Must-have!

Unser aller Worst Case

Solange Sie auf die Frage »Was soll schon passieren?« noch mit materiellen Ressourcen antworten, so lange sprechen wir noch über ein Luxusproblem.

Aber reden wir über das, was uns allen irgendwann bevorsteht und was die allermeisten von uns erfolgreich verdrängen. Jetzt holen wir es im Kollektiv an die Oberfläche. Denn die Antwort auf die Frage oben wird dann erst wirklich existenziell.

Was ist, wenn Sie auf »Was soll im schlimmsten Fall passieren?« antworten müssten mit »Dann würde ich sterben«?

Was ist, wenn es hintenraus eng würde?

Ich musste mir diese Frage schon stellen und merkte erst da, welch ein Luxus es über all die Jahre war, mich das nicht fragen zu müssen. Oder besser gesagt, in denen ich *geglaubt* habe, es mich nicht fragen zu müssen.

Unser Leben ist ein Geschenk. Für uns alle. Und ein Zufall. Und das Leben ist kein Toaster. Sprich, wir haben mit der Geburt keinen Garantieschein darauf ausgestellt bekommen. Nicht mal für ein halbes Jahr. Es gibt kein gottgegebenes Recht, seine Kinder aufwachsen zu sehen. Leider.

Jeder Tag, den wir erleben, kann der letzte sein. Ich weiß, das will keiner hören, aber es ist so. Keiner von uns kommt hier lebend raus. Wir müssen nicht täglich daran denken, aber es gibt Lebensphasen, in denen man mit diesem Fakt nun mal mehr als deutlich konfrontiert wird.

Es war meine allergrößte Angst nach dem Verkünden der Diagnose: Meine Kinder allein lassen zu müssen. Die beiden waren damals noch so klein, dass ich fürchtete, noch kein solides Wurzelwerk hinterlassen zu können. Dass sie noch nicht mal Erinnerungen an ihre Mama haben und eine tieftraurige Kindheit erleben würden.

Die Frage »Was soll im schlimmsten Fall passieren?« musste *ich* damals also mit »Ich sterbe zu früh« beantworten und das war (und ist!) richtig große Kacke, denn dafür fand ich keine Lösung.

Ich fand keinen neuen Weg. Zumindest nicht allein.

Irgendwann fragte mich aber meine Therapeutin, die ich während der akuten Therapiephase besuchte:

»Wovor haben Sie am meisten Angst?«

»Zu sterben.«

»Haben Sie Angst vor Schmerzen?«

»Nein. Ich habe davor Angst, dass meine Jungs allein sind.«

»Wären sie das denn?«

»Nein. Sie haben den Papa und Oma und Opa. Aber dann eben keine Mama mehr.«

»Und das wäre schlimm. Gar keine Frage. Aber was, glauben Sie, würde dann passieren?«

»Sie würden ohne Mama aufwachsen müssen.«

»Ja. Und dann?«

»Wie? Und dann?«

»Denken Sie weiter.«

»Da ist dann ja kein Weiter mehr. Sie würden ohne mich aufwachsen.«

»Genau.«

Pause. Stille. Tränen.

»Sie meinen, sie brauchen mich nicht.«

»Doch, das tun sie. Aber sie werden auch ohne Sie groß.«

»Aber anders.«

»Ganz sicher. Aber sie werden auch ohne Sie zu guten, erwachsenen Menschen werden.«

»Aber ich möchte dabei sein.«

»Aha. Das ist ein neuer Punkt. Sie möchten für *sich* dabei sein.

Das ist verständlich und mehr als nachvollziehbar. Es hat aber mit Ihrer schlimmsten Angst nur wenig zu tun.«

Und in dem Moment erkannte ich, dass ich nicht nur für meine Jungs auf der Erde bleiben wollte, sondern auch für mich. Ich hänge an diesem Leben. Mit allem, was dazugehört.

Und ich sage Ihnen was: Das hier ist eine verdammt kurze Angelegenheit. Unser Leben ist ein Wimpernschlag, verglichen mit der Weltgeschichte. Keiner von uns ist so wichtig, dass die Erde sich aufhören würde zu drehen, wenn wir nicht mehr da sind. Auch für meine Kinder würde sich die Welt weiterdrehen, wenn ich nicht mehr da wäre. Sie würden ihre Abschlussbälle feiern, ihren ersten Liebeskummer erleben, eine Ausbildung starten, vielleicht selbst eine Familie gründen. All das würden sie hoffentlich erleben. Aber eben ohne mich. Zumindest körperlich, denn jetzt sind sie beide so groß, dass sie zumindest Erinnerungen an mich hätten. Und die Bücher. Für mich hat das etwas Tröstliches.

Und bis zu dem Tag, an dem ich hoch (oder runter) muss, sehe ich es als meine Verpflichtung an, das Wurzelwerk meiner Kinder so stark zu machen, wie es in meiner Macht steht.

Und ich sehe es ebenfalls als meine Verpflichtung an, die paar Tage, die ich hier auf dieser Erde habe, so glücklich wie möglich zu verbringen.

Wie gesagt: Keine von uns kommt hier lebend raus, jede stirbt, so schnell sie kann. Aber lassen Sie uns bis dahin noch viele glückliche und auch weniger glückliche Tage verbringen, denn auch die kommen nicht wieder zurück.

In meinen Werkzeugkoffer für den Weg zum Glück packe ich:

- Um den Tod kommt keine drum herum
- Die Erde dreht sich auch ohne uns weiter

Abgestiegen

Wissen Sie, was naiv ist?

Naiv ist, wenn man denkt: *Ach, du hast schon so viel Schlimmes erlebt, deine Prioritäten, die sind richtig gesetzt. Sowohl für dein Leben, deine Lieben, aber auch, was die berufliche Herangehensweise angeht.*

Ich bin eher ganz gut gefahren mit: »Alles kann, nichts muss.« Mein großes Glück damals, einen Verlag zu finden, der den Mut dazu hatte, ein Brustkrebsbuch von einer gänzlich Unbekannten zu verlegen, war schon quasi ein Sechser im Lotto. Als dann der Verlag eines Morgens anrief und mir sagte: »Niiiiiicole, wir stehen auf der Spiegel-Bestsellerliste!«, da habe ich vier Flaschen Champagner gekauft. Obwohl ich nur eine Woche auf der berühmt-berüchtigten Liste stand, egal!

Was haben wir gefeiert.

Weil wir doch null Komma null Erwartungen gehabt hatten.

Ein Jahr später kam die »Schlagfertigkeitsqueen« und die stieg auf Platz 5 (!) der Liste ein. Und hielt sich hier oben etwas über ein halbes Jahr. Die Freude war riesig. Zwei Erfolge hintereinander. Aus dem Stand. Ohne Marketingkonzept und ohne Budget, nur durch Presse und Mundpropaganda. Es war in diesem Jahr völlig normal für mich, in jeder Buchhandlung mein eigenes Buch zu sehen. Was für ein Luxus!

Dann kam Buch Nummer drei. Die »Stehaufqueen«. In diesem Buch liegt meine Seele. Vom Schreibprozess her kann ich das mit den anderen nicht vergleichen, denn dieses Buch ging mir extrem nah. Und dieses Mal gab es einen wohlüberlegten Marketingplan, es gab eine Kampagne und eine Tour. Eben so, wie man das bei einer zweifachen Bestsellerautorin macht. Dazu kam: Ich war nicht mehr allein.

Ich hatte (und habe) ein tolles Team hinter mir und war mir meiner Sache sehr sicher. Zu sicher vielleicht.

Das Buch kam raus und stieg spontan auf Platz 2 der Spiegel-Liste ein. Ich glaube, die Wahrscheinlichkeit, dass einem das passiert, ist ähnlich groß, wie mit 32 Brustkrebs zu bekommen. Sie können sich vorstellen, wie viel Dankbarkeit und Demut das in mir ausgelöst hat, und dann auch noch mit *dem* Buch, das mir so am Herzen liegt.

Nun ist es aber so, dass die Luft da oben dünn ist. Es gibt nur noch einen Platz, der über einem liegt, und ich spürte den berühmten Druck auf mir.

Den, von dem ich bis dato nur gelesen hatte, wenn Popstars oder Hochleistungssportler darüber berichteten, der, den ich unter »völlig übertrieben« einsortiert hatte.

Jaa, da durfte ich dann noch mal neu sortieren.

Wie sich der berühmte Druck äußert? Ich kann nur für mich sprechen: Ich fühlte mich nicht mehr frei. Das klingt vielleicht weit hergeholt, aber es kommt als Künstlerin immer der eine Punkt, an dem man loslassen sollte.

Ich schreibe ein Buch, in meinem Fall immer ohne Konzept und ohne Exposé, nur aus dem Bauch heraus. Und in diesem besonderen Fall (das ist übrigens jetzt auch wieder so) mit tiefen Einblicken in mein Seelenleben.

Ich schreibe für mich.

Ja, leider, alles andere wäre gelogen. In erster Linie ist dies ein rein egoistischer Prozess. Dass Ihnen das im besten Fall gefällt, ist natürlich großartig und wirtschaftlich nicht uninteressant, das ist schon klar. Aber das darf beim Schreiben für mich nur eine untergeordnete Rolle spielen, denn sonst: bin ich eben nicht frei.

Dann arbeitet man an der Kampagne mit, achtet darauf, dass die Kommunikation so läuft, wie das eigene Herz spricht.

Es gibt auch andere Herangehensweisen. Es gibt auch Profis, die beobachten genau, was der Markt verlangt, und richten danach alles aus. Das wäre aber nicht *mein* Weg. Mein Weg – und die Menschen, mit denen ich zusammenarbeite, sehen das genauso – ist eben: Herz öffnen, alles rauslassen und dann loslassen.

Und ohne Erwartungen, da lässt es sich so viel leichter los. Das durfte ich bei den beiden Büchern vor der »Stehaufqueen« erleben. Denn da war es für mich noch schlicht und ergreifend gar nicht realistisch gewesen, auf *irgendeiner* Liste präsent zu sein.

Zurück in die Situation: Ich war also auf Platz 2 der berühmten Spiegel-Bestsellerliste. Und ich war trunken und unzurechnungsfähig vor Glück.

Eine Woche später dann die neue Platzierung: »Diese Woche auf Platz 5!«

Alle um mich herum: »Yeeeaaaah, super!«

Nur ich, ich lag im Bett und weinte. Ernsthaft. Können Sie sich das vorstellen?

Nach allem, was ich an echten Problemen hinter mir hatte?

Nach allem, was ich gelernt hatte?

Nach dem Wahnsinnserfolg?

Ich weinte über Platz 5!

Und ich weinte noch mehr, weil ich ja durchaus merkte, wie irrsinnig das war.

Keiner, keiner in meinem Umfeld hat gesagt: »Hahahahaha, nur noch Platz 5. Ätschi!«, oder: »Nicole, wir sind soo enttäuscht von dir.« Keiner.

Ganz im Gegenteil, meine Familie stand hilflos vor mir und wusste so gar nicht, wo sie ansetzen sollte. Und auch ich selbst bekam mich mit meiner Küchenpsychologie und den Hunderten Steh-auf-Möglichkeiten nicht wiederaufgerichtet.

Stopp. Bis auf *eine* Möglichkeit: annehmen. Das Gefühl des Annehmens.

Und vielleicht noch: Verbündete suchen.

Denn es gab einen Verbündeten, der mich einfach anrief: Sebastian Fitzek.

Er begrüßte mich mit: »Ich weiß genau, wie es dir jetzt geht.«
Wozu hat dieses Gespräch geführt? Nicht, dass ich wieder auf Platz 2 stieg, sondern, dass ich lernte, dass auch dieses Gefühl jetzt sein darf.
(Und zu diversem Fachwissen über die berühmte Liste außerdem.)

Was ist mir also passiert?
Wenn Sie mich fragen, waren schlichtweg meine Erwartungen zu hoch. Wenn mir vor dem ersten Buch einer gesagt hätte: »Du wirst mal auf Platz 2 der Spiegel-Bestsellerliste stehen«, dann hätte ich mich einfach nur gefreut, egal, wie die Woche danach ausgesehen hätte. Und unter uns: Platz 5 ist ja auch noch fein. Aber das ist eben das Problem, wenn die Luft dünn wird. Dann kommt der Druck. Und der fühlt sich nicht gut an. Aber: Man kann da raus. Denn wer macht den Druck? Ich! Und zwar nur ich.
Also habe ich bei den darauffolgenden Büchern noch mehr gelernt: loslassen!
Du schreibst, so gut du kannst. Du arbeitest so hart, wie du kannst. Du versuchst dich dabei nicht zu verlieren und du selbst zu sein und dann, dann musst du loslassen. Denn wenn das Buchbaby auf dem Markt ist, dann kannst du nichts mehr tun. Und: Hole deine Erwartungen runter. Nur weil du deine Seele in etwas reingesteckt hast, was du nach eigener Aussage für *dich* getan hast, heißt es nicht, dass sich alle darauf stürzen.
Hart runtergebrochen: NIMM DICH NICHT SO WICHTIG!

Und ja, ich glaube, das ist eine Glücksformel: Nimm dich nicht so wichtig.
Fällt mir schwer, gebe ich ehrlich zu. Ich arbeite an mir.
Und es ist mir zumindest bei den Büchern danach gut gelungen. Das Abnehmbuch war dann wieder so erfolgreich, wie wir

uns das gewünscht haben, und bei »Männer sind auch nur Menschen« musste ich die Regel »Nimm dich nicht so wichtig« mehr denn je auspacken. Denn eine Woche nach Erscheinen wurde das Land in den Coronaschlaf gelegt und es wurden *gar keine* Bücher ver- und gekauft.

Und wenn man bis dahin gelernt hat, sich nicht so wichtig zu nehmen, dann legt sich auch der Empathieschalter um, der jegliche Werbung für ein Buch einstellt, für das jetzt einfach kein Raum ist, weil die Welt gerade mit anderen Dingen kämpft.

Und noch etwas durfte ich aus der Situation damals mitnehmen, was mir nachhaltig hilft:

Ich kann es mir vornehmen, wie ich will, ich kann die Prioritäten zwingen, an ihrem Platz zu bleiben, und dennoch: Die Gefühle lassen sich nicht beeinflussen. Leider. Dieses völlig unangemessene und übertriebene Gefühl, »versagt« zu haben, wohlbemerkt mit einem Buch auf Platz 5 der Spiegel-Liste.

In meinen Werkzeugkoffer für den Weg zum Glück packe ich:

- Nimm dich nicht so wichtig und
- Schraube deine Erwartungen herunter

Für Ihr Glücksbuch

Ist Ihnen das, vielleicht in einem anderen Kontext, auch schon mal passiert?
Dass Sie Glück nicht abrufen konnten, weil Sie sich einfach zu wichtig genommen haben?
Wenn Sie jetzt die Gelegenheit bekämen, was würden Sie – mithilfe dieser Technik – anders machen?
Schreiben Sie es gerne jetzt in Ihr Glücksbuch!

Ohne Gesundheit ist alles nichts

Sie kennen den Spruch, oder?

Haben Sie sich schon mal überlegt, wie Sie dazu stehen? Im Ursprung heißt er: »Gesundheit ist zwar nicht alles. Aber ohne Gesundheit ist alles nichts.«

Gesagt hat ihn: Arthur Schopenhauer, und er muss es wissen, denn er war sowohl Arzt als auch Philosoph.

Ich möchte mir nun wirklich nicht anmaßen, einem Herrn Schopenhauer zu widersprechen, ganz sicher nicht, aber ich würde es gerne einmal differenzierter betrachten.

Natürlich ist die Gesundheit unser Fundament. Das aber spüren wir erst dann, wenn dieses nicht nur schwankt, sondern wegbricht. Genau das passiert mit dem Verkünden einer schlimmen Diagnose. Und all das, was du gestern noch für hochwichtig gehalten hast, ist dann nichtig. Von dieser Warte aus betrachtet stimmt der Satz ganz sicher.

Aber die Formulierung »Ohne Gesundheit ist ALLES NICHTS«, also bei den letzten zwei Wörtern, da bin ich raus.

Dazu komme ich mit meiner Universalfrage: Wer sagt denn, was Gesundheit genau ist? Wo fängt »krank« überhaupt an?

Und was ist eigentlich »alles« und »nichts«?

Bevor ich mich in Philosophie und Geisteswissenschaften verliere, möchte ich Ihnen nachfolgend zwei Ladys vorstellen.

Eine, die lange mit einer chronischen Erkrankung, einer klassischen Volkskrankheit, gelebt hat, und die andere, die ... ach, warten Sie's ab.

Auf jeden Fall möchte ich von diesen Ladys wissen, ob für sie wirklich »alles« »nichts« ist, weil sie nicht zu 100 % »gesund« sind.

Jana, meine Liebe, wir zwei kennen uns schon einige Zeit. Und die Leserinnen kennen dich vielleicht gar noch länger unter dem Namen »Das Mädchen aus der 1. Reihe«. Wir sind Autorinnen-Kolleginnen und das eben genannte Buch handelt von deiner Essstörung Binge Eating *und davon, warum du 100 Kilogramm abgenommen hast. Darüber möchte ich aber heute nicht mit dir reden, sondern über eine chronische Erkrankung, die dich in deinen Kindheitstagen begleitet hat. Du hattest schweres Asthma, richtig?*

Ja, genau. Das hört man heute relativ oft, in meiner Kindheit – wir zwei sind ja ein Jahrgang – war das noch nicht so häufig.

Hat dich diese Erkrankung damals am Glück gehindert?
Definitiv. Oder besser gesagt, nicht die Erkrankung, sondern das, was ich aus ihr gemacht habe. Ich benutzte sie nämlich meine halbe Jugend als Ausrede.
»Ich würde ja so gerne Sport machen, aber ich habe Asthma.«
»Ich würde ja so gerne schwimmen, auf Klassenfahrt Ski fahren, mit Freunden laufen gehen … aber ich habe Asthma.« Und diese Ausrede, die hinderte mich am Leben und am Glücklichsein.

Was ist dann passiert?
Ich bekam gegen die Symptome hoch dosiertes Cortison, was sicher mit ein Grund war, dass ich so extrem zugenommen habe. Bis ich schließlich 180 Kilo auf die Waage brachte, bevor diese auf »Error« sprang. Wieder etwas, was eine junge Frau nicht glücklich macht. Der Teufelskreis war perfekt.

Und dann?
Dann hatte ich irgendwann überhaupt gar keinen Bock mehr darauf und setzte, ohne mit meinem Doc zu sprechen, das Cortison ab. Von heute auf morgen. Dass Asthma auch psychosomatischer Natur sein kann, weiß man heute, damals hat man es nur vermutet.

Ich habe, außer wenn die Pollen fliegen, keine Beschwerden mehr und lebe heute ein selbstbestimmtes Leben.

Rückblickend betrachtet, Jana, wie ordnest du das für dich ein?
Zunächst einmal möchte ich natürlich nicht, dass sich da irgendwer ein Beispiel dran nimmt. Das hätte nämlich richtig schiefgehen können. Aber es war mein Weg und ich bin froh, ihn so gegangen zu sein.
Das Asthma stand meinem Glück damals nicht im Weg, es war vielmehr mein Umgang mit dieser nur allzu perfekt platzierten Vorlage fürs Abseits.
Ich habe mich selbst ausgegrenzt und mich meinen Ängsten, wie zum Beispiel dem Schulsport oder gar den Bundesjugendspielen, nicht gestellt.

Oh, Jana, wie gut ich das verstehen kann ... Das Thema »Ausrede« ist beim Abnehmen auch sehr präsent. Wenn du heute zu deinem jüngeren Ich sprechen könntest, was würdest du sagen?
Hör bitte auf, dich ständig zu vergleichen. Vergleiche sind nie der Anfang von etwas Gutem.

Hast du einen Tipp für Menschen mit einer chronischen Erkrankung? Man muss dazu sagen, dass du leider noch andere »Leiden« hast.
Ja, sich nicht über seine Krankheiten zu definieren, denn sonst vergisst man leider viel zu schnell, wer man ist. Mir ging es so. Ich habe mich so viele Jahre an meine Leiden geklammert, weil ich dachte, dass nichts mehr von mir bliebe, wenn sie weg wären. Aber ich bin noch da und fühle mich so leicht und frei, dass ich das Gefühl habe, mein Leben beginnt *jetzt*. Jetzt mit 38.

Und zum Schluss, Jana, als Frau, die nicht immer auf Rosen gebettet war: Was ist für dich Glück?

Für mich bedeutet eine Umarmung im richtigen Moment pures Glück. Ebenso mein bester Freund Batomae, der mich auch dann versteht, wenn mir mal die Worte fehlen. Meine Mama, der ich endlich zeigen kann, wie sehr ich sie liebe, und ein Gespräch mit einer lieben Freundin, wie unseres gerade, wo wir über unsere vermeintlichen Schwächen sprechen und dabei lächeln und Tee trinken.

Jana beschreibt mit dem Asthma keine lebensbedrohliche Erkrankung, wenngleich eine chronische.

Als ich selbst an Krebs erkrankte, kamen die Diagnosen in einem Stadium, in dem Heilung noch möglich war.

Dieses Glück hat nicht jede betroffene Frau. Manchmal kommt die Diagnose in einem Stadium, in dem die Ärzte nicht mehr von Heilung sprechen können. Dann wechselt der Patient oder die Patientin auf die palliative Seite.

Das heißt nicht, dass die Betroffene morgen tot umfällt, aber die Ärzte reden relativ schnell Klartext darüber, dass sich das Leben ab jetzt ändern wird. Es gilt dann, ab sofort, mit der Krankheit zu leben, sie in Schach zu halten.

Das ist eine enorme Belastung für alle: In erster Linie für den Betroffenen, aber auch für sein ganzes Umfeld. Ein »Das wird schon wieder« gilt hier nicht mehr und wirkt unglaublich deplatziert.

Ich halte bestimmt nicht die Allheillösung für die richtige Kommunikation bereit, ich weiß nur, dass ich es oftmals so empfunden habe, als seien Mitpatientinnen im Stadium 4 wie von einem anderen Stern, sie wurden wie unheilvolle Todeskandidaten angeschaut.

Dabei empfinde ich keinerlei »Überlegenheit«, denn ich bin ihnen als – jetzt genesene – Patientin nicht wirklich in irgendwas voraus.

Palliativbetroffene wissen um ihre begrenzte Lebenszeit. Aber mal ehrlich: Das heißt im Umkehrschluss nicht, dass ich uralt werde.

Das Lebensrisiko verteilt sich gleichermaßen auf unseren Schultern. Und oftmals können genau diese Patienten dem Leben noch mal eine ganz neue Qualität abgewinnen.

Aber: Wer bin ich, dass ich für sie sprechen könnte?

Fragen wir doch eine Patientin, die seit sechs Jahren (!) im sogenannten Stadium 4 lebt. Wie sie lebt, ob es ein genussvolles Leben ist und ob sie glücklich ist.

Liebe Patrizia, magst du dich selbst vorstellen?
Ja, gerne! Mein Name ist Patrizia Scaglioso-Visconte. Ich bin 36 Jahre alt, verheiratet und habe einen 13-jährigen Sohn. Ich bin Italienerin, halb Apulien und halb Sizilien, und lebe in Düsseldorf.

Magst du uns sagen, wie deine offizielle Diagnose lautet?
Ich bekam 2014 die Diagnose »unheilbarer Brustkrebs« mit Metastasen in der Lunge.

Was sagten die Ärzte dir, wie lange du damit leben wirst?
Ich suchte viele Ärzte und Kliniken auf, aber die Antwort war überall dieselbe: »Sie bekommen jetzt eine lebenslange Therapie, aber ›alt‹ werden können Sie mit dieser Diagnose wahrscheinlich nicht.« Festlegen, wie lange ich noch habe, wollte sich niemand. Es geht letztlich immer nur um Statistiken und die waren eher gegen als für mich.

Patrizia, bist du eine glückliche Frau?
Ich kann von mir behaupten, dass ich glücklich bin, sehr sogar. Ich habe das Riesenglück, eine großartige Familie zu haben und viele Herzensfreundinnen, die mich allesamt lieben mit all meinen Macken und Fehlern und mich so nehmen, wie ich bin.

Ich habe das Glück, Mutter sein zu dürfen und alles erleben und ausleben zu dürfen.

Ich habe das Glück, ein wunderschönes Zuhause zu haben, was ich mir so gestaltet habe, dass es mich an Italien erinnert. Ich habe zwei wundervolle Tiere, einen Langhaar-Chihuahua namens Giotto und eine Langhaarkatze namens Selfie, da ich einen ausgeprägten Fototick habe *(lacht)*.

Wenn dir jemand sagt: »Ohne Gesundheit ist alles nichts«, ist deine Antwort darauf …
Die Gesundheit ist das höchste Gut, besonders in der heutigen Zeit.

Gesundheit ist ein Luxus. Nicht jeder hat das Privileg, ihn zu besitzen. Man könnte das mit Wohlstand vergleichen.

Man sagt oft, dass Menschen, die nicht viel besitzen, am glücklichsten sind. Sie erfreuen sich an den kleinen Dingen des Lebens. Das würde ich für mich in Bezug auf die Gesundheit in Anspruch nehmen, denn auch wenn ich nicht gesund bin, so habe ich das Glück, meine Augen morgens zu öffnen und einen weiteren Tag zu erleben.

Ich verspüre das Glück ganz intensiv an Tagen, an denen meine Schmerzen nicht allzu stark sind.

Ich verspüre das Glück in Form von Dankbarkeit, dass ich meine Therapien bekomme.

Und ich bin zutiefst dankbar, was ich alles erLEBEN darf, mit all meinen Sinnen.

Und mich machen die Menschen in meinem Leben glücklich, auch all die vielen tollen, die mich und meinen Alltag auf Social Media wie Instagram (pantera3006) oder auf Facebook im Krebstagebuch begleiten.

Was möchtest du einem gesunden Menschen mitgeben?
Egal, was das Schicksal für dich bereithält, mach das Beste draus!

Keine Situation wird besser, nur weil wir Trübsal blasen. Das Hier und Jetzt, das zählt und das können wir aktiv mitgestalten. Beschäftige dich nicht mit den Dingen, die dir fehlen, schau hin, was du alles hast.

Und wenn Gesundheit dazugehört, dann bist du so reich, das kann kein Geld der Welt aufwiegen. Pass gut darauf auf, gehe zu den Früherkennungsuntersuchungen und sieh dich um, wie du aktiv anderen helfen kannst, wie zum Beispiel, dich als Stammzellenspender eintragen zu lassen.

In meinen Werkzeugkoffer für den Weg zum Glück packe ich:

- Ja, Gesundheit ist unser höchstes Gut, aber wie wir diese definieren, liegt ganz allein bei uns

Dankbarkeit

Dieses Kapitel hätte, wenn es nach der Wichtigkeit ginge, ganz am Anfang des Buches auftauchen müssen. Aber da es gut möglich ist, dass Sie schon andere Bücher von mir gelesen haben, wollte ich nicht *schon wieder* mit dem Punkt starten, den Sie von mir schon zuhauf gehört haben.

Es geht nicht ohne sie.

Nichts geht auf Dauer ohne sie.

Kein Thema, mit dem ich mich bisher befasst habe, geht ohne Dankbarkeit:

Schlagfertigkeit, Resilienz, Abnehmen – und Glück schon mal gar nicht.

Sie können erst dann langfristig schlagfertig sein, wenn Sie sich und Ihren Eigenschaften, Ihrem Selbstbild dankbar gegenüberstehen.

Sie können jegliche Resilienzfähigkeit im Prinzip erst dann abrufen, wenn Sie durch Dankbarkeit die Perspektive wechseln.

Sie können erst dann langfristig abnehmen, wenn Sie gesunde Ernährung und Sport nicht mehr als notwendiges Übel ansehen, sondern als dankbare Möglichkeit zur Lebensgestaltung.

Und Glück, meine Damen, das können wir, so wie Patrizia es uns zeigt, auch in schwierigen Situationen, gar lebensbedrohlichen, finden, wenn wir dankbar dafür sind, dass wir noch hier auf dieser Welt sein und einen schönen, schmerzfreien Tag erleben dürfen.

In meinem Werkzeugkoffer für den Weg zum Glück räume ich schnell ein bisschen auf, denn wir brauchen Platz:

- Platz für gaaaaaaanz viel Dankbarkeit

Das Prinzip Hoffnung

Ich wollte auch von Patrizia wissen, wie sie es mit dem großen Wort »Hoffnung« hält. Denn sie darf sich sehr häufig »Du darfst die Hoffnung nicht verlieren« anhören und ich könnte mir vorstellen, dass das kein leichter Satz für eine Betroffene ist. Ganz im Gegenteil, er macht einer Betroffenen noch ein schlechtes Gewissen, womöglich nicht genügend Hoffnung in die eigene Genesung zu legen.

Und genau an dem Punkt kommen nur allzu oft die sogenannten Wunderheiler auf den Plan. Menschen, die versprechen, dass eine Heilung möglich ist, wenn der- oder diejenige grünen, schwarzen oder lilafarbenen Tee trinkt, sich einen noch unentdeckten Wirkstoff spritzt und dazu im Mondschein tanzt. Und dabei verlieren die Patientinnen den Blick dafür, dass sie sich schon in den Händen von Wunderheilern befinden, die es schaffen, dass eine Frau nach sechs Jahren Lungenmetastasen immer noch glücklich durchs Leben geht.

Wie viele Wunder braucht es denn noch?

Ich habe die Hoffnung, immer stabil zu bleiben und so lange hier zu sein, dass ich einen glücklichen, erwachsenen Sohn zurücklassen kann. Und wenn ich das zeitlich nicht schaffe, habe ich die Hoffnung, als Engel über ihn zu wachen.

Und was ist mit der Hoffnung, wieder ganz gesund zu werden?
Hach, weißt du, natürlich hofft man, dass die Medizin noch einen großen Sprung macht, aber ich fokussiere mich nicht darauf. Das habe ich nicht in der Hand. Ich habe die Hoffnung für mich umgedeutet.

Was für ein großer Satz!

»Ich habe die Hoffnung für mich umgedeutet.«

Es ist eben nur ein Wort. Und damit können *Sie* machen, was Sie wollen.

Der Grat zwischen »falscher Hoffnung« und »Hoffnung« ist schmal. Und in diesem Fall steht die eigene Selbstbestimmtheit dazwischen.

Bitte stellen Sie sich vor, Patrizia würde sich einem selbst ernannten Wunderheiler anvertrauen. Einem, der in die »Warum ich?«-Wunde Salz streut. Der all das, was Patrizia mit Mühe und Not abgelegt hat, wieder aufbuddelt:

»Natürlich, Sie Arme, man hat Ihnen erzählt, dass Sie unheilbar krank sind. Man lässt Sie glauben, dass das Gift, was man Ihnen gibt, Leben schenkt. Dabei ist Krebs etwas ganz Natürliches. Wir müssen ihn nur verstehen. Und ich sage Ihnen, ich verstehe Sie und den Krebs. Das, was ich Ihnen empfehle, das ist für die Pharmaindustrie nicht lukrativ, daher erzählen Ihnen Ihre Ärzte nichts davon …«

Patrizia würde auf ihn hören, Geld und Zeit investieren.

Es würde sich wieder alles nur um die Erkrankung drehen, sie würde all ihre Energie in die alternative Behandlung stecken und ihr Sohn stände vor ihr und würde sagen: »Mama, können wir bitte spielen?«, und sie würde antworten: »Schatz, später, ich muss erst noch gurgeln, spülen, trinken, spritzen …«

Wie oft habe ich davon gehört?! Wie viele habe ich gesehen, die diesen Weg eingeschlagen haben, und auf wie vielen Beerdigungen bin ich dann schlussendlich gewesen?

Noch mal: Das Stadium 4 nimmt Ihnen auch die Schulmedizin nicht von den Schultern und höchstwahrscheinlich wäre ich auch ohne die Wunderheiler auf Trauerfeiern gewesen, aber darum geht es hier nicht. Es geht um die Frage, wie ich meine restliche Lebenszeit verbringe.

Laufe ich von Pontius zu Pilatus und investiere in die »falsche

Hoffnung« oder aber verreise ich, so wie es Patrizia tut, im Sommer nach Italien und verbringe bei gutem Wein und gutem Essen mit Freunden eine wundervolle Zeit?

Ich finde, die Zeit, die Patrizia jetzt schon rausgeschlagen hat, die liefert Antwort genug. Und wer sagt bitte, dass die daraus entstehenden Glücksgefühle nicht das Wundermittel schlechthin sind?

Was können wir daraus mitnehmen?

Vieles.

Erst einmal können wir Patrizia unsere tiefste Hochachtung schenken.

Dann können wir, wenn wir gesund und schmerzfrei aufwachen, ein Dankgebet nach oben oder zu uns selbst schicken und einen glücklichen Tag vollbringen.

Und dann können wir, wenn wir jemanden kennen, der in diesem Stadium ist, versuchen, dass er oder sie diesen schweren Rucksack besser annehmen kann. Denn das ist eine Mammutaufgabe, die Kraft kostet. Und wir können einen Blick dafür haben, dass Menschen in dieser ganz besonderen Lebenssituation nicht Opfer werden von solchen, die sich genau daran bereichern wollen.

Lassen Sie uns zum Schluss noch einmal den Satz von Schopenhauer nehmen und ihn vielleicht ein bisschen umformulieren. »Gesundheit ist nicht alles, aber ohne Gesundheit ist alles anders«, vielleicht?

In meinen Werkzeugkoffer auf dem Weg zum Glück packe ich:

- Gesundheit kann man von vielen Seiten betrachten. Es gibt nicht nur die körperliche, sondern vor allem die seelische, die uns ermöglicht, schwere Rucksäcke zu tragen

- Das Prinzip Hoffnung wirkt, und wenn wir die Hoffnung umdeuten müssen
- zur Sicherheit noch mal eine Portion Dankbarkeit

Und ich ganz persönlich möchte an die Ärztinnen unter Ihnen noch ein Wort richten: Wir Patientinnen, wir legen jedes Wort, das Sie aussprechen, auf die Goldwaage. Dieser Bürde können Sie als Mensch kaum gerecht werden. Und es liegt mir fern, Sie hier zur Verantwortung zu ziehen. Als Autorin aber, die täglich mehrere Mails bekommt, möchte ich anmerken: Nicht ausreichende Empathie oder Zeitmangel zieht bei Patienten die Zweifelschublade auf. Die allermeisten, mit denen ich gesprochen habe, eröffneten ihren Wunderheiler-Entschluss mit: »Weißt du, der hat mir endlich mal richtig zugehört.«

Verzeihen

Gibt es »menschliche Hindernisse« in Ihrem Leben? Gibt es Menschen, die Sie hemmen? Das muss man gar nicht genauer beschreiben können. Oftmals erfahre ich von den Frauen in meinen Schlagfertigkeitsseminaren, dass es so jemanden in ihrem Leben gibt, weil ihnen plötzlich auffällt, dass sie in der Gegenwart eines bestimmten Menschen immer sprachlos und mit schlechtem Gefühl zurückbleiben.

Es mag Menschen in Ihrer Umgebung geben, die hindern Sie am Fliegen.

Glückstipp am Rande

Wenn wir ganz mutig sind und den Reflexionsschalter umlegen, dann könnten wir mal überlegen, ob wir für andere Menschen vielleicht auch hier und da so wirken. Und dann könnten wir es vielleicht ändern.

Und ganz sicher kann man nicht alle Freund- oder Bekanntschaften im Leben aufrechterhalten. Sind doch Menschen eher wie Weggefährten, die man willkommen heißt und wieder ziehen lässt. Gerne friedlich.

Und genau das ist manchmal das Problem. Manchmal ist die Verletzung, die eine Trennung nötig gemacht hat, so tief, dass das »Friedliche« fast unmöglich scheint. Oder aber es handelt sich um einen so nahestehenden Menschen, dass die Seele bis ins Mark erschüttert wurde und auch hier ein friedliches Vorüberziehen schlicht und ergreifend ausgeschlossen ist.

Daher würde ich gerne ein wichtiges Thema mit Ihnen besprechen: das Verzeihen. Das Friedenschließen.

Ich schaue zum wiederholten Male den Film »Der Junge muss an die frische Luft«. Die filmische Biografie auf Grundlage des gleichnamigen Buches von Hape Kerkeling. Einer der wenigen Filme, der meiner Meinung nach mit dem Buch mithalten kann.

In dem Film sowie auch dem Buch erzählt Hape Kerkeling von seiner Kindheit. Warum er heute der ist, der er ist, erscheint plötzlich in einem ganz anderen Licht. Er ist der beste Beweis dafür, dass immer da, wo Licht ist, auch Schatten sein muss.

Für diejenigen von Ihnen, die die Geschichte nicht kennen: Die Mutter von Hape Kerkeling hat sich das Leben genommen. Und das, während er im Nebenzimmer Fernsehen geschaut hat. Warum, wieso und weshalb die Mutter den Freitod gewählt hat, will ich an dieser Stelle nicht thematisieren.

Der kleine Kerkeling wird emotional so gut es geht aufgefangen. Die »Techniken« der 1970er-Jahre waren noch andere, aber sie hatten in seinem Fall vor allem eine Grundlage: Liebe. Allen voran seine liebevollen, robusten und pragmatischen Großeltern. Und selbst als seine über alles geliebte Oma stirbt, sind da noch sein Großvater und beide Großeltern väterlicherseits. Auch seine Tanten stehen Gewehr bei Fuß. Jeder tut, was er kann. Vieles ist gut, manches zumindest gut gemeint.

Trotzdem können Sie sich vielleicht vorstellen, welch Trauma dieses Ereignis beim kleinen Hape Kerkeling ausgelöst hat. (Und trotzdem hat der Film so viel Positives. Schauen Sie ihn sich an, bitte!)

Am Ende des Filmes, in einer typischen Abschlussszene, die die Kritiker als mit »zu viel Pathos« empfinden und ich als »wunderschön« (Kritik = Geschmack), steht der echte Hape Kerkeling seinem kleinen Ich gegenüber und leitet das Ende des Films ein.

Mit den Worten: »Ich bin das alles. Ich bin meine Mutter. Ich bin mein Vater. Meine Oma, mein Opa, meine Tante … all das bin ich.«

Er schließt Frieden. In erster Linie mit seiner Mama, aber auch mit sich.

Auch als Nicht-Psychologin kann ich mir vorstellen, dass in einem Kind vorgeht: »Habe ich nicht dafür gereicht, dass sie am Leben bleiben wollte?« Was das mit einer Kinderseele macht, vermag ich mir nicht auszumalen.

Kerkeling hat schon als kleiner Junge stets versucht, andere zum Lachen zu bringen, und hat seine Mutter mit dieser Fähigkeit vermutlich länger im Leben gehalten, als es ohne ihn der Fall gewesen wäre.

Aber das sehen wir heute, Jahre später, als Erwachsene. Und wie schön, wie tröstlich und zugleich herzzerreißend, wenn er dann sein kleines Ich in die Arme nehmen kann und sagen:

Ich verzeihe dir.

Ich verzeihe dir, Mama.

Und ich verzeihe mir selbst.

Vielleicht ist es der große Schlüssel zum Glück: vergeben und verzeihen. Vergessen geht vermutlich nicht, muss dann aber auch nicht mehr.

Wie oft ist gerade die Mutter-Kind-Beziehung eine, die voller Konflikte steckt? Voller ungesagter Dinge, die noch Jahre später zu einer kranken Seele führen.

Das kann dieses, mein Buch nicht lösen, dafür gibt es, gottlob, Profis. Aber ich möchte zumindest mal den Stein des Verzeihens als eine Möglichkeit ins Rollen bringen.

Und vermutlich gibt es viel zu verzeihen, oder?

Dem Vater, der ständig zu tief ins Glas geschaut hat.

Der Mutter, die immer zu hohe Ansprüche gestellt hat.

Den Eltern, die sich vielleicht einen Jungen gewünscht haben, ohne es laut auszusprechen.

Dem Ehemann, der eine Affäre hatte.

Dem Spiegelbild, weil man sich noch in der Ehe in einen anderen Mann verliebt hat.

Der Notlüge, um die Freundin nicht zu verletzen.

Dem Kind, weil es uns angelogen hat.

Sich selbst, weil wir heute nicht die waren, die unsere Kinder verdient hätten.

Dem eigenen Körper, weil er Fehlgeburten erlitten hat, gar nicht schwanger wird oder dem Krebs nicht standhalten konnte.

Verzeihen ist ein Prozess.

Aber er tut so gut und ist versöhnlich, auch deswegen, weil Hassen so etwas Schreckliches ist.

Ich habe mit Hass wenig Erfahrung, um genau zu sein, nur eine, aber die hat gereicht. Ich habe eine Person in meinem Leben wirklich gehasst und ich hatte das Gefühl, daran innerlich zu vergiften. Die Trennung von dieser Person, das Rauswerfen aus meinem Leben und dem meiner Kinder, hat schon vor über zwölf Jahren stattgefunden. Seitdem ist es gut. Wer nicht mehr im Leben stattfindet, den muss man auch nicht hassen.

Und auch ohne Hass finden manchmal Trennungen im Leben statt. Freundschaften kommen und gehen. Gleiches gilt für die Liebe oder andere Weggefährten. Nur die wenigsten begleiten einen von der Wiege bis zur Bahre.

In meinen Werkzeugkoffer für den Weg zum Glück packe ich:

- vergeben und verzeihen. Auch sich selbst

Kommen und gehen

Ich habe schon Geburtstage vergessen.
Ich habe ganz sicher auch schon Witze gemacht, die andere verletzt haben.
Ich habe bestimmt schon anmaßend geklungen, als ich mich lieber hätte tröstlich anhören sollen.
Und ganz, ganz sicher mache ich x Millionen weitere Fehler.
Und ich fürchte, Sie auch.
Und das ist normal, denn: Wir sind Menschen.
Wir sind nicht perfekt. Auch nicht zu unseren besten Freunden.
Und ja, ich wurde, nicht oft, aber ich *wurde* im Leben auch schon wirklich fies enttäuscht. Die schlimmsten Enttäuschungen kamen genau zu der Schreibphase dieses Buches. Einmal war es ein wirklich guter Freund, der mir (vielleicht) unwissentlich so wehtat, dass ich mich schlicht und ergreifend nicht in der Lage sah, die Freundschaft wieder aufzunehmen. Und auch wenn ich wusste, dass ich an der Stelle besonders dünnhäutig war, so wusste ich eben auch, dass *er* es wusste. Und es gegen mich verwendet hat.
Aber: meine Version. Wenn Sie ihn fragen würden, würde es anders klingen.
Etwas, was mir im Leben tatsächlich noch nie passiert ist, denn verzeihen kann ich eigentlich wirklich gut. Vor allem deswegen, weil meine Freunde mir am laufenden Band verzeihen. Warum? Siehe oben.
Aber trotz aller vergessenen Geburtstage und schlechten Witze, so ist doch der Kern einer Freundschaft: Egal, was ist, wenn du ein Problem hast, dann bin ich da.
Und wenn ich merke, dass es dir nicht gut geht, dann komme ich zu dir.

Demzufolge habe ich für meinen Teil nicht viele echte Freunde. Nur eine Handvoll. Und seit ein paar Monaten eben einen weniger.

Und trotzdem finde ich, kann, oder besser, *muss* man verzeihen. Damit wir nicht in Gram versinken. Und die gemeinsame Zeit als eine wundervolle ablegen können. Eine kurze, gemeinsame, intensive Reise, die aber eben leider beendet ist.

Nachtrag in eigener Sache:

Wissen Sie, was ich nach dem Kapitel gemacht habe?

Ich habe dem Freund, von dem ich Ihnen berichtet habe, eine Mail geschrieben.

Er antwortete, also für seine Verhältnisse, schnell.

Ob die Freundschaft wieder aufgenommen werden kann, weiß ich nicht.

Ob was zwischen uns bleibt, weiß ich auch nicht.

Ob wir jemals wieder eine so schöne Zeit haben werden, wie wir sie zusammen erlebt haben, keine Ahnung!

Aber ich weiß, dass ich mein Leben so nicht leben will. Mit Unausgesprochenem.

Und auch wenn das bedeutet, dass ich immer wieder den ersten Schritt tue, weil es der andere nicht kann, nicht gelernt hat oder nicht mutig genug ist, so ist das vielleicht einfach eine Aufgabe, die ich übernehmen muss, um meine ganzen Fehler von oben wieder wettzumachen.

In meinen Werkzeugkoffer für den Weg zum Glück packe ich:

- Verzeihen ist schwer, vielleicht sogar die größte Aufgabe überhaupt. Wir sind nicht schwach, wenn wir verzeihen, wir sorgen für den eigenen Frieden

Im gleichen Kino sitzen und einen anderen Film schauen

Ich bin ein großer Hörbuch-Fan.
Mag daran liegen, dass ich viele Stunden meines Lebens im Auto verbringe, und so habe ich das Gefühl, die Zeit gut zu nutzen.

Übrigens, tralalala, ein kleiner Werbeblock am Rande: Ich spreche meine Hörbücher selbst ein. Die Meinungen dazu hängen stark davon ab, wen Sie fragen. Viele Hörerinnen finden sich in der Art und Weise wieder, für meine Jungs scheint es dagegen eine Nahtoderfahrung zu sein.

»O Gott, was ist das?«

»Der Verlag hat mir das Hörbuch zugeschickt, Schatz, ich höre gerade mal rein«, antworte ich meinem Großen.

»Das bist ja du!« Und der Ton macht bekanntlich die Musik. In dem Fall war es keine »Mama, wie toll ist *das* denn?«-Melodie, sondern eher so kurz vorm Brechen.

»Ja, ich lese die doch selbst ein, weißte doch.«

»Coooooonstantin, komm mal!«

»Was ist?«

»Hör mal!«

»O Gott, Mama, das bist ja du«, stellt auch er fachmännisch fest.

»Schrecklich, ne?«, hakt Max nach.

»Da bin ich raus«, antwortet der Jüngere und beide hauen von Würgegeräuschen begleitet ab.

Die haben genug von ihrer Mutter, die ertragen sie nicht noch als Stimme über die Lautsprecher. Ich höre meine Stimme seit 38 Jahren. Wie gut ich sie verstehen kann.

Auf jeden Fall hörte ich letztens das ganz, ganz, ganz wundervolle Hörbuch von Joachim Meyerhoff: »Ach, diese Lücke, diese entsetzliche Lücke«.

Kennen Sie noch nicht? Sollten Sie hören, wirklich!

Es ist ein autobiografisches Buch, in dem Meyerhoff seine Jahre in der Schauspielschule beschreibt. Das an sich ist schon lustig, aber noch nichts gegen die Beschreibung seiner Unterkunft: Er lebte nämlich während dieser Zeit bei seinen Großeltern. Abgesehen davon, dass der Mann einfach unglaublich unterhaltsam liest, ist die Beschreibung seiner Großeltern, insbesondere seiner Großmutter, wahnsinnig liebevoll.

Die in die Jahre gekommene Schauspielerin ist im Prinzip eine leicht zickige Diva, mit wundervollen schrulligen Eigenarten und bewundernswerten Prinzipien, zu denen auch der regelmäßige Alkoholkonsum zählt.

Im Prinzip waren die Großeltern durchgängig betrunken und man liebt sie genau dafür. Vom ganzen Herzen. Warum?

Weil die Beschreibung von Meyerhoff direkt *ins* Herz geht.

Beim Hören denke ich plötzlich: *Man hätte die beiden auch ganz anders beschreiben können.*

Der Realitätscheck wäre wahrscheinlich so ausgefallen:

»Die Dame ist schwierig.« Um es mal höflich auszudrücken.

Ja, man hätte alles in einem anderen Licht dastehen lassen können. Das ganze Buch hätte in einem anderen Ton erklingen können.

Aber wovon hing es letztendlich ab, dass eben *das* (wirklich so tolle Buch!) dabei herauskam?

Ganz sicher zuallererst von der Wahrnehmung von Joachim Meyerhoff.

An den Stellen, an denen er die Sicht seiner Mutter auf seine Großmutter beschreibt, hört man als Zuhörerin, dass diese Beziehung alles andere als leicht gewesen sein muss.

Dadurch schafft er es, seine Großeltern nicht zu glorifizieren, sie vielleicht sogar zu durchaus streitbaren Persönlichkeiten werden zu lassen. Aber durch *seine* Augen betrachtet bekommen sie einen unbeschreiblichen Glanz.

Mir wird wieder einmal bewusst: Selbst wenn wir im selben Kinosaal sitzen, wir sehen alle einen unterschiedlichen Film.
Warum?
Weil jeder seine ganz eigene Wahrnehmung hat. Die hängt stark von unserer Prägung, von unseren Werten, unserer Erziehung, aber auch von unseren Stärken und Interessen ab. Seitdem ich Kinder habe, nehme ich die ganze Welt ganz anders wahr.
Auch frischgebackene Hundebesitzer sind völlig erstaunt, wie viele Gleichgesinnte es gibt, und eine Schwangere sieht plötzlich nur noch Kinderwagen um sich herum.
So konnte mein Ex-Mann nach einer Party, die ich auf dem Nachhauseweg mit »Hast du das Kleid von Petra gesehen?« kommentierte, nicht in mein Gespräch mit einsteigen. Nicht nur, dass er nicht auf das Kleid geachtet hatte, er hatte auch vergessen, wer Petra noch gleich war.
Natürlich ist auch die Wahrnehmung in ihrer Unterschiedlichkeit wieder eine Erkenntnis, die nicht neu ist. Und auch in meinen Schlagfertigkeitsseminaren wende ich als Antwort die Technik des »Nicht-Deutens« an.
Aber unter dem Glücksaspekt habe ich die Fähigkeit der Wahrnehmung und vor allem die eigene Fähigkeit der Steuerung ebendieser noch nicht gesehen.

Jetzt kommt wieder die Hobbypsychologin um die Ecke:
Aus diesem Wissen kann man doch was mitnehmen!
Ich fange mal hinten an: Ist womöglich alles im Leben, also alle wichtigen Fragen, Entscheidungen, Erinnerungen und auch – und das vor allem – Glück, eine Frage der Wahrnehmung?
Und wenn dem so ist, wie bekomme ich es hin, meine Wahrnehmung so zu polen, dass sie mir immer den goldschimmernden Weg zeigt?

Und wie behalte ich die Balance, dass ich nicht in »Ich verschließe einfach die Augen vor allem Bösen« abschweife?
Ist die Lösung mal wieder das, wovon wir schon so oft gesprochen haben: Selbstreflexion?

Davor muss aber etwas passieren. Es muss dieser Moment eintreten, in dem ich mir selbst auf die Schulter tippe und sage: »Da, schau hin! Du bist doch schon wieder in der Nörgel-Schleife. Komm raus da!«
Dieses Sich-selbst-Ermahnen, Ertappen, Zur-Raison-Rufen.
Und das, ohne dabei schizophren zu werden.
Ja, ich glaube, so kann es gehen. Vielleicht ist es auch: aus dem eigenen Unbewussten ins Bewusste kommen und so seine eigene Wahrnehmung steuern.

Ich kann das nicht oft genug wiederholen, liebe Leserinnen: Das, was Sie hier lesen, entsteht bei mir gerade selbst erst im Kopf. Ich hatte mir zwar vorgenommen, etwas zu dem oben erwähnten Hörbuch zu schreiben, aber was dann passiert, habe ich nicht mehr in der Hand – oder in den Fingern. Ich lasse mich treiben.
Und ich kann Sie nur wärmstens einladen: Tun Sie es mir gleich.
Nicht nur beim Lesen, sondern immer!
In allen Büchern komme ich zu dem Schluss: Es gibt nicht den einen Weg. Es gibt so viele, wie es Menschen und Leben gibt. Finden Sie Ihren Weg und lassen Sie sich höchstens inspirieren. Vielleicht ist es die größte Herausforderung im Leben, sich nicht einzufahren.
Der gefährlichste aller Gedanken ist für mich dieser: »Ich weiß doch, wie alles geht.« Nein. Weiß ich nicht. Nicht mal immer für mich, geschweige denn für Sie. Es kann nur einen Erfahrungsaustausch und ein Rosinenrauspicken geben.
Wenn ich ein bisschen (oder ein bisschen viel) intelligenter gewesen wäre, hätte ich vermutlich Psychologie studiert. Das Fach

hatte ich damals im Abitur und ich fand es großartig. Bis wir auf das »Mathe-Ding« gestoßen sind. Wussten Sie, dass Psychologie Mathe ist? Sie wussten das bestimmt! Ich wusste es nicht. Wegen dieser blöden Wahrscheinlichkeitsrechnerei! Ich wollte nur deuten und interpretieren. Und schon hier lernte ich, wie viele Ansätze es gibt. Sei es Freud mit der Tiefenpsychologie oder Adler mit der Individualpsychologie.

Irgendwann fragte ich meine Lehrerin:

»Aber, wer hat denn nun recht?«

»Keiner. Es sind alles unterschiedliche Herangehensweisen.«

Auch hier gibt es kein Schwarz oder Weiß. In der Virologie auch nicht, wie wir gelernt haben. Und dabei war ich in diesem Fall wirklich noch mal überrascht. Ich wusste nicht, dass das anscheinend eine »wissenschaftliche Glaubensfrage« ist.

Aber doch irgendwie beruhigend, finden Sie nicht?

Auch die Wissenschaft untersucht, überprüft, revidiert, stellt neu fest und legt sich selten zu einhundert Prozent fest.

Selbst hier gibt es keine absoluten Wahrheiten.

Wer glaubt, er hätte die Lösung schlechthin, der lügt. Sowohl in der Virologie als auch auf der wichtigen Suche nach Glück.

Aber bei meiner ganz persönlichen Suche, an der ich Sie gerade teilhaben lasse, scheint es so, als sei die individuelle Wahrnehmung ein ganz wundervolles Mittel.

In meinen Werkzeugkoffer für den Weg zum Glück packe ich:

- Ist Glück nur eine Frage der Wahrnehmung?

Und jetzt, wo wir das wissen, ja, Kinders, da tut sich plötzlich der Himmel auf. Das fängt im Kleinen an und geht bis ins ganz Große!

Ein Beispiel:

Denken Sie an das Kapitel »Die Gedanken sind frei – und manchmal ein Arschloch« (auf Seite 39), in dem ich beschreibe, wie ich von den anderen Gästinnen auf der Party schief angeschaut wurde. Oder besser: Wie ich *glaubte,* komisch angeschaut worden zu sein.

Die Situation als solche bekomme ich nicht geändert. Ob es so ist oder nicht, das schwebt erst mal im Raum und hängt stark davon ab, wen wir fragen. Aber: Ich *habe* in der Hand, wie viel Raum ich dieser Art der Wahrnehmung gebe. Was lasse ich überhaupt zu?

Damals in der Situation konnte ich das nicht so sehen, aber vielleicht würde ich es heute anders machen. Aber auch nur vielleicht. Denn wenn Sie nach dem Sich-Ertappen erkannt haben: »Ja, vielleicht. Vielleicht bilde ich es mir nur ein und ignoriere es jetzt einfach und habe Spaß«, ist das doch genauso hilfreich, als wenn Sie sich sagen: »Ja, vielleicht. Vielleicht bilde ich es mir nur ein, aber ich habe heute Abend keine Kraft, es herauszufinden, darum gehe ich lieber heim.«

Schwierig wird es nur bei »Die anderen sind alle soooo böse und ich möchte Mitleid«, denn dann, meine Damen, sind Sie in der Opferhaltung.

Bei den anderen setzen wir besser nicht an. Weder in der Schlagfertigkeit noch bei der Glückssuche.

Oder hier …

Erinnern Sie sich an das Kapitel, in dem Max seinen Vorderzahn verloren hat (»Es passiert sowieso«, Seite 116)? Ich habe Ihnen versprochen, von der dritten Sache zu erzählen, auf die ich gestoßen bin und die ich an diesem Tag damals gelernt habe. Und das ist eben der große Komplex der Wahrnehmung.

Wenn es mir von vornherein gelungen wäre, die spielenden Kinder anders wahrzunehmen. Wenn ich den Fokus, so wie ich es heute mache, auf Sommer, Sonne, Spaß und Wasser gelegt hätte, dann hätte sich Max trotzdem den Zahn ausgeschlagen, aber ich hätte den Nachmittag genossen.

Das klingt so banal, aber führen Sie das mal auf das ganze Leben zurück. Wenn Sie plötzlich einen schweren Unfall haben, das Leben verändert sich. Von jetzt auf gleich. Dann ist es doch so ungemein sinnvoll, das Leben bis genau zu diesem Moment grenzenlos genossen zu haben.

Und das geht mit der richtigen Wahrnehmung. Denn die kann uns immer in ein schönes Hier und Jetzt führen.

Einen (oder zwei) hab ich noch …

Blättern Sie auch gerne noch mal zurück zum Werdegang des SAP-Personalchefs Cawa Younosi (Seite 207). Auch seine Lebensgeschichte lässt sich schlussendlich auf seine Wahrnehmungsfähigkeit zurückführen. Die schwierige Flucht, die unkonventionellen ersten Berufserfahrungen hätten auch dazu führen können, dass er sich selbst in einer Opferrolle wiedergefunden hätte. Stattdessen nimmt er all seine (ganz sicher auch zahlreichen nicht so schönen) Erfahrungen und nutzt sie heute für einen Weltkonzern!

Oder erinnern Sie sich an das Kapitel »Du kannst jetzt looooooslassen« (Seite 213)?

Es gibt zwei Varianten, wie Sie das Erlebte in Ihre Erinnerungen einbauen und später erzählen könnten:
»Im Disneyland war es so was von voll und für kurze 90 Sekunden Fahrt mussten wir *über* eine Stunde warten. Das lohnt sich kaum. Die Kinder haben nur gequengelt in der Zeit.«
Oder aber Sie machen es so:
»Im Disneyland war es toll! Klar, es war voll, aber das gehört ja irgendwie dazu. Ich bin jetzt Vollprofi in Klatschreimen und dank »Ich sehe was, was du nicht siehst« habe ich überhaupt mal mitbekommen, wie viel Liebe zum Detail in so einem Park steckt und wie viel Arbeit und Mühe der machen muss. In der Achterbahn bekam ich kurz Panik, aber dann habe ich gemacht, was mein Sohn gesagt hat: Ich habe losgelassen. Und was soll ich sagen: Es war MEGA, alles!«

Wir können nicht nur unsere Erinnerungen im Nachgang auf- polieren mit einer positiven Wahrnehmung, auch unser gegen- wärtiges Handeln, die Erziehung unserer Kinder hängt von ihr ab.
Bitte erinnern Sie sich dazu auch noch an das Kapitel mit Max und dem Apfelbaum. Seine Lehrerin hätte mit einer anderen Wahrnehmung auch ganz anders reagieren können auf die bei- den Rüpel. Sie hätte schlicht die Jungs bestrafen oder deren El- tern anrufen können. Aber sie scheint das Handeln der Kinder differenzierter wahrzunehmen, als es in Schwarz und Weiß auf- zuteilen: Das ist gut, das ist schlecht.
Merken Sie, was für weitreichende Konsequenzen das hat und auch, wie groß der Unterschied zwischen den verschiedenen Wahrnehmungen ist?
Er reicht von »Ich bringe der ganzen Klasse Selbstreflexion nahe« bis zu »Ich bestrafe zwei Jungs und ob die oder irgendje- mand sonst etwas daraus lernen, ist mir egal.«

Für Ihr Glücksbuch

JETZT SIE!
Übung »Wahrnehmung«

Die Kunst, seine Wahrnehmung zu verändern, ist eine Superkraft, das schwöre ich Ihnen!
Versuchen Sie es!
Denken Sie an eine Situation, an die Sie eigentlich nicht gerne zurückdenken.
Was war so schlimm daran für Sie? Schreiben Sie es auf, in Ihr Glücksbuch!
Warum war es so schlimm?
Was gibt es in dieser Situation vielleicht noch anderes zu entdecken?
Gab es da irgendetwas Schönes?
Schaffen Sie es, sich darauf zu konzentrieren?
Dann versuchen Sie, diese Erinnerung in einem neuen Licht zu sehen.

Situationen sind wie das Leben nur selten schwarz-weiß, achten Sie auf die Graustufen und machen Sie Ihre »schlechte« Erinnerung im Nachgang noch einigermaßen erträglich für sich, um mit ihr Frieden zu schließen.

**In meinen Werkzeugkoffer für den
Weg zum Glück packe ich:**

- Durch eine geänderte Wahrnehmung kann ich einen Perspektivwechsel einnehmen und auch Jahre später den Geschehnissen noch etwas Positives abgewinnen

Die Lösung

Ich sitze am Strand von Mallorca, ich erzähle Ihnen von meinen Gedanken und plötzlich fällt es mir wie Schuppen von den Augen.

Um ein glückliches Leben zu führen, müssen Sie meines Erachtens *nichts* mitbringen. Also, keinerlei äußere Grundvoraussetzung. Sie brauchen kein schönes Wetter, kein Geld, keine Jacht, nichts dergleichen. Sie brauchen noch nicht mal zwingend gute Gesundheit, wie wir gesehen haben. Sie können ganz allein auf einer einsamen Insel genauso glücklich sein wie in einer Großfamilie in der Stadt, je nachdem, welcher *Ihr* Weg ist.

Aber es gibt eine Sache, ohne die es nicht geht.

Und was das ist, das entdecke ich in einer kleinen Bucht.

Und ich erkenne es nicht auf den ersten Blick, weil ich so etwas noch nie gesehen habe.

Ich sehe drei Menschen eine Liege durch den Sand schieben.

Aber keine Sonnenliege, wie Sie vielleicht denken. Sondern eine spezielle Krankenliege, die offenbar für das Schieben und Aufstellen am Strand ausgelegt ist: Sie ist mit sandfesten Rollen versehen, extra hoch und besonders robust. Außerdem besitzt sie diverse Halterungen für mobile medizinische Geräte, die darin auch befestigt sind.

Ich nehme mir tatsächlich das Recht heraus und beobachte die Szene in der Hoffnung, dass es nicht wie Gaffen rüberkommt.

Auf der Liege liegt ein Kind.

Die drei Menschen sind zwei Pfleger, die die Liege schieben, und bestimmt die Mama des Kindes, die seine Hand hält. Und so traurig, wie das klingt und auch ist, so fröhlich sehen sie alle dabei aus. Die Pfleger, die einen schönen und geeigneten Platz suchen und die medizinischen Geräte überwachen, die Mama, die geduldig abwartet, bis alles eingestellt ist, und das kranke Kind, das auf gar nichts mehr zu warten scheint.

Als alles so weit aufgebaut ist und das Kind einen ungestörten Blick auf das Meer hat, streichelt es die Mama unaufhörlich über die Wange.

Um diese beschriebene Szenerie fand währenddessen das pure Leben statt. Es schien, als sei ich die Einzige hier, die so etwas noch nicht gesehen hat. Ich schäme mich fast ein bisschen. Zwischendurch fliegt immer mal ein Ball rüber, den entweder ein Pfleger oder die Mama strahlend wieder zurückschießt.

An diesem Fleckchen Erde, an diesem Morgen auf der Sonneninsel, da *sehe* ich, was zum Glück gehört: Es ist nur Liebe. Mehr braucht es nicht.

Selbst dieses mit Sicherheit sehr, wenn nicht gar sterbenskranke Kind und diese mit Sicherheit zutiefst verzweifelte Mutter sind *in diesem Moment* gerade glücklich. Das kann jeder sehen. Und das Einzige, was sie doch dazu haben, ist die Liebe. Die Liebe ist der Schlüssel dazu, die Situation erträglich zu machen.

Selbst der Tod wird durch die Liebe friedlich und irgendwie tröstlich.

Und vielleicht sollten oder müssen wir sogar zum Schluss noch mal kurz über den Tod sprechen.

Ich möchte gerne, soweit möglich, selbstbestimmt von dieser Erde gehen. In die Diskussionen zur Sterbehilfe steige ich erst gar nicht ein. Sehe ich gar keine Veranlassung dazu: mein Leben, mein Tod. Fertig.

Und ich hoffe, dass der liebe Gott mich einschlafen lässt (gerne noch nicht heute!). Aber falls das nicht der Fall sein sollte und die Palliativmedizin ihre Grenzen erreicht hat, dann bestimme wohl ich, wann Schluss ist. Und ich werde auch niemanden um Erlaubnis fragen. Es will nicht in meinen Kopf, warum beim Thema »Sterben« die Selbstbestimmung enden sollte.

Vor Jahren lief in der ARD eine ganz tolle Reportage zum Thema »Glück« mit Anke Engelke. Ich habe sie mir seitdem bestimmt noch hundert Mal in der Mediathek angeschaut (sie ist da immer noch drin).

Anke Engelke schaute sich verschiedene Möglichkeiten an, wie man zum Glück gelangt. Eine davon war die Gründung eines Chors. Der »Chor der Muffeligen«, um genau zu sein. Dabei wurde wissenschaftlich bewiesen, dass Singen glücklich macht! Der Zuschauer brauchte dafür eigentlich gar keinen empirischen Beweis, den man über die Auswertung der Hormonkonzentration in Speichelproben erhielt, es reichten die eigenen Augen, um die Veränderung der Probanden zu erleben: Sie wurden ganz offensichtlich glücklicher.

Ganz großartig, dieses Experiment, sage ich Ihnen.

Übrigens: Schon oft habe ich Ihnen von der Kraft der Musik geschrieben. Ich habe jetzt DAS Lied gefunden, das mich ad hoc, sofort, ohne Umwege zum Glück führt. Trommelwirbel und Tusch: »Chiquitita« von ABBA.

Das führte sogar so weit, dass ich »oben ohne« im Meer baden ging! Betroffene Frauen, mastektomierte Frauen, wissen, was das bedeutet.

Die Narben, was andere denken, das war mir alles egal.

Anke Engelke besuchte, und das werde ich nie vergessen, auch eine Kinderkrebsstation und sprach mit zwei erkrankten Kindern, einem Mädchen und einem Jungen. Das allein war schon bewegend. Beide Kinder hatten die besten Aussichten, wieder gesund zu werden, und so verabredete man, sich in drei Monaten erneut zu treffen. Dem Mädchen ging es nach dieser Zeit tatsächlich sehr gut, es nahm wieder, mit seinen Narben, am Leben teil.

Aber der Junge, der an Leukämie erkrankt war, hatte einen Rückfall erlitten. Einen nicht mehr heilbaren Rückfall und es war klar, dass er nicht mehr lange leben durfte. Auch der Junge selbst, ich meine, er war vielleicht zehn Jahre alt, wusste das.

Anke Engelke sprach also nach drei Monaten erneut mit ihm. Seine Augen waren tieftraurig, zumindest in dem Gespräch.

»Das Leben ist halt für den einen schneller vorbei als für den anderen«, sagte er.

Auch mit der Mama sprach Anke Engelke lange.

»Wir schaffen jetzt noch schöne Erinnerungen. Das ist das, was wir machen können.« Und das taten sie. Alle Wünsche, die der Junge hatte, wurden noch erfüllt. Er wurde von Liebe getragen. Seine Augen strahlten wieder. Bis in den Tod und darüber hinaus wurde er von der Liebe getragen.

Natürlich wird die Mutter später einen Zusammenbruch erleiden. Und der steht ihr zu. Mehr als irgendwem sonst. Aber sie wird auch wieder aufstehen. Und an dem neuen, anderen Leben wieder teilhaben.

So, wie meine Eltern auch wieder aufgestanden sind. So, wie so viele Eltern immer wieder aufgestanden sind und aufstehen werden.

Und natürlich ist das unfair. Es ist furchtbar, schrecklich und traurig. Und scheiße! Das kriegen wir auch nicht umgedeutet oder anders wahrgenommen. Und trotzdem, und auch das bleibt mir in Erinnerung:

»Wie viele haben diese Möglichkeit nicht? Die werden mit einem Unfall aus dem Leben gerissen. Wir haben die Möglichkeit, uns zu verabschieden«, waren die Worte der Mutter.

Und da, genau da, meine Damen, trennt sich die Spreu vom Weizen. Denn mit der Liebe kommt die Dankbarkeit.

Die Menschen unterscheiden sich genau da: Die einen jammern und klagen, weil der Liegeplatz am Pool eine Baustelle ist, und die anderen sind dankbar, dass sie mit ihrem sehr kranken Kind noch die Möglichkeit haben, ans Meer zu fahren.

Nur wer lieben kann, kann wahres, tiefes Glück empfinden.

Das ist die einzige Grundvoraussetzung. Und wir finden sie, Gott sei Dank, überall.

Schauen Sie sich doch um, wo Liebe überall stattfindet.

Setzen Sie sich mal für einen Tag an den Flughafen, den Bahnhof oder auf eine Palliativstation. Und beobachten Sie hier, was Liebe Wunderbares bewirken kann. Im Großen wie im Kleinen.
Sie ist immer um uns herum – neben all den schlechten Nachrichten ist da auch die Liebe:
Im Park, wenn der Großvater mit seinem Enkelkind gehen übt.
Im selbst gebackenen Kuchen von der Freundin zum Geburtstag.
Im Wald zwischen Hund und Frauchen.
In der Kita, wenn die Kleine der Mama noch schnell winkt.
Sie liegt auch in einem »Meld dich, wenn du da bist!« oder in einem »Pass auf dich auf!«.

Überall hier ist Liebe. Und auch Glück.
Wer lieben kann, der kann verzeihen.
Und wer verzeihen kann, der ist großzügig im Herzen.
Selbstliebe ist kein egoistisches Instrument, sondern die Basis für die Liebe nach außen.
Und durch Liebe können wir alles anders wahrnehmen.
Ein Auge zudrücken bei anderen, aber auch bei uns selbst.

Besteht also unsere größte Aufgabe in dieser Welt darin, die Liebe nicht zu verlieren?
Für die Welt?
Für andere Denkweisen?
Andere Religionen?
Andere Kulturen?

Vielleicht.
Entscheiden Sie selbst.

Lieben ist etwas Wundervolles. Nicht nur die körperliche, sondern auch die platonische.
Lieben Sie am besten einfach erst mal alles.

Aussortieren können Sie später noch.

Und, und bitte verzeihen Sie die Dramatik, aber zum Schluss verträgt es das ganz gut:

Verteilen Sie auch Liebe!

Machen Sie die Welt damit ein bisschen besser.

Jeden Tag.

Warum?

Weil Sie es können, verdammt noch mal!

Und weil Glück keine Einbahnstraße, sondern eben ein Pingpongspiel ist.

Aber lieben, meine Damen, das geht nur, wenn Sie zuallererst sich und Ihre Welt spüren. Wenn wir den Zugang zu uns wiederfinden (sofern wir ihn verloren haben).

Die größte Herausforderung in unserer heutigen Welt wird meiner Meinung nach: unseren Kindern beizubringen, dass und *wie* sie sich auf ihren Bauch und nicht auf ihr Smartphone verlassen können.

Eigentlich brauchen Sie dazu nur das: Liebe und Fühlen. Sich selbst und andere. Und der Rest, der kommt dann von allein.

Um sicherzugehen, können Sie natürlich auch noch dieses Buch verschenken, aber nur, um ganz sicherzugehen.

In meinen Werkzeugkoffer für den Weg zum Glück packe ich:

• Nutze die Kraft der Musik

EPILOG
DAS ENDE IST DER ANFANG

Werkzeugkoffer für den
Weg zum Glück

Schauen wir uns doch jetzt gemeinsam zum Abschluss noch mal an, was wir alles in unserem »Glückskoffer« gesammelt haben, womit er gefüllt ist. Das sind nicht nur die Dinge, die ich als Autorin dieses Buches dort hineingepackt habe. Wer weiß, was *Sie* noch alles gefunden haben?! (Schreiben Sie es mir gerne.)

1. Hab ruhig auch mal mit dir selbst Mitleid
2. die Erkenntnis: Gegensätze ziehen sich an
3. Probier's mal mit Abwechslung
4. sich mal so richtig ausheulen
5. sich freilaufen
6. Die Kraft des Alleinseins nutzen
7. loslassen
8. Freunde
9. die Überzeugung, dass ich nicht nur funktionieren muss, sondern leben darf
10. dass ich das tun will, was mir guttut
11. Dafür braucht es natürlich das Wissen, *was* mir guttut
12. Glaube nicht alles, was du denkst!
13. Brainstorming der eigenen Soft Skills
14. sich aufgeklärt und bei den richtigen Stellen informieren
15. Lass deine Gedanken nicht unbeaufsichtigt
16. Werde wach bei Alarm
17. Humor

18. Mithilfe von Achtsamkeit und Natur schaffen wir es, uns selbst zu spüren
19. die Erkenntnis, dass der Hebel zum Glück bei mir liegt
20. Selbstreflexion
21. Ehrlichsein mit sich selbst
22. die Technik der Umdeutung
23. den richtigen Ton
24. Maske ab und authentisch sein
25. Nutze deine Ressourcen weise
26. Die tiefe Gewissheit, dass wir keinen Anspruch auf irgendwas haben und
27. Dass wir uns für einen gesunden Lebensstil, für ein gesundes HEUTE entscheiden sollten
28. Du bist mündig. Verhalte dich auch so
29. Nachdenken über die eigene Rolle und
30. Empathie – die Kunst des Mitfühlens
31. Lebe im Jetzt
32. Habe ein Fundament
33. Habe DEIN Fundament
34. Ob Kinder zum Glück führen, das entscheidest allein du
35. Sollte eine Frau zu dem Entschluss NEIN kommen: *Don't judge*
36. Es gibt keine perfekte Kindheit. Und: Wer definiert das schon? Aber: Versuche, täglich die Mama zu sein, die deine Kinder gerne in Erinnerung haben werden
37. Tu alles, was du kannst, aber akzeptiere auch, dass das Leben passiert
38. Suche das Glück (vor allem) in den kleinen Dingen des Lebens
39. Glück geht auch durch die Nase
40. Schotten dicht, bevor es zu spät ist
41. Abgrenzung: Was ist meine Baustelle, was nicht?
42. eigenverantwortliche Aufarbeitung: Nur ich bestimme, was ich wann wie verarbeiten will

43. Bleibe im Jetzt
44. Ein Freund, ein guter Freund – ohne Freunde kein Glück und Freunde machen glücklich
45. antizyklische Investitionen
46. Entscheidungsfreiheit und Ehrlichkeit in der Entscheidungsfindung
47. Ich weiß, was ich will. Und wenn ich es noch nicht weiß, probiere ich aus
48. Liebe macht glücklich
49. Suche die Liebe überall, nicht nur in deinem Partner
50. Du bist, was du isst
51. Falsches Essen schadet nachweislich nicht nur der Figur, sondern auch der Stimmung und dem Hirn
52. Zucker ist ein Arschloch
53. Höre auf deine Mitte!
54. Ein gesunder Darm macht glücklich
55. und Glück sorgt für einen gesunden Darm
56. Sei aus Gewohnheit glücklich
57. Sport ist eine Überlebensstrategie gegen die Kachexie
58. Sport als Mittel der Selbstbestimmung
59. Bewegung und Ernährung ist das, was ich in der Hand habe
60. Sport ist keine Investition oder gar Garantie für das Morgen, es ist eine Investition in mein Heute
61. Sport schafft Raum für Authentizität
62. Durch äußere Bewegung in die innerliche Bewegung kommen
63. Sich selbst wieder spüren
64. Glücksgefühle verhelfen zum körperlichen Wohlbefinden
65. In einem gesunden Körper wohnt ein gesunder Geist
66. Wartezeit ist Lebenszeit
67. Lass los! Wir haben Spaß! Auf drei: Eins, zwei, dreeeeiiiii!
68. Schnelles Ankommen kann man lernen
69. Stellen Sie Ihren Scheinwerfer richtig ein

70. engagierte Ablenkung: Wenn bei dir selbst gerade nichts geht, dann hilf anderen

71. ein bisschen – aber wirklich nur ein bisschen – Disziplin, damit wir die Dinge, die uns guttun, auch machen können

72. Kreativität führt uns schneller zum Glück, weil sie der Zugang zum eigenen Glück, zum eigenen *way of life* ist

73. Kreativität löst vielleicht keine Probleme, weist aber viele neue Lösungen auf

74. Sei dir deiner eigenen Stärken und Leidenschaften bewusst und verfolge sie

75. Gelingt mir vielleicht die Trennung von Glück und Geld?

76. Kann ich mit Geld etwas Glückliches auf den Weg bringen?

77. Du bist dem Neid nicht ausgeliefert (wie auch keinem anderen Gefühl), sondern du kannst ihn umwandeln

78. Davor musst du dein Gefühl aber annehmen

79. Erkenne *deinen* Wunsch hinter dem Neid

80. Freue dich für deine Mitmenschen, alles andere ändert nichts an *deinem* Leben

81. Nutze den umgewandelten Neid als Motivator und Ansporn

82. Lasst uns Glück nicht haben, lasst uns Glück *sein,* in unseren Wurzeln

83. Der innere Frieden ist ein Prozess

84. Wir suchen den inneren Frieden dort, wo *wir* ihn finden, und lassen uns dabei nicht unter Druck setzen

85. Hab keine Angst vor dem Ausweglosen! Mit ihm – und erst mit ihm – öffnen sich neue Wege

86. Manchmal muss man ganz unten angekommen sein, um sich kräftig abzustoßen

87. Herzenswünsche? Erfüllen, machen! Was soll schon passieren? In den allerseltensten Fällen etwas Lebensbedrohliches

88. Um den Tod kommt keine drum herum

89. Die Erde dreht sich auch ohne uns weiter

90. Nimm dich nicht so wichtig

91. Schraube deine Erwartungen herunter
92. Ja, Gesundheit ist unser höchstes Gut, aber wie wir diese definieren, liegt ganz allein bei uns
93. Platz für gaaaaaanz viel Dankbarkeit
94. Gesundheit kann man von vielen Seiten betrachten. Es gibt nicht nur die körperliche, sondern vor allem die seelische, die uns ermöglicht, schwere Rucksäcke zu tragen
95. Das Prinzip Hoffnung wirkt, und wenn wir die Hoffnung umdeuten müssen
96. zur Sicherheit noch mal eine Portion Dankbarkeit
97. vergeben und verzeihen. Auch sich selbst
98. Verzeihen ist schwer, vielleicht sogar die größte Aufgabe überhaupt. Wir sind nicht schwach, wenn wir verzeihen, wir sorgen für den eigenen Frieden
99. Ist Glück nur eine Frage der Wahrnehmung?
100. Durch eine geänderte Wahrnehmung kann ich einen Perspektivwechsel einnehmen und auch Jahre später den Geschehnissen noch etwas Positives abgewinnen
101. Nutze die Kraft der Musik

Wir haben verschiedene Möglichkeiten, die gefundenen Werkzeuge zu sortieren und sie unter großen Überschriften zusammenzufassen.
Versuchen Sie doch mal, Ihre Werkzeuge den folgenden Aspekten zuzuordnen. Durch das Lesen dieses Buches werden Sie wissen, was dann zu tun ist:

- Dinge, die ich bei mir suche, die also etwas mit der eigenen Haltung, Denkweise oder Wahrnehmung zu tun haben
- Dinge, bei denen ich ins Handeln kommen muss, sprich, wo es darum geht, wie ich meine Umgebung so gestalten kann, dass das Glück eben gern bei mir vorbeischaut
- Dinge, die daraus letztendlich entstehen können und wieder auf all das davor einwirken

Alle diese Dinge haben *eins* gemeinsam: Alles, wirklich alles kann ich beeinflussen. Bei einigem ist es offensichtlich. Die Dinge aber, die ich hinnehmen muss, wie beispielsweise eine schlimme Diagnose, kann ich immer noch über meine Wahrnehmung und Denkweise zumindest so weit steuern, dass ich sie besser ertragen kann.

Für diejenigen unter Ihnen, die gerne wie ich in Bildern denken, folgt hier noch mein sogenannter

Glücksbaum oder: Staudingers Glücksmodell

In die Wurzeln kommen: Wahrnehmung, innerer Frieden, Denkweise
Gegossen wird mit: Liebe, Freundschaft, Dankbarkeit
In den Stamm kommen: Gesundheit, Selbstbestimmtheit, Humor, Empathie, Ernährung, Bewegung
In die Blätter kommen: finanzielle Unabhängigkeit, Erfolg, Attraktivität, schönes Zuhause

Für Ihr Glücksbuch

Mich interessiert brennend: Wie sieht Ihr eigenes Glücksmodell aus? Malen Sie doch Ihren ganz persönlichen Baum in Ihr Glücksbuch!

Dieses Buch

Es war mein wundervoller Programmleiter im Verlag, der mich anrief und sagte: »Nicole, diese individuelle 8, von der du in ›Männer sind auch nur Menschen‹ berichtest, über die würde ich gerne mehr hören …«

Und so brachte er mich auf die Idee, mich mit dem Thema »Glück« auseinanderzusetzen.

Eigentlich wollte ich aus meinem Erfahrungsschatz heraus berichten.

Dass ich während der Entstehungsphase dieses Buches manchmal nicht nur glaubte, das Glück selbst nicht mehr sehen zu können, sondern auch, es für immer verloren zu haben, habe ich da noch nicht im Traum geahnt.

Aber, meine Damen, dann ist das passiert, was streng genommen auch in den Büchern davor passiert ist: Ich habe mich glücklich geschrieben.

Ich hoffe natürlich inständig, dass Ihnen die Lektüre auch gefallen hat. Sollte es nicht der Fall sein, dann hat dieses Buch doch zumindest meinen ganz persönlichen Zweck erfüllt.

Und ich hoffe außerdem, dass Sie die ganz schlimm depressiven Stellen gar nicht als solche erkannt haben.

Ich bin wieder aufgestanden.

Zum viermillionsten Mal.

Und Sie werden das auch.

Sonst würden Sie kein Buch lesen.

Und vielleicht ist parallel auch wirklich Ihr eigenes Glücksbuch entstanden.

Erzählen Sie mir gerne davon! Mit Liebe, Loyalität und (ausgetauschter) Erfahrung bekommen wir vielleicht noch mehr Frauen glücklich.

Ich schreibe Ihnen diese letzten Zeilen vom Meer aus. Ganz allein für mich und mit mir.

Mit viel Bewegung, gutem Essen, Sonne und Liebe im Herzen habe ich mir das Glück für heute, und wenn ich großes Glück habe, für morgen oder gar für immer, erobert.

Das müssen wir nämlich machen: uns das Glück erobern. Es uns erkämpfen und dann nehmen. Glück ist eine Hol-, keine Bringschuld.

Ich würde Ihnen gerne zum Schluss den Satz schreiben:

Alles wird gut.

Aber ich glaube nicht daran.

Ich glaube daran, dass schon alles gut *ist* und wir im Zweifel unsere Wahrnehmung ändern und dann einen zweiten Blick wagen müssen, um das zu erkennen.

Berichten Sie mir gerne, wie bei Ihnen dieser zweite Blick ausgefallen ist, und schreiben Sie es mir auf: hallo@nicole-staudinger.net.

P.S. Kurz vorm Druck erhielt ich die Nachricht: »Nicole, das Buch ist viiiel zu lang!« Können Sie sich DAS vorstellen? Dass ICH zwischendurch abgeschweift bin? Pfffff ... Einige SOS-Notfall-Lösungen mussten also weichen. Lassen Sie sich gerne überraschen, wo Sie diese noch von mir zu lesen bekommen ...

Für Ihr Glücksbuch

Ein letztes Mal: JETZT SIE!
Übung »Zurück zum Anfang«

Der Schluss ist ein guter Zeitpunkt, um uns die ersten Fragen noch mal anzuschauen, die ich Ihnen gestellt habe. Und sie jetzt noch mal neu zu beantworten.
Erinnern Sie sich? Schlagen Sie in Ihrem Glücksbuch nach.

Ich habe Sie zu Beginn gefragt: Was ist Glück für Sie? Rein intuitiv.

Wie würden Sie diese Frage jetzt, nachdem Sie das ganz Buch gelesen haben, beantworten?

~~~~~~

Und auf einer Skala von 1 bis 10, wobei 10 das Optimale ist: Wo würden Sie jetzt aus dem Stand heraus Ihr eigenes Glücklichsein einordnen?

~~~~~~

Und zum guten Schluss die Frage, aber im Jetzt beantwortet: Was hindert Sie (zurzeit) daran, auf der Glücksskala weiter oben zu stehen?

~~~~~~

Angenommen, uns wäre hier in Gemeinschaftsarbeit gelungen, Sie auf der Glücksskala etwas weiter oben zu platzieren (durch welches Werkzeug aus unserem »Glückskoffer« auch immer und ob nur durch eines oder viele in Kombination), dann wäre das an sich doch schon pures Glück.

Und wenn das wirklich so sein sollte, meine Damen, dann hätte ich tatsächlich eine letzte Bitte an Sie. Eine Bitte, wohlbemerkt, und keinen Ratschlag:

Lassen Sie das Glück, wenn es vor der Tür steht, auch rein.

Und schließen Sie dann gerne die Türe, damit es nicht so schnell wieder rausflutschen kann.

Ich weiß, das klingt jetzt so banal, wenn man das Glück schon gefunden hat. Aber glauben Sie mir: Es ist schwieriger, es zu halten, als Sie denken. Denn auch Glück kann zur Gewohnheit werden und dann erkennen wir es vielleicht nicht mehr so leicht. Ein bisschen anstrengen müssen wir uns schon dafür. Wie gesagt: Holschuld.

Zum wirklichen Abschluss noch eine letzte kurze Geschichte, die Ihnen meine Bitte verdeutlichen soll:

Den ersten Sommer nach meiner überstandenen Erkrankung sind wir vier nach Kroatien in Urlaub gefahren. Wir alle hatten diesen Urlaub mehr als nötig. Nicht nur ich, auch meine Lieben, die mit mir durch die ganze schwere Zeit gegangen sind. Mit jedem Kilometer Fahrt vergrößerte sich mein innerer Abstand zu den Dingen.

Wir waren in einer wundervollen Unterkunft untergebracht, das Wetter war toll, alles war perfekt.

Bis ich am ersten Tag ein auffälliges Muttermal entdeckte.

Mein Puls ging sofort nach oben, die Angstkralle legte sich um den Hals und ich war 2000 Kilometer weit weg von meinem Hautarzt.

Nach Stunden der Sorge und Angst gelang mir dann plötzlich der Schritt aus mir heraus:

»Du bist jetzt hier in diesem Urlaub, den wir alle so nötig haben. Die Wahl liegt bei dir: Verbringst du ihn in Sorge oder eben nicht? Wenn du wieder zu Hause bist, gehst du zum Arzt, du kannst dir auch jetzt schon einen Termin holen, aber mehr ist im Moment eben nicht möglich.«

Und genauso habe ich es dann gemacht. Ich rief noch von Kroatien aus beim Arzt an, machte einen Termin nach unserer Rückkehr, tat damit, was, ohne ein großes Durcheinander anzurichten, in meiner Hand lag, und dann – ja, dann vergaß ich tatsächlich für den Rest des Urlaubs dieses Muttermal und genoss das Hier und Jetzt.

Zwei Wochen später sagte mir mein Hautarzt: »Das ist ein verkapselter Mückenstich.«

Jetzt stellen Sie sich doch mal vor, ich hätte mir das Glück dieser zwei Wochen wegen eines verkapselten Mückenstichs nehmen lassen! Diese zwei Wochen, auch die kommen nicht mehr zurück. Du kannst die Zeit nicht zurückdrehen.

Heute weiß ich, dass bei mir mehr hinter dem Gedanken *O Gott, da ist wieder was Auffälliges!* steckt.

Es ist die pure Angst vorm Glück. Dieses nicht mehr zulassen zu können. Aus Angst, es wieder zu verlieren. Argwohn dem Leben gegenüber, weil das Fallen so wehtut.

Und *das* ist eben meine letzte Bitte an Sie, liebe Leserinnen: Wenn das Glück da ist, dann, bitte, genießen Sie es! Ohne Argwohn.

Danke

Ich weiß dieses Mal gar nicht, wo ich anfangen soll.

Doch, bei Florian Fischer, meinem Programmleiter bei Droemer Knaur, der mich überhaupt auf die Idee brachte, ein Buch übers Glück zu schreiben.

Bei meiner wundervollen Lektorin Nina, die meinen wirren Gedanken den letzten Schliff gegeben hat, sowie meiner Korrektorin Michaela Zelfel.

Und natürlich bei Ihnen, liebe Leserinnen, dafür, dass Sie das Buch gerade in den Händen halten.

In keinem anderen Schreibprozess zu einem meiner vorherigen Bücher habe ich eine solche Schaffensphase erlebt wie bei diesem.

Es schreibt sich nämlich nicht soooo gut, wenn man ganz klar erkennen muss, dass Kunst in diesem Land als nicht systemrelevant eingestuft wird.

Was sehr schade ist.

Denn ich vermute mal, dass während des Lockdowns für Sie Filme, Musik oder Bücher an der Tagesordnung waren. Alles Künste. Auf ihre eigene Art und Weise.

Es brach mir streckenweise das Herz, zu sehen, wie »richtige« Künstlerinnen, zu denen ich mich gar nicht zähle, auf der Strecke blieben.

Wir haben einige Gewinner in dieser Krise, mit dazu zählt das Riesenunternehmen im Internet, bei dem man auch Bücher kaufen kann. Was gar nicht nottut, denn diese unterliegen der Preisbindung und kosten daher überall gleich viel. Sie können daher wunderbar im örtlichen Buchhandel erstanden werden. *Support your local dealer,* will ich an dieser Stelle mal sagen. Wie

Innenstädte aussehen, wenn alles dicht ist, das konnten wir alle in den letzten Monaten erschnuppern.

Wir sitzen am Drücker. Immer. Aber ganz besonders in diesen Zeiten des, ja, irgendwie Umbruchs. Wir bilden die Gesellschaft, in der wir leben wollen, und jede Einzelne von uns legt mit fest, wie viel sie zur Spaltung derselben beiträgt oder eben gerade nicht.

Von daher danke ich all den Menschen, die mir während der Krise die Stange gehalten und mich aufgerichtet haben: meiner Verlegerin Frau Dr. Doris Janhsen, der Sachbuch-Verlagsleiterin Margit Ketterle, dem gesamten Vertrieb des Droemer-Knaur-Teams, der PR-Abteilung mit Katharina Ilgen an der Spitze und noch mal meinem schon erwähnten Programmleiter Florian Fischer.

Ich danke auch meinem Partner Emser, nicht nur für die Halspastillen, damit ich meine Stimme nicht verliere, sondern vor allem für die Loyalität und Treue.

Natürlich danke ich auch dem Inner Circle: meinem Agenten Roman Hocke und seinem Team von der AVA.

Manuela und Sally Raschke sowie Angie Schmidt und natürlich Sebastian Fitzek von Raschke Entertainment danke ich für alles, einfach alles! Ohne euch wäre ich nichts.

Stolli danke ich eh und auch seiner Frau Bianca, die so oft auf ihn – meinetwegen – verzichten muss.

Christian Meyer, Sie kennen ihn, danke ich für die Sicherheit, sein Ohr und die Gin Tonics!

Ich danke den Buchhändlerinnen und Buchhändlern für ihre Unterstützung und ich hoffe so sehr, dass wir uns bald wiedersehen!

Contra Promotion danke ich für die Tour und den Glauben an mich.

Ich danke auch jetzt mal ganz explizit meiner Steuerberaterin. Wir müssen dringend Brüderschaft, äh, Schwesternschaft trinken!

Dass mich beruflich so viele Herzensmenschen begleiten, ist schon ein Segen.

Es gibt aber auch ein paar Menschen, die mich mehr oder weniger freiwillig ertragen und denen ich laut Danke sage:

meinem Herz Lisa. Über dich gibt's mal ein Extrabuch. Und auch deiner ganzen wundervollen Familie, die du so toll zusammenhältst.

Meinen Freundinnen Carola, Nicole, noch 'ne Nicole, Emorfia, Katrin, Angela, Gerry, meiner Tante Evelyn, die gar nicht meine Tante ist, Alex, die »Chefin«, Jana, Tomma, Dagmar, Julia, noch 'ne Julia, Melanie, Nina und allen, die ich jetzt vergessen habe.

Ich danke, wie in jedem Buch, den Ärzten und Ärztinnen, die mich gesund gemacht haben. Den Pflegern und Pflegerinnen, den Physiotherapeutinnen und eigentlich allen aus diesem Bereich.

Und derjenigen, die den Impfstoff gegen Corona erfindet, danke ich jetzt schon mal prophylaktisch. Ich gehe schwer davon aus, dass es eine Frau sein wird.

Ich danke meinem Hasen Patrick dafür, dass wir zwei so wundervolle Ex-Partner sind!

Ich danke dem neuen Mann an meiner Seite dafür, dass er mir gezeigt hat, dass ich noch Frau bin.

Ich danke meiner Mama eh für alles und für ein Jahr, das wir nie, nie, nie mehr vergessen werden.

Und ich danke meinen Zauberwesen dafür, dass ich ihre Mama sein darf.

Fertig.
Klappe zu.